CRIME ORGANIZADO E LAVAGEM DE DINHEIRO

DESTINAÇÃO DE BENS APREENDIDOS,
DELAÇÃO PREMIADA E RESPONSABILIDADE SOCIAL

www.editorasaraiva.com.br/direito
Visite nossa página

FAUSTO MARTIN DE SANCTIS

Doutor em Direito Penal pela Faculdade de Direito da Universidade de São Paulo (USP) e Especialista em Processo Civil pela Universidade de Brasília (UnB). Desembargador Federal no Tribunal Regional Federal da 3ª Região. Membro do Conselho Consultivo da American University Washington College of Law para Programas de Estudos Judiciais e Legais Brasil – Estados Unidos da América (desde 2013). Integrante do Corpo Diretivo da Escola de Magistrados da Justiça Federal da 3ª Região (biênio 2014/2016). Membro da Comunidade de Juristas de Língua Portuguesa (desde maio de 2014). Foi Procurador do Município de São Paulo (1988), Procurador do Estado de São Paulo (1989-1990) e Juiz de Direito no mesmo Estado (1990-1991). Esteve à frente da 6ª Vara Federal Criminal especializada em crimes contra o Sistema Financeiro Nacional e em Lavagem de Dinheiro de São Paulo/SP. Atuou como Juiz Federal Convocado junto ao Tribunal Regional Federal da 3ª Região em diversas oportunidades, bem como em Turmas com competência Criminal.

CRIME ORGANIZADO E LAVAGEM DE DINHEIRO

DESTINAÇÃO DE BENS APREENDIDOS, DELAÇÃO PREMIADA E RESPONSABILIDADE SOCIAL

2ª edição

2015

2ª tiragem

2016

Editora Saraiva

Editora Saraiva

Rua Henrique Schaumann, 270, Cerqueira César — São Paulo — SP
CEP 05413-909
PABX: (11) 3613 3000
SAC: 0800 011 7875
De 2ª a 6ª, das 8:30 às 19:30
www.editorasaraiva.com.br/contato

Direção editorial *Luiz Roberto Curia*
Gerência editorial *Thaís de Camargo Rodrigues*
Editoria de conteúdo *Eveline Gonçalves Denardi*
Assistência editorial *Bruna Gimenez Boani*

Coordenação geral *Clarissa Boraschi Maria*
Preparação de originais *Maria Izabel Barreiros Bitencourt Bressan e Ana Cristina Garcia (coords.)*
Liana Ganiko Brito
Arte e diagramação *Aldo Moutinho de Azevedo*
Revisão de provas *Amélia Kassis Ward e Ana Beatriz Fraga Moreira (coords.)*
Daniele Debora de Souza
Serviços editoriais *Elaine Cristina da Silva*
Kelli Priscila Pinto
Surane Vellenich
Capa *Roney Camelo*
Fotos *Paulo Guimarães*

Produção gráfica *Marli Rampim*
Impressão
Acabamento

ISBN 978-85-02-61664-6

Dados Internacionais de Catalogação na Publicação (CIP)
(Câmara Brasileira do Livro, SP, Brasil)

Sanctis, Fausto Martin De
Crime organizado e lavagem de dinheiro : destinação de bens apreendidos, delação premiada e responsabilidade social / Fausto Martin de Sanctis. – 2. ed. – São Paulo : Saraiva, 2015.

Bibliografia.

1. Crime organizado 2. Crime organizado. Brasil 3. Lavagem de dinheiro I. Título.

15-00382 CDU-343.232:343 (52)

Índice para catálogo sistemático:

1. Crime organizado e lavagem de dinheiro : Direito penal 343.232.343 (52)

Agradecemos a preciosa colaboração do MAE – Museu de Arqueologia e Etnologia da USP, do Museu de Arte Sacra de São Paulo e do Museu da Casa Brasileira.

Data de fechamento da edição: 12-1-2015

Dúvidas?
Acesse www.editorasaraiva.com.br/direito

122.941.002.002 | 967610

Dedico esta obra a todos aqueles que persistem, que se doam, que acreditam na força de homens e mulheres, que rompem com coragem os obstáculos, estimulando as instituições a reavivar os valores tão caros à nossa sociedade: democracia, igualdade e justiça social.

O AUTOR

Fausto Martin De Sanctis é Doutor em Direito Penal pela Faculdade de Direito da Universidade de São Paulo (USP) e Especialista em Processo Civil pela Universidade de Brasília (UnB).

Atualmente, é Desembargador Federal no Tribunal Regional Federal da 3ª Região.

Membro do Conselho Consultivo da American University Washington College of Law para Programas de Estudos Judiciais e Legais Brasil-Estados Unidos da América (desde 2013).

Integrante do Corpo Diretivo da Escola de Magistrados da Justiça Federal da 3ª Região (biênio 2014/2016).

Membro da Comunidade de Juristas de Língua Portuguesa (desde maio de 2014).

Foi Procurador do Município de São Paulo (1988), Procurador do Estado de São Paulo (1989-1990) e Juiz de Direito no mesmo Estado (1990-1991).

Esteve à frente da 6ª Vara Federal Criminal de São Paulo/SP especializada em crimes contra o Sistema Financeiro Nacional e em Lavagem de Dinheiro.

Atuou como Juiz Federal Convocado no Tribunal Regional Federal da 3ª Região em diversas oportunidades, bem como em Turmas com competência criminal.

Obras recentemente publicadas no exterior: 1. *Football, gambling, and money laundering. A global criminal justice perspective* (Springer, Cham, Heidelberg, Nova Iorque, Dordrecht, Londres, 2014); 2. *Money laundering through art:* a criminal justice perspective (Springer, Cham, Heidelberg, Nova Iorque, Dordrecht, Londres, 2013); no Brasil: 1. *Direito penal* – parte geral (Organização: André Ramos Tavares e José Carlos Francisco, Método, São Paulo; Forense, Rio de Janeiro, 2014); 2. *Edição especial*: Lei 12.846/2013 (Capítulo: Lei anticorrupção e lavagem de dinheiro, Revista dos Tribunais, São Paulo, ano 103, 2014, v. 947); 3. *Livro homenagem a Miguel Reale Júnior* (Coordenação: Janaína Conceição Paschoal e Renato de Mello Jorge Silveira, Capítulo: Responsabilidade penal das corporações, GZ, Rio de Janeiro, 2014); 4. *100 anos* – Revista dos Tribunais (Capítulo: Direito penal coerente e funcional, Revista dos Tribunais, São Paulo, 2012); 5. *Ação popular* (Organização: Ana Flávia Messa e José Carlos Francisco, Capítulo: Ação popular: a utilização do "habeas corpus" na dinâmica dos crimes financeiros, Saraiva, São Paulo, 2013); 6. *Tributo a Afrânio Silva Jardim*: escritos e estudos (Organização: Marcelo Lessa Bastos e Pierre Souto Maior Coutinho de Amorim, Capítulo: Interceptações telefônicas e direitos fundamentais, Lúmen Júris, Rio de Janeiro, 2011); 7. *Lavagem de dinheiro. Jogos de azar e futebol. Análise e proposições* (Juruá, Curitiba, 2010); 8. *Responsabilidade penal das corporações e criminalidade moderna* (Saraiva, São Paulo, 2009); 9. *Crime organizado e lavagem de dinheiro*: destinação de bens apreendidos, delação premiada e responsabilidade social. (Saraiva, São Paulo, 2009); 10. *Limites constitucionais da investigação* (Coordenação: Rogério Sanches Cunha, Pedro Taques e Luiz Flávio Gomes, Capítulo: Constituição e regime das liberdades, Revista dos Tribunais, São Paulo, 2009); 11. *Combate à lavagem de dinheiro. Teoria e prática* (Millenium, Campinas, 2008); 12. *Mulher e direito penal* (Coordenação: Miguel Reale Júnior e Janaína Paschoal, Capítulo: Tráfico internacional de pessoas: tipo penal e consentimento do ofendido, Forense, Rio de Janeiro, 2007); 13. *Lavagem de dinheiro* – comentários à Lei pelos juízes das varas especializadas (Capítulo: Crimes contra o Sistema Financeiro Nacional como antecedentes de lavagem de valores, Livraria do Advogado, Porto Alegre, 2007); 14. *Direito penal tributário* – aspectos relevantes (Bookseller, Campinas, 2006); 15. *Punibilidade no Sistema Financeiro Nacional* – tipos penais que tutelam o Sistema Financeiro Nacional (Millennium, Campinas, 2003); 16. *Responsabilidade penal da pessoa jurídica* (Saraiva, São Paulo, 1999).

SUMÁRIO

CAPÍTULO III
ADMINISTRAÇÃO DOS BENS

CAPÍTULO IV
BENS NO EXTERIOR

CAPÍTULO V
DESTINAÇÃO DE BENS APREENDIDOS

CAPÍTULO VI
BENS CULTURAIS

CAPÍTULO VII
RESTITUIÇÃO DE BENS

CAPÍTULO VIII
EQUACIONAMENTO CIVIL/ADMINISTRATIVO

CAPÍTULO IX
COLABORAÇÃO OU DELAÇÃO PREMIADA

CAPÍTULO X
JUSTIÇA SOCIAL CONCRETIZADA

CAPÍTULO XI
MASSA FALIDA X CONFISCO CRIMINAL

CAPÍTULO XII
MANIFESTAÇÃO DE BENEFICIÁRIOS DAS AÇÕES DA JUSTIÇA FEDERAL

APRESENTAÇÃO

Tecer considerações sobre os bens apreendidos, sequestrados, arrestados e bloqueados pela Justiça criminal, na verdade, afigura-se tarefa das mais urgentes e necessárias diante do quadro que se instalou decorrente da nova realidade social.

A compreensão da necessidade da apreensão e do bloqueio dos bens do investigado/acusado tem sido pouco a pouco sedimentada pelos operadores do Direito Penal e Processual Penal, apesar da ênfase tímida que sempre foi dada à questão nas academias universitárias, sem contar o desinteresse pelo capítulo próprio existente, diante do universo de institutos processuais vigente.

Com efeito, na seara universitária o tema é pouco versado e, timidamente exigido, tanto pelos professores quanto pelos alunos, que acabam por jogar suas forças em questões supostamente mais relevantes, embora exista já a ideia de a Justiça Penal voltar-se com maior empenho para liquidar com a prática de delitos graves, ou seja, para a prevenção e combate ao crime organizado.

Não é incomum a apreensão de bens, mas tão somente dos objetos do crime, ou seja, os bens ou as coisas sobre as quais recaem a conduta criminosa, como os documentos, a coisa alheia (a *res furtiva*), o ser humano, devendo, entretanto, os trabalhos iniciais de investigação ir além e compreender que, no *corpo de delito*, estaria abrangido, *s.m.j.*, além do próprio objeto material do crime, dos instrumentos, meios, vestes da vítima etc., todo o universo de bens que aparentemente não encontra lastro legítimo de propriedade e/ou posse, a não ser por vias ilícitas.

A propriedade técnica e a consistência deste trabalho tentam fazer deste uma obra de atualidade ímpar. A apreensão, o bloqueio e a destinação de bens (esta em dadas hipóteses), mesmo antes do trânsito em julgado, não tornam um Estado totalitário e opressor, que se desvincula dos preceitos caros à nossa sociedade.

Ao contrário do que se possa pensar, os Estados não estão se extinguindo, antes se fortalecendo, tornando-se cooperativos, inclusive neste campo. Creio que não há abandono da efetividade dos direitos humanos, mas nova compreensão da criminalidade moderna provocada pela globalização.

O risco da globalização pode ser minimizado se, com ela, o direito "pressuposto" vier legitimado em bases sociais e filosóficas, e não apenas econômicas.

Não se pode, pois, tratar o tema sob o viés puramente econômico, mas trabalhar para asfixiar as organizações criminosas, tolhendo-lhes o que lhes proporcionam mobilidade e dinamicidade, permitindo o continuísmo e a riqueza ilícita sem precedentes.

A degradação subjetiva coletiva decorrente do mundo atual, que tem na economia o valor mais relevante, jamais pode nos constituir em um número, sem que se faça um pensamento crítico tão indispensável.

A postura dos indivíduos e dos movimentos sociais legítimos deve ser a de se pautar por uma ética que obrigue à obediência às regras básicas de convivência, cujo enfrentamento por vias paralelas representa verdadeira ruptura dos direitos "postos" e "pressupostos".

O que se faz hoje? Adota-se saída atenuada dos valores iluministas democráticos quando se interpreta o fato típico, não se tratando da verdadeira crise de efetividade dos ideais iluministas.

Valor de correção é essencial, mas não podemos partir apenas de sentimentos econômicos da globalização (não vale a máxima justificadora "*business was not built on the beautitudes*" ou "*business is business*"). Lealdades superiores, perda de emprego, concorrência não podem justificar condutas duvidosas. Não nos podemos calar sob pena de concretizarmos a irracionalidade. O ser humano traz consigo valores baseados na justiça e na humildade (ou se desejar simplesmente na justiça ou simplesmente na humildade). Não se pode inverter a máxima em nome do valor jurídico do capital financeiro (nova "natureza" de que trata Karel Kosik). Não se trata de abraçar valores morais, mas de postura globalmente do ser, voltado ao bem-estar comum, não bastando tomada de atitudes isoladas de amor ao próximo para justificação de sentimentos de culpa diante da lógica adotada da "nova natureza" não humana – capital financeiro/necessidade econômica.

Acentua o conflito e a instabilidade a prática reiterada e despropositada de consultas populares quando as autoridades não têm a coragem de fazer valer a vontade popular expressa no sistema representativo ou quando se apresenta meio protelatório de tomada de decisões urgentes e impopulares.

O equilíbrio na condução do processo, como em todas as ações humanas, legitima uma série de decisões públicas. Importante afirmar, nesse passo, que o fato de, muitas vezes, estimular-se manifestações populares também não se afigura necessariamente medida pautada em legitimidade até porque há sempre o risco de sua manipulação (veja quantos estadistas totalitários foram e são capazes de encontrar no povo a força de suas ações autoritárias ou mesmo donos de templos ou igrejas que, em nome Dele, conseguem manipular pessoas ilustradas).

A força do Estado, quando legítima por si só, independe da participação popular, que se concretiza com os valores legitimamente consagrados. Por outro lado, um Estado que se politiza ao extremo tem na participação popular a idealização de suas ações. Como conciliar? Com prudência e responsabilidade. Em outras palavras, com espírito público. Este deve se constituir no objetivo primeiro, cedendo, pois, políticas voltadas aos interesses ideológicos que nada mais significam que interesses individuais potencializados e mascarados nos primeiros.

Na apresentação desta obra, quis manifestar a minha preocupação, constante e diária, de refletir os tempos atuais, que desafiam as autoridades e as concitam à tomada de ações não em busca de uma felicidade abstrata, pautada no menoscabo ou desgraça alheia. O bem-estar constitui patrimônio a ser seguido por todos, cada qual com suas pequenas ações (jamais de forma isolada), notadamente àqueles que trazem consigo parcela do Poder de um povo com sede de justiça.

A lavagem de dinheiro e a criminalidade organizada proporcionaram, a partir do fim do século passado, uma percepção diferenciada de uma nova situação mundial, que permite a perpetuação de uma série de delitos graves e o enriquecimento ilícito de seus agentes, de molde a merecer rápida e combativa reação estatal já no seu início, quando, de fato, a persecução penal pode ser mais eficaz.

Esse atual rumo criminal, sem precedentes, que tem exigido não somente a identificação da autoria e materialidade delitivas mas a apreensão de tudo o que foi possível obter com a prática criminosa, não pode ser interpretado como uma afronta às ortodoxas posturas penais, porquanto cercado de toda uma nova orquestração dogmática e procedimental, com enfoque também diferenciado, que acabou se impondo diante da subjacente situação fática gerada no mundo globalizado.

A questão dos bens de supostos criminosos impõe uma resposta estatal adequada e criteriosa, por vezes rápida, mesmo que haja eventualmente ausência de específico diploma legislativo.

Não se pode esquecer que uma das características criminológicas essenciais na lavagem de dinheiro, como bem nos lembra Pedro Caeiro, citando Jorge Fernandes Godinho e Luís Goes Pinheiro[1], constitui a ligação necessária com o crime organizado, o que provoca notável diversidade, no plano empírico, das condutas que aí se podem conter.

Por essa razão, exige-se uma forte intervenção penal do Estado logo no início, inclusive quanto aos bens e valores dos investigados para, uma vez confirmadas a sua propriedade e posse ilegítimas, aniquilar a ideia de que o crime compensa, apesar de eventual condenação e prisão.

A proposta deste trabalho destina-se a constituir não somente uma introdução ao palpitante tema mas tecer considerações outras que possam subsidiar o estudo de institutos processuais pouco operados na prática, apesar de sua incrível importância.

---

1 Cf. CAEIRO, Pedro. *Branqueamento de capitais*. Manual distribuído no curso promovido pela OEA e o Ministério da Justiça a juízes e promotores brasileiros entre 17 e 21 de outubro de 2005. p. 4.

Tenta-se abordar, dentro do possível, a experiência proporcionada pelas Varas especializadas em crimes financeiros e em lavagem de dinheiro, que não têm medido esforços para dar a melhor destinação aos bens apreendidos, de forma a atender o interesse de todos, inclusive dos acusados.

Fazer o melhor do Direito Penal e do Direito Processual Penal, apesar de trabalhosa, é tarefa essencial, porquanto o tratamento de bens apreendidos, sequestrados ou arrestados multiplica os esforços e os trabalhos judiciais na medida em que não se deseja deixar de lado o processamento e o julgamento de complexos delitos, normalmente compreendidos em volumosos feitos.

Visa-se, pois, encarar, dentro do possível, todo o universo que cerca o procedimento ou o processo criminal, no que tange à melhor destinação de bens apreendidos, sequestrados ou arrestados, com vistas ao aprimoramento do sistema de prevenção e repressão punitiva.

Traçou-se, portanto, um horizonte quanto ao tema com o objetivo de realizar uma análise crítica, prática e real, trazendo, inclusive, a visão do setor extrapenal (terceiro setor) sobre o trabalho desenvolvido para restituir à sociedade o que lhe é mais caro: sua dignidade.

Fausto Martin De Sanctis

NOTA À 2ª EDIÇÃO

Esta edição teve por escopo a adequação com o que há de mais recente na legislação brasileira quanto ao tema. Houve uma preocupação de ajustar a obra em consonância com as alterações do Código de Processo Penal, da Lei de Lavagem de Dinheiro, da Lei sobre Julgamento Colegiado em Primeira Instância, da Lei sobre Organização Criminosa, do Estatuto de Museus, dentre outras, bem como aperfeiçoá-la.

INTRODUÇÃO

A destinação dos bens apreendidos, sequestrados, bloqueados, arrestados ou decorrentes de delação premiada pela Justiça criminal tem sido considerada verdadeiro exercício operacional e jurídico de administração de bens, na maioria das vezes, de tormentosa adequação na medida em que não existe qualquer literatura ou orientação a respeito.

Por essa razão, não se poderia deixar de lado importante e trabalhoso tema, que tem instado os juízes da Varas especializadas em crimes financeiros e em lavagem de dinheiro à tomada de decisões que ao mesmo tempo preservem o interesse dos investigados/acusados e o interesse público na preservação e na sua destinação final, mormente se perdidos os bens para a União ou para os Estados-membros (conforme prevê o projeto de Lei que altera a legislação sobre lavagem de dinheiro).

Nas operações da Polícia Federal de combate à criminalidade de âmbito federal, tem sido frequente e corriqueira a apreensão de diversos bens, inclusive de valor artístico e cultural, gerando uma ponderada, criteriosa e cautelosa solução quanto à sua preservação e destinação final.

Por outro lado, o Estado por vezes se vê surpreendido por demandas sociais sérias e justificadas que acabam por instar o Poder Judiciário a, sem se desprender de suas funções originais, auxiliar museus públicos, entidades carentes e culturais, um ineditismo sem precedentes, mas totalmente pertinente diante do quadro atual de prevenção e combate à criminalidade organizada.

O tema não pode ser encarado sem a importância devida. Descabe aqui invocar o preceito latino "*de minimis*" ou "*de minimis non curat praetor*" ou, ainda, "*de minimis non curat lex*", ou seja, cuidar-se de tema de pouca ou de nenhuma importância. Ao contrário, a palpitante questão está intrinsecamente ligada à prevenção e ao combate ao crime, sendo sentimento mundial a ineficiência, por si só, da aplicação da sanção criminal, ainda que privativa de liberdade.

A proposta deste trabalho destina-se a constituir não somente uma introdução à questão, mas tecer considerações outras que possam subsidiar o seu estudo, sempre envolvido em clima de grande perplexidade devido à ausência de conhecimento do trabalho subjacente que decorre de seu enfrentamento.

Não se pretende, é claro, esgotar as variantes que dele decorrem, mas trazer o que há de mais recente acerca do tema, na perspectiva de conferir eficácia, racionalidade, fundamentação criminológica e empírica, permitindo, portanto, uma análise criteriosa, mas sempre em níveis adequados e suportáveis.

Doutra banda, tenta-se abordar, dentro do possível, a experiência proporcionada com a criação das Varas Federais Criminais especializadas em delitos financeiros e em lavagem de dinheiro, discutindo o tema em seu contexto, ou melhor, seu universo com vistas ao aprimoramento do sistema de prevenção e repressão punitiva.

O trabalho principia com o estudo do crime organizado, que invariavelmente liga-se com o delito de lavagem de dinheiro, que tem exigido uma forte intervenção penal do Estado na ordem econômico-financeira com adoção das chamadas *técnicas especiais de investigação*, de molde a exprimir a incapacidade dos países de combaterem graves crimes. Também versa sobre a questão do sigilo, objeto da Súmula Vinculante n. 14, de 02.02.2009, do Supremo Tribunal Federal.

Daí a importância de, à luz do que há de mais atualizado sobre a criminalidade organizada, abordar a legislação brasileira em vigor, mais especificamente o Código de Processo Penal, que, diante de sua redação, consignou a necessidade de fixação de valor a título de ressarcimento do ofendido pelo próprio juiz da condenação, bem ainda a Lei de Drogas e a Lei de Lavagem de Dinheiro. Esta última, que antes silenciava a respeito, contempla agora artigos pertinentes aos bens, notadamente a venda antecipada (complementada pela Lei n. 12.683, de 09.07.2012).

Considerou-se imperioso fazer uma análise sobre o *confisco alargado*, a situação de difícil tratamento quando existam bens ilícitos misturados a lícitos e as Convenções Internacionais.

Doutra parte, faz-se necessária a abordagem acerca dos obstáculos existentes para administração dos bens apreendidos ou mesmo sequestrados ou arrestados, diante da sua natureza, proporção e dimensão.

Não seria possível, de seu turno, deixar à margem a questão, ainda que sumária, da cooperação jurídica internacional para o sequestro, bloqueio ou mesmo a repatriação dos bens, fato que tem gerado bastante inquietação devido à morosidade do sistema judicial brasileiro, que não consegue definir seus complexos feitos de forma imutável, o que tem coarctado a solução de forma perene: a repatriação de valores.

O presente estudo não poderia deixar de abordar e conferir a destinação dos bens, antes do trânsito em julgado, tecendo considerações acerca do seu uso, da venda antecipada ou leilão judicial, com abordagem acerca do pagamento de tributos e multas, o instituto do "bem de família" e a destinação de bens culturais e arqueológicos, levando-se em consideração situações como tombamento administrativo, as posturas municipais e o papel do Instituto do Patrimônio Histórico e Artístico Nacional (IPHAN). Tudo isto no caso de não ser possível a restituição de bens. Além disso, pedido de restituição ou embargos do acusado ou de terceiros, institutos processuais de que dispõem os investigados ou os acusados em geral, dentre outros, e, finalmente, a questão da preservação ou não da meação e do beneficiário por doações.

Em capítulo à parte, é analisada a chamada *ação civil de extinção de domínio*, mais novo instrumento estatal que visa à recuperação de ativos de maneira ágil, sem depender de um juízo de mérito penal, que, como é sabido, acaba por demandar anos, com sérias consequências à efetiva restituição de valores para o Estado. Na verdade, observou-se, em certo instante, que a sanção civil de retirada de bens é mais penosa para o delinquente, dado o seu caráter definitivo, do que o cumprimento de penas privativas de liberdade ou privativas ou restritivas de direito. Estuda-se, inclusive, a Resolução n. 63/2008 do Conselho Nacional de Justiça, que tenta condensar e centralizar, no âmbito nacional, questões que exigem atendimento de interesses locais.

Por sua vez, o instituto da colaboração ou delação premiada, encartado há anos no direito brasileiro, ainda é pouco difundido e utilizado pelos operadores do direito, mas na verdade tem atendido, e muito, o interesse dos increpados em ter um solucionamento rápido de seus procedimentos e/ou processos criminais, desde que lhes seja assegurado o *quantum* que consideram adequado e o sigilo do procedimento. Aliás, quanto a este, é ainda necessário fazer digressão a respeito, diante dos métodos variados e adotados, como, por exemplo, nas Varas de São Paulo e do Paraná. Não se poderia tecer tais considerações sem adentrar nas alterações dos ritos procedimentais que dificultaram a aplicação da delação premiada a partir do momento em que os acusados somente são ouvidos ao final do procedimento, um verdadeiro passa-moleque que o Estado conferiu àquele que deseja manipular os fatos e ter para si a decisão de contribuir com a verdade a partir do que já foi produzido como elemento probatório.

A polêmica situação do conflito entre interesses privados de credores na massa falida e o interesse público no processo penal também foi merecedora de capítulo à parte.

Por derradeiro, importantíssima é a questão quanto à aplicação do Direito Penal e Processual Penal de forma maximizada, de molde a concretizar e permitir à sociedade brasileira, tão necessitada de ações efetivas, uma resposta que permita uma reparação pelo dano causado; melhor se vier a atender os interesses dos mais humildes e necessitados, devido ao drama diário que certas pessoas vivem diante de suas condições físicas, sociais e econômicas.

A eleição de museus e entidades beneficentes para o recebimento de obras e recursos da Justiça criminal deve atender, respectivamente, o propósito e a natureza de seus acervos e estar em condições adequadas e regulares para a administração de recursos e a futura prestação de contas.

Traçou-se, portanto, um horizonte sobre os bens apreendidos ou decorrentes de delação premiada, visando proceder a uma análise empírica, não se traduzindo em tarefa fácil, mas, ao contrário, bastante árdua, na medida em que implica, muitas vezes, uma opinião refletida, fundamentada e serena de assuntos que ainda tramitam no campo das ideias.

Desejo contribuir humildemente de alguma forma para o aperfeiçoamento do presente estudo tão carente de doutrina e orientação, apesar de demandar aos juízes brasileiros decisões a respeito.

Por isso que se apresenta necessária sempre a reavaliação dos preceitos e conceitos existentes, mormente dos métodos utilizados para que sejam adotadas medidas necessárias para a obtenção de resultados num tempo razoável, sem prejuízo, por certo, das garantias fundamentais básicas.

Com o presente trabalho, espera-se, pois, provocar o debate e a atenção de todos sobre o universo da gestão de bens administrados pela Justiça criminal, tão em voga nos dias atuais, um mundo à parte do procedimento ou processo penal, analisado da forma mais consistente possível para que nenhum ponto relevante ficasse esquecido e não fosse objeto de apreciação, não sendo pretensão, porém, esgotar todo o tema.

I

PREVENÇÃO E COMBATE AO CRIME ORGANIZADO E À LAVAGEM DE DINHEIRO

1.1 POLÍTICA CRIMINAL E TENDÊNCIAS INTERNACIONAIS

A ligação do crime organizado com o fenômeno da lavagem de dinheiro fez com que esta adquirisse maior expressão. E, doutra parte, o esclarecimento das práticas da lavagem de valores constitui modalidade eficaz de combate ao crime organizado.

Jorge Alexandre Fernandes Godinho, a esse respeito, revela que em vários sistemas jurídicos, como na Alemanha e em Macau, a criminalização da lavagem se tenha feito no âmbito de providências legislativas mais amplas, expressamente voltadas ao combate ao crime organizado. Há sempre necessidade de lavar o produto da empresa criminal, e o seu combate constitui forma eficaz de ataque à criminalidade organizada. A lavagem de dinheiro apresenta-se, pois, na esteira do ensinamento de Mário Zanchetti, como o "calcanhar de Aquiles" da criminalidade organizada[1].

O desenvolvimento do crime organizado apresenta-se dissimulado ou encoberto por atividade comercial lícita. Não se confundiria com

---

[1] In *Do crime de "branqueamento" de capitais. Introdução e tipicidade*. Coimbra: Almedina, 2001, p. 32 e 36.

a prática antiga do delito de quadrilha ou bando (artigo 288 do CP), no qual havia singelo concerto para a prática de crimes. Em ambos há estabilidade e permanência, mas a organização criminosa é revestida de peculiaridades próprias, mesmo aquelas de índole regional (dentro das fronteiras de um país). Não se cuida, pois, de identidade de conceitos, porquanto inconfundíveis, uma vez que o conceito de crime organizado sempre envolve estrutura complexa e, de certa forma, profissionalizada. Não se trata apenas de uma organização benfeita, não sendo somente uma organização internacional, mas se caracteriza pela ausência de vítimas individuais e por um determinado *modus operandi,* com divisão de tarefas, utilização de métodos sofisticados, existência, por vezes, de simbiose com o Poder Público, além de alto poder de intimidação (forja clima de medo, fazendo constante apelo à intimidação e à violência)[2].

Quase sempre envolve corrupção da legislatura, da Magistratura, do Ministério Público, da Polícia, ou seja, paralisação da atividade estatal de combate à criminalidade. Winfried Hassemer revela que o *proprium* da criminalidade organizada consiste na paralisação do braço que deve combatê-la[3].

Quando não envolve corrupção, constata-se que os criminosos organizados geralmente dispõem de especiais canais de comunicação com o Poder, beneficiando-se do seu relacionamento com os poderes públicos, nomeadamente da administração da Justiça penal, mais pela sua competência de ação do que por uma deliberada atividade de corrupção, exercida de uma forma muito mais sutil. Existe, ainda, inegável "entendimento" com os feitores e os aplicadores da lei.

Não é possível, pois, uma conceituação formalmente rígida, porquanto abrange uma série de grupos criminosos distintos com diferentes níveis de organização e expansão.

Uma nota característica do crime organizado é o investimento em atividades legítimas, até por um motivo tão pouco nobre como a necessidade de lavar os capitais ilicitamente obtidos. Líderes do crime

---

2 Cf. Em sentido semelhante, Luiz Flávio Gomes e Raúl Cervini. (in *Crime organizado. Enfoques criminológico, jurídico (Lei 9.034/95) e política criminal.* São Paulo: Revista dos Tribunais, 1997. p. 70-78).

3 In Limites del Estado de derecho para el combate contra la criminalidad organizada, *Ciências Criminais*, ano 6, n. 23, jul./set. 1988, p. 26.

organizado ascendem, segundo José da Cunha Rodrigues, a uma relevante posição social por força do seu poderio econômico[4].

Eugénio Raul Zaffaroni contesta o conceito ao afirmar que o crime organizado "*se trata de uma categoria frustrada, ou seja, de uma tentativa de categorização que acaba em uma noção difusa*"[5] (grifo nosso).

Todavia, deveriam ser todas as categorias absolutamente delimitadas ou estanques?

Deve-se ressalvar a existência de espaços cinzentos entre as figuras do crime organizado e da lavagem de valores, o que acentua a proximidade, quase que absoluta, entre as duas figuras.

A Convenção das Nações Unidas contra o Crime Organizado Transnacional, Convenção de Palermo, de 15 de novembro de 2000, aprovada pelo Decreto Legislativo n. 231, de 29 de maio 2003, e promulgada pelo Decreto n. 5.015, de 12 de março de 2003, considera grupo criminoso organizado o "grupo estruturado de três ou mais pessoas, existente há algum tempo e atuando concertadamente com o propósito de cometer uma ou mais infrações graves ou enunciadas na presente Convenção, com a intenção de obter, direta ou indiretamente, um benefício econômico ou outro benefício material". Trata-se de definição de tal modo abrangente que deve merecer interpretação restritiva para que não se proceda à total paridade entre a criminalidade organizada e o delito de quadrilha ou bando.

Por sua vez, a Lei n. 9.034, de 03 de maio de 1995, com a redação dada pela Lei n. 10.217, de 11 de abril de 2001, apenas retratava os meios operacionais para a prevenção e repressão das ações praticadas por organizações ou associações criminosas ou quadrilhas, levando à conclusão de que haveria conceitos distintos. Esta Lei acabou sendo revogada pela Lei n. 12.850, de 02 de agosto de 2013, que dispôs sobre a investigação criminal, os meios de obtenção da prova e inseriu na legislação brasileira o conceito de organização criminosa, diversamente daquele adotado pela Convenção que o próprio país aderiu (Convenção de Palermo): "a associação de 4 (quatro) ou mais pessoas estruturalmente ordenada e

---

4 Cf. Os senhores do crime, *RPCC*, ano 9, fasc. 1º, 1999, p. 19.

5 In Crime organizado: uma categorização frustrada, *Discursos Sediciosos*, ano 1, n. 1, 1996, p. 57.

caracterizada pela divisão de tarefas, ainda que informalmente, com objetivo de obter, direta ou indiretamente, vantagem de qualquer natureza, mediante a prática de infrações penais cujas penas máximas sejam superiores a 4 (quatro) anos, ou que sejam de caráter transnacional"[6].

Impõe-se um tratamento diferenciado à criminalidade organizada, justificado pelo caráter de emergência na luta contra a prática de crimes que corroem os alicerces do próprio Estado de Direito, com inversão do ônus da prova da aquisição dos bens apreendidos, sequestrados ou arrestados, além da admissibilidade de meios de prova como ação controlada, infiltração, delação premiada, interceptação telefônica, de dados e ambiental, fatos já assimilados e superados nos debates internacionais.

1.2 LEI N. 12.850, DE 02.08.2013, E AS TÉCNICAS ESPECIAIS DE INVESTIGAÇÃO

As chamadas *técnicas especiais de investigação* são consideradas indispensáveis para o enfrentamento da criminalidade organizada e estão em consonância com as obrigações assumidas pelo Brasil, no campo internacional, por meio da Convenção Contra o Tráfico Ilícito de Entorpecentes e Substâncias Psicotrópicas (Convenção de Viena de 1988, artigo 11, itens 1, 2 e 3), da Convenção das Nações Unidas contra o Crime Organizado Transnacional (Convenção da ONU de 2000, artigo 20) e da Convenção das Nações Unidas contra a Corrupção (Convenção da ONU contra a corrupção de Mérida de 2003, artigo 50).

Estavam ainda previstas na Lei n. 9.034, de 03 de maio de 1995 (Lei sobre organizações criminosas), e agora encontram-se disciplinadas pela Lei n. 12.850, de 02 de agosto de 2013, compreendendo a colaboração premiada, captação ambiental de sinais eletromagnéticos, ópticos ou acústicos, ação controlada, acesso a registros de ligações telefônicas e telemáticas, bem como de dados cadastrais, interceptação de comunicações telefônicas e telemáticas, afastamento dos sigilos financeiro, bancário e fiscal e infiltração de policiais (artigo 3º).

---

6 A Lei n. 12.850/2013 revogou o conceito de organização criminosa que consta na Lei n. 12.694, de 24 de julho de 2012 (dispôs sobre o processo e julgamento colegiado em primeiro grau de jurisdição de crimes praticados por organizações criminosas), a qual adotava o conceito da Convenção de Palermo (artigo 2º).

Visam ao combate efetivo do crime organizado para viabilizar processamento e julgamento eficaz, célere (no tempo adequado e correspondente às necessidades) e abrangente das condutas então investigadas.

Por sua vez, o Grupo de Ação Financeira Internacional em Lavagem de Dinheiro (*Groupe d'Action Financière sur le Blanchiment de Capitaux* ou *Financial Action Task Force on Money Laundering* – GAFI/FATF) recomenda a utilização, pelas autoridades de aplicação específica, das *técnicas especiais de investigação* (Recomendação n. 31, revisada em fevereiro de 2012), devidamente grifada:

> "Os países deveriam assegurar que as autoridades competentes que conduzem investigações estão em condições de utilizar um vasto conjunto de técnicas adequadas à investigação da lavagem de dinheiro, de infrações subjacentes associadas e do financiamento do terrorismo. Estas técnicas de investigação incluem: operações encobertas, interceptação de comunicações, acesso a sistemas informáticos e entregas controladas. Além disso, os países deveriam dispor de mecanismos eficazes para identificar, em tempo útil, se as pessoas singulares ou coletivas são titulares ou detêm o controle das contas. Deveriam igualmente dispor de mecanismos que assegurem que as autoridades competentes dispõem de um processo de identificação de ativos que não implique a notificação prévia do titular. Ao conduzir investigações de lavagem de dinheiro, infrações subjacentes associadas e de financiamento do terrorismo, as autoridades competentes deveriam estar em condições de obter o acesso a todas as informações relevantes que a UIF detenha".

A razão de ser, como se pode observar, certamente foi a percepção de que a prática delituosa evoluiu para a adoção de complexos comportamentos visando ludibriar a administração da Justiça, numa atividade marginal, porém, indispensável, sendo certo que as questões fáticas acabaram por colocar em cheque métodos ortodoxos de investigação.

1.3 SIGILO DAS INVESTIGAÇÕES E SÚMULA VINCULANTE N. 14, DE 02.02.2009, DO STF

A questão que se revela bastante controvertida, mas primordial para o sucesso das investigações de combate ao crime organizado, é a atividade estatal inicial de investigação, que, por natureza, deve pautar-se no sigilo.

Historicamente, a tortura atingiu níveis insuspeitados por volta do século XIII. Com a rejeição de provas irracionais, tornou-se necessária a descoberta da verdade através de outros métodos, apesar de ter persistido na Idade Média ou mesmo na Idade Moderna. Ela foi corriqueiramente objeto de uma aplicação diferenciada, cuja legitimidade de utilização dependia quer da espécie de delito, quer da qualidade do suspeito, chegando a utilizar-se mesmo contra testemunhas. O processo inquisitório, devido à influência da justiça canônica, somente culminaria a contento mediante uma confissão de culpa (a *probatio probatissima*). A estrutura, que se baseava no secretismo, e não na publicidade, anteriormente dominante, radicava na pretensão da defesa dos interesses dos intervenientes processuais, porquanto tinha-se noção de que a publicidade tinha prejudicado a igualdade, por sujeitar aqueles que incriminavam alguém de maior poderio à vingança deste, desincentivando-se, assim, o recurso aos tribunais por parte dos menos influentes.

No século XIV, ao que parece, na França, apareceu um corpo organizado e hierarquizado de funcionários reais a quem cabia representar o interesse de toda a coletividade na perseguição e punição dos agentes. Assim, a instituição da figura do Ministério Público foi retirando dos particulares ofendidos pelo crime a disponibilidade da ação penal. Doravante, não mais se passou a exigir (regra geral) uma manifestação de vontade para o funcionamento do aparelho repressivo, contribuindo para que sanções criminais passassem a atingir todos, e não apenas os menos influentes.

Se no passado o sigilo visava à proteção dos que estavam sujeitos à vingança por revelar fatos contra os poderosos ou amigos do rei, hoje, o fundamento não se apresenta muito distante: preservam-se testemunhas e informantes contra o poder de organizações criminosas, além da imagem de suspeitos ou investigados, evitando, ainda, que a prova seja orquestrada ou manipulada, em detrimento de uma eficaz apuração estatal.

Grande parte dos procedimentos, ações penais e inquéritos policiais em curso envolvendo os delitos graves, qualificados ou pontuados pela criminalidade organizada teria que possuir caráter sigiloso, de modo que o conhecimento prévio do curso das investigações é sabidamente capaz de frustrar o seu eficaz andamento e sua adequada apuração.

O Conselho da Justiça Federal, certamente ciente dessa situação, regulamentou o acesso aos autos, editando a Resolução n. 507, de 31 de maio de 2006, devidamente grafada:

> "Art. 3º Considera-se sigilosa, quando determinada pela autoridade judicial competente, toda a informação, documento, elemento ou feito que, por sua natureza ou *quando a preservação de direitos individuais e o interesse público o exigirem,* deva ser de conhecimento restrito e, portanto, requeira medidas especiais *para segurança de seu conteúdo.*
> § 1º O caráter sigiloso poderá ser atribuído ao processo ou às partes. *Quando atribuído ao processo, a consulta ao sistema informatizado será restrita a pessoas autorizadas, a critério da autoridade judicial.*
> § 2º No caso de *procedimento criminal existente antes da ação penal, a consulta somente será viabilizada mediante autorização judicial.* Nessa hipótese, não figurará na distribuição o nome das partes, sob pena de comprometimento das medidas.
> § 3º A autoridade policial *fará distribuir o inquérito ou pedido de medidas assecuratórias,* viabilizando dessa forma a fixação do juízo competente para processamento e julgamento do feito.
> § 4º O procedimento sigiloso será inicialmente distribuído livremente, anotando-se a classe e a expressão 'sigiloso' sem qualquer menção ao nome dos envolvidos.
>
> Art. 5º O caráter sigiloso ou o atributo de segredo de justiça de dados ou informações constantes de volumes ou apensos de processo ou investigação *será estendido a todo o processo ou investigação, salvo determinação judicial em contrário.*
> § 1º O acesso aos autos ficará restrito às partes e seus procuradores, servidores e autoridades, a critério da autoridade judicial.
> § 2º *Não será permitida a carga de feitos sigilosos (inquérito ou processo) à parte requerida, a fim de se garantir a manutenção da decretação de sigilo.*
> § 3º A *vista* dos autos nos feitos declarados sigilosos *dependerá sempre de autorização expressa do juiz competente e restringir-se-á apenas aos elementos processuais essenciais à ampla defesa do interessado.*
> § 4º Quando o atributo de sigiloso ou de segredo de justiça não se referir a todos os volumes ou apensos, a marcação deverá ser feita

> no 1º volume dos autos, com referência àquele no qual tenha sido decretado sigilo ou segredo, e no próprio volume, ou autuado em apartado.
>
> Art. 6º No Tribunal, quando da autuação:
> I – de processos oriundos do 1º grau, já indicados como sigilosos ou segredo de justiça, será mantida essa característica, salvo determinação em contrário do Relator;
> II – proceder-se-á a verificação de prevenção, podendo a distribuição ter acesso à consulta processual de 1º grau.
> III – de processos originários, ante a existência de requerimento ou elementos que possam ensejar a classificação como sigilosos ou em segredo de justiça, far-se-á o registro no sistema processual, submetendo-se à deliberação do Relator".

O Conselho da Justiça Federal revogou o normativo acima citado, mas editou a Resolução n. 589, de 29 de novembro de 2007, nos seguintes termos, basicamente não alterando o âmago da questão no que tange ao resguardo do sigilo de documentos sigilosos a critério da autoridade judicial, com destaque aos artigos 2º e 3º:

> "Conselho da Justiça Federal
> RESOLUÇÃO N. 589, DE 29 DE NOVEMBRO DE 2007
>
> Estabelece diretrizes para o tratamento de processos e investigações sigilosas ou que tramitem em segredo de justiça, no âmbito da Justiça Federal de 1º e 2º graus.
>
> O PRESIDENTE DO CONSELHO DA JUSTIÇA FEDERAL, no uso de suas atribuições legais, e tendo em vista o decidido no Processo n. 2006163669, na sessão realizada em 26 de novembro de 2007, resolve:
>
> Art. 1º Estabelecer, no âmbito da Justiça Federal de 1º e 2º graus, diretrizes para o tratamento de processos e investigações sigilosas ou que tramitem em segredo de justiça, no que diz respeito à autuação, processamento, segurança, transporte, inserção de dados no sistema eletrônico de informações processuais, acesso, destinação e arquivamento.
>
> *Art. 2º Consideram-se em segredo de justiça a investigação, o processo, os dados e as informações determinadas pela autoridade judicial* competente para o feito, em 1º e 2º graus, nos termos da legislação aplicável à matéria.

§ 1º O caráter sigiloso poderá ser atribuído ao processo ou às partes. Quando atribuído ao processo, a consulta ao sistema informatizado será restrita a pessoas autorizadas, a critério da autoridade judicial.

§ 2º No caso de procedimento criminal existente antes da ação penal não figurará na distribuição o nome das partes, sob pena de comprometimento das medidas.

§ 3º O procedimento sigiloso será inicialmente distribuído livremente, anotando-se a classe e a expressão "sigiloso" sem qualquer menção ao nome dos envolvidos.

§ 4º As unidades de Distribuição ou Secretarias processantes deverão identificar os processos sigilosos ou em segredo de justiça:

I – os processos em suporte papel terão identificação por meio de etiqueta padrão a ser fixada na capa;

II – os processos digitais terão o seu grau de sigilo identificado com base em atributos de segurança para documentos e usuários.

Art. 3º O caráter sigiloso ou o atributo de segredo de justiça de dados ou informações constante de volumes ou apensos de processo ou investigação será estendido a todo o processo ou investigação, salvo determinação judicial em contrário.

§ 1º O acesso aos autos em papel ou digitais ficará restrito às partes e seus procuradores, servidores e autoridades, a critério da autoridade judicial.

§ 2º Não será permitida a carga de feitos sigilosos (inquérito ou processo) à parte requerida, a fim de se garantir a manutenção da decretação de sigilo.

§ 3º Quando o atributo de sigiloso ou de segredo de justiça não se referir a todos os volumes ou apensos, a marcação deverá ser feita no 1º volume dos autos, com referência àquele no qual tenha sido decretado sigilo ou segredo, e no próprio volume, ou autuado em apartado.

Art. 4º No Tribunal, quando da autuação:

I – de processos oriundos do 1º grau, já indicados como sigilosos ou segredo de justiça, será mantida essa característica, salvo determinação em contrário do Relator;

II – de processos originários, ante a existência de requerimento ou elementos que possam ensejar a classificação como sigilosos ou em segredo de justiça, far-se-á o registro no sistema processual, submetendo-se à deliberação do Relator.

Art. 5º Na publicação oficial dos atos e decisões judiciais não poderá conter transcrição de excertos de documentos, elementos sigilosos ou de quaisquer dados que comprometam o sigilo.

Art. 6º Não será permitido ao magistrado e ao servidor fornecer quaisquer informações, direta ou indiretamente, a terceiros, ou a órgão de imprensa, de elementos contidos em processos sigilosos, de ato processual sigiloso, de processo ou inquérito declarados sigilosos, sob pena de responsabilização nos termos da legislação pertinente.

Art. 7º Os processos sigilosos ou em segredo de justiça, quando transportados para fora da Justiça Federal ou do Tribunal, deverão atender às seguintes prescrições:
I – serão acondicionados em envelopes duplos;
II – no envelope externo não constará qualquer indicação do caráter sigiloso ou do teor do documento;
III – no envelope interno serão apostos o destinatário e a indicação de sigilo ou segredo de justiça, de modo a serem identificados logo que removido o envelope externo;
IV – o envelope interno será fechado, lacrado e expedido mediante recibo, que indicará, necessariamente, remetente, destinatário e número ou outro indicativo do documento; e
V – o transporte e entrega de processo sigiloso ou em segredo de justiça será efetuado preferencialmente por agente público autorizado.

Art. 8º No recebimento, movimentação e guarda de feitos e documentos sigilosos, as unidades da Justiça Federal de 1º e 2º graus deverão tomar as medidas para que o acesso atenda às cautelas de segurança previstas nesta norma, sendo os servidores responsáveis pelos seus atos na forma da lei (Lei n. 8.112/90, arts. 116, 117 e 121 a 124).

Art. 9º No Tribunal, a extração de cópias dos autos com caráter sigiloso ou em segredo de justiça obedecerá às regras próprias de cada Região, observadas as restrições legais (Parágrafo único do art. 155 do CPC).

Art. 10. O caráter sigiloso e o segredo de justiça não alcançam as decisões judiciais e, em regra, os autos findos.

Parágrafo único. As normas do Programa de Gestão Documental da Justiça Federal serão aplicadas aos autos que perderam a classificação de sigilo ou segredo de justiça.

Art. 11. Revogam-se a Resolução n. 507, de 13 de maio de 2006, e demais disposições em contrário.

Art. 12. Esta Resolução entra em vigor na data de sua publicação.

PUBLIQUE-SE. REGISTRE-SE. CUMPRA-SE.
Ministro BARROS MONTEIRO
Presidente"

Como se observa, a simples análise de feitos sigilosos, a partir da Resolução, mereceria apreciação judicial particular, ou seja, caso a caso.

No mesmo diapasão é a Resolução n. 58, de 25.05.2009, do Conselho da Justiça Federal, cujo teor é o seguinte:

"Conselho da Justiça Federal
RESOLUÇÃO N. 058, DE 25 DE MAIO DE 2009

Estabelece diretrizes para membros do Poder Judiciário e integrantes da Polícia Federal no que concerne ao tratamento de processos e procedimentos de investigação criminal sob publicidade restrita, no âmbito da Justiça Federal de primeiro e segundo graus.

O PRESIDENTE DO CONSELHO DA JUSTIÇA FEDERAL, usando de suas atribuições legais e tendo em vista o decidido no Processo n. 2006163669, na sessão realizada em 22 de maio de 2009,

Considerando a necessidade de se coibirem os abusos relativos a vazamentos e a indevida divulgação de dados e aspectos da vida privada, constitucionalmente garantidos, dos réus, investigados e indiciados, obtidos mediante a quebra dos sigilos bancário, fiscal, telefônico, de informática ou telemática;

Considerando o disposto nos incisos X, XII, XIV, XXXIII e LX do art. 5º da Constituição da República;

Considerando o disposto nos arts. 8º, 9º e 10 da Lei n. 9.296, de 24 de julho de 1996; 5º e 7º, parágrafo único, da Lei n. 11.111, de 5 de maio de 2005; 198, inciso I, da Lei n. 5.172, de 25 de outubro de 1966; 1º, § 4º, da Lei

Complementar n. 105, de 10 de janeiro de 2001; e 153, § 1º-A, do Código Penal, introduzido pela Lei n. 9.983, de 14 de julho de 2000;

Considerando o disposto nos arts. 155 do Código de Processo Civil e 20 do Código de Processo Penal;

Considerando o disposto no art. 35, inciso I, da Lei Complementar n. 35, de 14 de março de 1979;

Considerando o disposto no art. 116 da Lei n. 8.112, de 11 de dezembro de 1990;

Considerando que os estagiários de advocacia, regularmente inscritos na Ordem dos Advogados do Brasil, só podem praticar atos processuais em conjunto com os advogados e sob responsabilidade destes, conforme disposto nos arts. 1º e 3º, § 2º, da Lei n. 8.906, de 4 de julho de 1994;

Considerando a necessidade de regulamentação da restrição de publicidade dos autos referentes a processos judiciais e a procedimentos de investigação criminal, em função da preservação da intimidade das partes ou envolvidos, bem como da natureza sigilosa dos dados;

Considerando que os processos e procedimentos de investigação criminal sob publicidade restrita quando encerrados por sentenças ou acórdãos penais condenatórios, por representarem expressão do *ius puniendi* estatal, permitem, e até mesmo recomendam, que a sociedade tenha ampla e irrestrita ciência do conteúdo do proferimento judicial que lhes pôs fim,

RESOLVE:

Art. 1º Estabelecer, no âmbito da Justiça Federal de primeiro e segundo graus, diretrizes para o tratamento de processos e procedimentos de investigação criminal que tramitem sob publicidade restrita, no que diz respeito à autuação, processamento, segurança, transporte, inserção de dados no sistema eletrônico de informações processuais, acesso, destinação e arquivamento.

Art. 2º Considera-se sob publicidade restrita o processo ou procedimento de investigação criminal que contenham informações protegidas constitucional e legalmente, tendo acesso a eles somente as partes, seus advogados e estagiários regularmente constituídos e servidores com dever legal de agir no feito, nos exatos termos disciplinados nos incisos XXXIII e LX do art. 5º da Constituição da República.

Art. 3º Considera-se restrita a publicidade dos processos e atos processuais e dos procedimentos de investigação criminal e atos investigatórios quando a defesa da intimidade ou interesse social assim o exigirem ou quando contiverem informações cujo sigilo seja imprescindível à segurança da sociedade e do Estado, requerendo medidas especiais para segurança de seu conteúdo.

§ 1º Caberá à autoridade judicial competente a decretação e o levantamento da publicidade restrita dos processos e procedimentos de investigação criminal.

§ 2º A autoridade policial ou o Ministério Público fará distribuir o inquérito ou pedido de medidas assecuratórias.

§ 3º A consulta dos autos referentes aos processos e procedimentos de investigação criminal sob publicidade restrita somente será deferida às partes, aos investigados e a seus advogados, bem como aos estagiários que figurarem na procuração juntamente com o advogado e possuírem poderes específicos para tanto e ao Ministério Público.

§ 4º É garantido ao investigado, ao réu e a seus defensores acesso a todo material probatório já produzido na investigação criminal, salvo no que concerne, estritamente, às diligências em andamento, sob pena de sua frustração, situação em que a consulta de que trata o parágrafo anterior poderá ser indeferida pela autoridade judiciária competente, voltando a ser franqueada assim que concluídas as diligências determinadas.

Art. 4º Poderá ser omitido o nome das partes nos sistemas de informação quando determinado pela autoridade judicial para preservar a intimidade dos investigados.

Art. 5º As unidades de distribuição ou secretarias processantes deverão identificar os processos e procedimentos de investigação criminal sob publicidade restrita.

§ 1º Os processos e procedimentos de investigação criminal materializados fisicamente na forma de autos processuais terão identificação por meio de etiqueta padrão a ser fixada na capa;

§ 2º Os processos e procedimentos de investigação criminal digitais terão identificação com base em atributos de segurança para documentos e usuários.

Art. 6º A publicidade restrita constante dos autos principais de processos ou de procedimentos de investigação criminal, assim como de seus anexos, será estendida a todo o processo ou procedimento investigatório, salvo determinação judicial em contrário.
Parágrafo único. Quando a publicidade restrita não se referir a todos os volumes ou apensos, a marcação deverá ser feita no primeiro volume dos autos, com referência àquele no qual tenha sido decretada e no próprio volume, seja referente aos autos principais ou aos apensos.

Art. 7º No Tribunal, quando do cadastramento e autuação:
I – de processos e procedimentos de investigação criminal de competência originária, poderá o relator sorteado, de ofício ou a requerimento das partes ou investigados, decretar a publicidade restrita dos autos, procedendo-se ao registro no sistema processual, podendo, a qualquer momento, ser revogada a publicidade restrita por meio de decisão fundamentada;
II – de processos e procedimentos de investigação criminal oriundos do primeiro grau já gravados com a determinação de publicidade restrita, será mantida essa característica, procedendo-se ao registro no sistema processual, podendo o relator, após a regular distribuição, revogar a determinação justificadamente.

Art. 8º A publicação dos atos que envolvam processos sob publicidade restrita limitar-se-á a seus números, data da decisão, da sentença ou do acórdão e respectivos dispositivo ou ementa, redigidos de modo a não comprometer o sigilo.
Parágrafo único. As informações disponibilizadas ao público em geral, constantes do Sistema Processual Informatizado da Justiça Federal de primeiro e segundo graus, a respeito da tramitação dos processos e procedimentos de investigação criminal sob publicidade restrita deverão respeitar os mesmos limites fixados no *caput* deste artigo.

Art. 9º A carga dos autos referentes aos processos que se encontram sob publicidade restrita é prerrogativa exclusiva dos procuradores das partes regularmente constituídos, quando o prazo para a prática de atos processuais não lhes for comum, caso em que lhes será facultada a solicitação de cópias em secretaria mediante o recolhimento das taxas previstas pelos tribunais, sendo de sua inequívoca ciência que a eles se estende o dever de manter sigilo sobre as informações constantes do processo relativas às partes que não são representadas pelo procurador que efetua a carga.

§ 1º Os estagiários de advocacia, regularmente inscritos na Ordem dos Advogados do Brasil, somente poderão fazer carga dos autos e requerer a extração de cópias referentes aos processos que se encontrarem sob publicidade restrita quando figurarem na procuração juntamente com o advogado e possuírem poderes específicos para tanto, de modo a estabelecer a responsabilidade dos advogados que representarem as partes envolvidas no feito.

§ 2º Os arquivos de mídia que eventualmente instruírem os processos sob publicidade restrita serão duplicados e suas cópias de segurança ficarão arquivadas em secretaria, de forma a garantir sua integridade, devendo aqueles que permanecerem acostados aos autos ser previamente identificados.

§ 3º As secretarias das varas ou dos tribunais poderão, através de determinação e mediante auxílio do setor de informática do fórum, efetuar a replicação de arquivos de mídia digital correspondente ao número de advogados que representarem as partes ou investigados, permitindo com isso que todos eles tenham acesso e conhecimento simultâneo das informações constantes dos autos, de forma a conferir aos feitos mencionados andamento mais célere.

§ 4º Fica vedada, em razão de sua natureza, a carga de autos de procedimentos de investigação criminal, sendo facultado aos procuradores dos investigados e indiciados o acesso às cópias dos atos que lhes interessarem, observado o disposto no § 4º do art. 3º desta resolução.

Art. 10. É absolutamente vedado aos magistrados, servidores, autoridades policiais e seus agentes o fornecimento de quaisquer informações, direta ou indiretamente a terceiros ou a órgão de imprensa, de elementos contidos em processos e procedimentos de investigação criminal sob publicidade restrita, sob pena de sua responsabilização funcional, nos termos disciplinados nos arts. 8º, 9º e 10 da Lei n. 9.296, de 24 de julho de 1996; 5º e 7º, parágrafo único, da Lei n. 11.111, de 5 de maio de 2005; 198, inciso I, da Lei n. 5.172, de 25 de outubro de 1966; 1º, § 4º, da Lei Complementar n. 105, de 10 de janeiro de 2001 e 153, § 1º-A, do Código Penal, introduzido pela Lei n. 9.983, de 14 de julho de 2000.

§ 1º É efeito inerente à violação dos deveres referidos no *caput* deste artigo a imediata instauração, contra o magistrado, de ofício ou mediante provocação, após sua intimação para a apresentação de defesa, de processo administrativo disciplinar pelo Conselho da Justiça Federal ou pelas Corregedorias Regionais, por violação do dever insculpido no inciso I do artigo 35 da Lei Complementar n. 35, de 14 de março de 1979, sem prejuízo da comunicação aos órgãos competentes para apuração penal de sua conduta.
§ 2º É efeito inerente à violação dos deveres referidos no *caput* deste artigo a imediata instauração, contra o servidor, pelos órgãos competentes, mediante provocação ou de ofício, de processo administrativo disciplinar por infração dos deveres legais dispostos nos incisos I, II, III, VIII e IX do art. 116 da Lei n. 8.112, de 11 de dezembro de 1990, sem prejuízo da comunicação aos órgãos competentes para a apuração de sua responsabilidade criminal.
§ 3º Havendo conhecimento, por parte do magistrado, de violação do disposto no *caput* deste artigo por autoridades policiais ou por seus agentes encarregados da investigação criminal, deverá ser imediatamente comunicado o fato ao Ministério Público para a apuração, na esfera penal, da conduta noticiada, sem prejuízo da imediata requisição à Corregedoria-Geral da Polícia Federal de apuração administrativa disciplinar dos fatos narrados.

Art. 11. A publicidade restrita dos processos e dos procedimentos de investigação criminal previstos na presente resolução diz respeito à consulta dos respectivos autos, à obtenção de cópias dos atos processuais e atos investigatórios neles praticados e a seu conteúdo especificamente protegido, não atingindo, entretanto, as informações meramente referentes a sua existência, conforme a liberdade de imprensa disciplinada nos incisos IX e XIV do art. 5º da Constituição da República.

Art. 12. Havendo interceptações telefônicas judicialmente autorizadas, as gravações que não interessarem à prova dos fatos apurados nos autos de processos ou procedimentos de investigação criminal serão, nos exatos termos disciplinados no art. 9º da Lei n. 9.296/1996, inutilizados mediante determinação judicial, em virtude de requerimento do Ministério Público ou da parte interessada, sendo que o ato será presenciado pelo membro do *Parquet*, sendo facultada a presença do acusado, do investigado, do terceiro interessado que eventualmente participe das conversações telefônicas ou de seus advogados regularmente constituídos.

Art. 13. Os processos e procedimentos de investigação criminal sob publicidade restrita, quando transportados dos órgãos policiais ou judiciais para outros órgãos públicos, serão acondicionados em invólucro lacrado contendo a indicação do sigilo e do número de autuação, sendo que o transporte e entrega serão efetuados preferencialmente por agente público autorizado.

Art. 14. No recebimento, tramitação, carga, extração de cópias dos autos e guarda de feitos e documentos de processos e procedimentos de investigação criminal sob publicidade restrita, as unidades da Justiça Federal de primeiro e segundo graus, bem como as Delegacias da Polícia Federal, deverão tomar as medidas para que o acesso atenda às cautelas de segurança previstas nesta resolução, sendo os servidores responsáveis por seus atos na forma da lei

Art. 15. Os processos e procedimentos de investigação criminal sob publicidade restrita preservam sua natureza mesmo quando findos, se tratarem de matéria cível *lato sensu* e contiverem informações a respeito da vida familiar, bancária, ou fiscal das partes, bem como se tratarem de matéria penal cujo encerramento decorrer de decisão de arquivamento, de sentença absolutória ou de extinção da punibilidade, salvo determinação em contrário da autoridade judicial competente.
Parágrafo único. As sentenças e acórdãos penais condenatórios proferidos em processos e procedimentos de investigação criminal sob publicidade restrita terão seu conteúdo divulgado após o trânsito em julgado.

Art. 16. Os sistemas processuais deverão garantir, tanto para os processos digitais como para os processos físicos, o cumprimento das determinações de publicidade restrita estabelecidas neste ato.

Art. 17. Não constitui violação do dever funcional de manutenção do sigilo dos dados constantes dos processos e procedimentos de investigação criminal sob publicidade restrita o envio de informações, gravadas com cláusula de sigilo em relação aos dados fornecidos, aos Tribunais de Contas ou aos órgãos competentes para a apuração administrativa disciplinar da conduta dos envolvidos, quando estes ocuparem cargo público ou exercerem função pública.

Art. 18. Havendo necessidade de detalhar outros procedimentos operacionais imprescindíveis ao resguardo dos processos e investigações de que trata esta resolução, tal detalhamento deverá ser regulamentado no âmbito de cada Região.

Art. 19. Esta resolução entra em vigor na data de sua publicação, ficando revogada a Resolução n. 589, de 29 de novembro de 2007.

Ministro CESAR ASFOR ROCHA"

Pelo Comunicado n. 34/2007 do Núcleo de Apoio Judiciário (NUAJ) da Diretoria do Foro da Justiça Federal em São Paulo, estabelecendo procedimentos para o tratamento de processos e investigações sigilosos. Possibilita o cadastramento de níveis de sigilo aos feitos em andamento, conforme determinação judicial, e *sigilo de documentos*.

Por sua vez, o Estatuto da OAB (Lei n. 8.906, de 04.07.1994), quanto aos casos de segredo de justiça, é mais restritivo que a própria Resolução combatida, porquanto restaram subtraídas a vista e a retirada ao advogado dos processos judiciais, quanto mais dos autos de inquérito policiais ou dos procedimentos criminais (art. 7º, incisos XV e XVI, c/c o seu § 1º), a saber, com grifo nosso:

"Art. 7º São direitos do advogado:

(...).

XV – *ter vista dos processos judiciais ou administrativos* de qualquer natureza, em cartório ou na repartição competente, ou retirá-los pelos prazos legais;

XVI – retirar autos de processos findos, mesmo sem procuração, pelo prazo de dez dias.

(...).

§ 1º *Não se aplica* o disposto nos incisos XV e XVI:

1) aos *processos sob regime de segredo de justiça;*

(...)".

Aqui, tanto na primeira quanto na segunda instância, exige-se, quanto aos feitos sigilosos ou em segredo de justiça, apreciação por parte da autoridade judiciária (juiz ou relator do feito), sendo que os diplomas legais e regulamentares sempre revelaram a necessidade de cautela dos feitos sob sigilo.

A apreciação judicial, *s.m.j.*, faz-se imperiosa para a proteção dos envolvidos e mesmo de terceiros citados, tanto que configura crime a sua violação.

O artigo 153, § 1º, "a", do Código Penal disciplina o seguinte:

> "Art. 153 (...)
> § 1º-A. Divulgar, sem justa causa, informações sigilosas ou reservadas, assim definidas em lei, contidas ou não nos sistemas de informações ou banco de dados da Administração Pública:
> Pena: detenção, de 1 (um) a 4 (quatro) anos, e multa.
> § 2º Quando resultar prejuízo para a Administração Pública, a ação penal será incondicionada".

O artigo 10 da Lei n. 9.296, de 24 de julho de 1996 (Lei que disciplinou as interceptações telefônica e de dados), estabelece que:

> "Art. 10. Constitui crime realizar interceptação de comunicações telefônicas, de informática ou telemática, ou quebrar segredo da Justiça, sem autorização judicial ou com objetivos não autorizados em lei.
> Pena: reclusão, de 2 (dois) a 4 (quatro) anos, e multa".

Assim, a necessidade de manutenção do sigilo possibilita o resguardo da honra e da imagem daqueles que estão sendo investigados, em observância ao princípio da presunção de inocência (CF, art. 5º, inciso LVII).

O direito de acesso aos autos, embora figure como direito fundamental, não é absoluto, podendo ser estabelecidas restrições em prol do interesse público.

O que se visa com o direito à ampla defesa, e aí se insere o "acesso a autos", é assegurar a paridade de armas no contraditório, consistente no direito de o investigado ter tempo e meios adequados para preparação da sua defesa. Entretanto, casos há em que se pondera o seguinte: a investigação diz respeito à macrocriminalidade econômica, em que são utilizados mecanismos cada vez mais sofisticados visando burlar o controle dos sistemas financeiro e de fiscalização. É necessária, nestes casos, no mínimo, a adequada investigação, permitindo-se ao Poder Público o exame detalhado dos fatos desencadeados no procedimento investigatório, sendo imprescindíveis os delineamentos dos métodos utilizados nos crimes transnacionais.

Tal é a necessidade de revelação dos fatos graves com eficaz investigação que o Grupo de Ação Financeira Internacional sobre Lavagem de Dinheiro e Financiamento ao Terrorismo (GAFI/FATF) recomenda a devida proteção das pessoas obrigadas a reportar operações suspeitas contra eventual quebra de confidencialidade, quer imposta por contrato, quer por disposição legal ou regulamentar, descabendo qualquer responsabilidade criminal ou civil. Mas recomenda, ainda, que não se permita a divulgação da informação para além da Unidade de Inteligência Financeira, no caso brasileiro, do Conselho de Controle de Atividades Financeiras (COAF).

A propósito, o teor da Recomendação GAFI/FATF n. 21:

> *"As instituições financeiras, os seus administradores, dirigentes e funcionários deveriam:*
>
> a) *Ser eximidos, pela lei, de responsabilidade criminal ou civil por quebra de regras de confidencialidade, impostas por contrato ou por qualquer disposição legislativa, regulamentar ou administrativa, quando declarem, de boa-fé, as suas suspeitas à UIF, ainda que não conhecessem, com precisão, qual era a atividade criminal em questão e mesmo que a atividade ilegal de que suspeitavam não tenha realmente ocorrido; e*
>
> b) *Ser proibidos, por lei, de divulgar o fato de ter sido feita à UIF uma declaração de operação suspeita (DOS) ou de ter sido transmitida à UIF uma informação conexa com essa declaração".*

As Declarações ou Comunicações de Operações Suspeitas (DOS/COS) constituem o núcleo do sistema internacional de combate à lavagem de dinheiro e decorrem da obrigação das entidades de "conhecer seus clientes". No Brasil, a obrigação de efetuar as DOS/COS está prevista no artigo 11, inciso II, "b", da Lei n. 9.613, de 03 de março de 1998. No que se refere ao Sistema Financeiro Nacional, as DOS/COS são reguladas pelo Banco Central do Brasil por meio da Circular n. 3.461, de 24 de julho de 2009 (que revogou a Circular n. 2.852, de 03.12.1998, e ainda regula a situação das Pessoas Politicamente Expostas – PEPs), da Carta-Circular n. 3.409, de 12 de agosto de 2009 (que revogou a Carta-Circular n. 3.098, de 11.06.2003), da Carta-Circular n. 3.542, de 12 de março de 2012 (que revogou a Carta-Circular n. 2.826, de 04.12.1998) e da Circular n. 3.654, de 27 de março de 2013.

No Brasil existem também as comunicações de natureza automática, que se caracterizam não pela suspeição, mas por ter sido ultrapassado um limite ou verificado um critério objetivo. Elas se enquadram no artigo 11, inciso II, "a", da Lei n. 9.613/98. No Sistema Financeiro Nacional, é o caso das Comunicações de Operações em Espécie (COE), emissão e recarga de valores em cartões pré-pagos etc., conforme os instrumentos normativos do BACEN mencionados.

Não importa quem seja o cliente ou a situação, se ocorrer um provisionamento (pedido de saque), um saque ou um depósito em espécie de R$ 100 mil ou mais, este fato deve ser comunicado, independentemente de suspeição. O critério é, portanto, matemático.

Assim, as DOS/COS e COE são legal e substancialmente distintas. As COE são extremamente úteis como complemento nas análises ou em análises estratégicas, mas não incorporam, por si, o elemento da suspeição. Não obstante sua utilidade, as COE não são padrão ou exigência internacional, como é o caso das DOS/COS. Caso uma movimentação em espécie acima de R$ 100 mil seja também considerada suspeita pela instituição financeira, esta deverá enviar uma DOS/COS e também uma COE.

O entendimento internacional a respeito da criminalidade econômica obriga os Estados que verdadeiramente queiram integrar a rede de seu combate, aí se inserindo o Brasil (membro do GAFI/FATF desde 1999), à flexibilização de posturas que não mais encontram respaldo na literatura e legislação mundiais (cf. Convenção da ONU de Palermo sobre a Criminalidade Organizada Transnacional, 2000, Convenção da ONU de Mérida sobre Corrupção, 2003, e Convenção do Conselho da Europa de Varsóvia sobre Lavagem de Valores, 2005), chegando ao ponto de exigir dos advogados obrigação de comunicar operações suspeitas em casos específicos (*vide* Recomendações GAFI/FATF ns. 22 e 23).

Tudo isto está a revelar a necessidade de se dar leitura atualizada de compreensão da criminalidade econômica moderna, devendo os órgãos encarregados pelo combate a tais delitos atuar com a máxima cautela e zelo, preservando o direito de todos os envolvidos, ainda que isto signifique restrição a acesso em autos que tramitem sob sigilo, sem a devida conclusão de diligências em curso.

Para que as investigações obtenham êxito, ainda mais nos crimes macroeconômicos, e não causem prejuízos que acarretem a impunidade e o descrédito do Poder Judiciário, é indiscutível a limitação à publicidade de procedimentos e a outras regras, entre elas, o acesso a feitos que ainda tramitem sob sigilo.

Não significa, com este entendimento, obstaculizar o exercício da defesa, mas tão somente a preservação do interesse público, não se tratando de usurpação do direito de acesso a autos sigilosos, mas da apuração eficaz da verdade, evitando-se que a ciência prematura da investigação permita o desfazimento ou apagamento da prática delitiva, fase conhecida por *recycling* ou reciclagem.

Repise-se: não se pretende vedar o direito dos advogados de acesso aos autos, e sim zelar pela persecução penal de forma a não prejudicar o andamento dos trabalhos. E isto somente é possível com constatação caso a caso, uma vez que, não se verificando diligências sigilosas em curso, o acesso tanto às ações criminais como aos inquéritos policiais deve ser permitido em toda sua amplitude, possibilitando fotocópias, fotografias e, inclusive, o uso de *scanner*.

A jurisprudência tem-se manifestado da seguinte forma:

> "PERSECUÇÃO PENAL – DIREITO DE DEFESA – GARANTIA CONSTITUCIONAL – REGIME DE SIGILO – INOPONIBILIDADE A ADVOGADO CONSTITUÍDO PELO INDICIADO OU PELO RÉU – ACESSO AOS AUTOS PRERROGATIVA DO PROFISSIONAL DA ADVOCACIA – CONSEQUENTE POSSIBILIDADE DE CONHECIMENTO DOS ELEMENTOS PROBATÓRIOS JÁ DOCUMENTADOS, PRODUZIDOS E FORMALMENTE INCORPORADOS AOS AUTOS DA PERSECUÇÃO EXCETUADOS AQUELES EM CURSO DE EXECUÇÃO.
>
> – A pessoa que sofre persecução penal, em juízo ou fora dele, é sujeito de direitos e dispõe de garantias plenamente oponíveis ao poder do Estado (*RTJ* 168/896-897). A unilateralidade da investigação penal não autoriza que se desrespeitem as garantias básicas de que se acha investido, mesmo na fase pré-processual, aquele que sofre, por parte do Estado, atos de persecução criminal.
>
> – O sistema normativo brasileiro assegura ao Advogado regularmente constituído pelo indiciado (ou por aquele submetido a atos de persecução estatal) o direito de pleno acesso aos autos de persecução penal, mesmo que sujeita, em juízo ou fora dele, a regime de sigilo

(necessariamente excepcional), limitando-se, no entanto, tal prerrogativa jurídica, às provas já produzidas e formalmente incorporadas ao procedimento investigatório, excluídas, consequentemente, as informações e providências investigatórias ainda em curso de execução e, por isso mesmo, não documentadas no próprio inquérito ou processo judicial. Precedentes. Doutrina". (STF, 2ª T., HC 93.767/DF, rel. Min. Celso de Mello, v.u., j. 21.09.2010)

"EMENTA. I. *HABEAS CORPUS*: CABIMENTO: CERCEAMENTO DE DEFESA NO INQUÉRITO POLICIAL.

1. O cerceamento da atuação permitida à defesa do indiciado no inquérito policial poderá refletir-se em prejuízo de sua defesa no processo e, em tese, redundar em condenação a pena privativa de liberdade ou na mensuração desta: a circunstância é bastante para admitir-se o *habeas corpus* a fim de fazer respeitar as prerrogativas da defesa e, indiretamente, obviar prejuízo que, do cerceamento delas, possa advir indevidamente à liberdade de locomoção do paciente.

2. Não importa que, neste caso, a impetração se dirija contra decisões que denegaram mandado de segurança requerido, com a mesma pretensão, não em favor do paciente, mas dos seus advogados constituídos: o mesmo constrangimento ao exercício da defesa pode substantivar violação à prerrogativa profissional do advogado como tal, questionável mediante mandado de segurança e ameaça, posto que mediata, à liberdade do indiciado por isso legitimado a figurar como paciente no *habeas corpus* voltado a fazer cessar a restrição à atividade dos seus defensores.

II. Inquérito policial: inoponibilidade ao advogado do indiciado do direito de vista dos autos do inquérito policial. 1. Inaplicabilidade da garantia constitucional do contraditório e da ampla defesa ao inquérito policial, que não é processo, porque não destinado a decidir litígio algum, ainda que na esfera administrativa; existência, não obstante, de direitos fundamentais do indiciado no curso do inquérito, entre os quais o de fazer-se assistir por advogado, o de não se incriminar e o de manter-se em silêncio.

2. Do plexo de direitos dos quais é titular o indiciado interessado primário no procedimento administrativo do inquérito policial é corolário e instrumento a prerrogativa do advogado de acesso aos autos respectivos, explicitamente outorgada pelo Estatuto da Advoca-

cia (L. 8906/94, art. 7º, XIV), da qual – ao contrário do que previu em hipóteses assemelhadas – não se excluíram os inquéritos que correm em sigilo: a irrestrita amplitude do preceito legal resolve em favor da prerrogativa do defensor o eventual conflito dela com os interesses do sigilo das investigações, de modo a fazer impertinente o apelo ao princípio da proporcionalidade.

3. A oponibilidade ao defensor constituído esvaziaria uma garantia constitucional do indiciado (CF, art. 5º, LXIII), que lhe assegura, quando preso, e pelo menos lhe faculta, quando solto, a assistência técnica do advogado, que este não lhe poderá prestar se lhe é sonegado o acesso aos autos do inquérito sobre o objeto do qual haja o investigado de prestar declarações.

4. O direito do indiciado, por seu advogado, tem por objeto as informações já introduzidas nos autos do inquérito, não as relativas à decretação e às vicissitudes da execução de diligências em curso (cf. L. 9296, atinente às interceptações telefônicas, de possível extensão a outras diligências); dispõe, em consequência, a autoridade policial de meios legítimos para obviar inconvenientes que o conhecimento pelo indiciado e seu defensor dos autos do inquérito policial possa acarretar à eficácia do procedimento investigatório.

5. *Habeas corpus* deferido para que aos advogados constituídos pelo paciente se faculte a consulta aos autos do inquérito policial, antes da data designada para a sua inquirição." (STF, 1ª T., HC 82.354/PR, rel. Min. Sepúlveda Pertence, j. 10.08.2004, *DJ* 24.09.2004, p. 00042)

Por sua vez, o Superior Tribunal de Justiça assim se posicionou:

"*HABEAS CORPUS*. INQUÉRITO JUDICIAL. INVESTIGADO COM PRERROGATIVA DE FORO NO TRIBUNAL REGIONAL FEDERAL DA 1ª REGIÃO. MINISTÉRIO PÚBLICO. PODERES DE INVESTIGAÇÃO. LEGITIMIDADE. LEI COMPLEMENTAR N. 75/93. ART. 4º, PARÁGRAFO ÚNICO, DO CÓDIGO DE PROCESSO PENAL. APLICAÇÃO DO ART. 18, PARÁGRAFO ÚNICO, DA LEI COMPLEMENTAR N. 75/93, E DO ART. 41, PARÁGRAFO ÚNICO, DA LEI N. 8.625/93. ACESSO AOS AUTOS DE PROCEDIMENTO INVESTIGATIVO SIGILOSO PELO ADVOGADO CONSTITUÍDO. POSSIBILIDADE. DIREITO QUE SE RESTRINGE AOS ELEMENTOS JÁ DOCUMENTADOS REFERENTES AOS INVESTIGADOS.

OBSERVÂNCIA DA SÚMULA VINCULANTE N. 14 DA SUPREMA CORTE. ORDEM DENEGADA.
(...)
5. A teor do entendimento desta Corte e do Pretório Excelso, mesmo na hipótese de decretação de sigilo, afigura-se possível o acesso do investigado ou de seu advogado constituído aos autos do inquérito policial.
6. 'O direito assegurado ao indiciado (bem como ao seu defensor) de acesso aos elementos constantes em procedimento investigatório que lhe digam respeito e que já se encontrem documentados nos autos, não abrange, por óbvio, as informações concernentes à decretação e à realização das diligências investigatórias, mormente as que digam respeito a terceiros eventualmente envolvidos.' (STF, EDcl no HC 94.387/RS, 1ª T., rel. Min. Ricardo Lewandowski, *DJe* de 21.05.2010) Precedentes.
7. Ordem denegada." (STJ, 5ª T., HC 185.495/DF, por maioria, rel. Min. Laurita Vaz, *DJe* 21.09.2012)

"CRIMINAL. RMS. SONEGAÇÃO FISCAL. PROCEDIMENTO CAUTELAR DISTRIBUÍDOS POR DEPENDÊNCIA EM AUTOS DE INQUÉRITO POLICIAL CONDUZIDOS SOBRE SIGILO DECRETADO JUDICIALMENTE. ACESSO IRRESTRITO DE ADVOGADO. NÃO CONFIGURAÇÃO DE DIREITO LÍQUIDO E CERTO. OFENSA AO PRINCÍPIO DA AMPLA DEFESA. PREPONDERÂNCIA DO INTERESSE PÚBLICO SOBRE O PRIVADO. RECURSO DESPROVIDO.
Não é direito líquido e certo do advogado o acesso irrestrito a autos de inquérito policial que esteja sendo conduzido sob sigilo, se o segredo das informações é imprescindível para as investigações.
O princípio da ampla defesa não se aplica ao inquérito policial, que é mero procedimento administrativo de investigação inquisitorial.
Sendo o sigilo imprescindível para o desenrolar das investigações, configura-se a prevalência do interesse público sobre o privado.
Recurso desprovido." (STJ, 5ª T., rel. Min. Gilson Dipp, j. 22.02.2005, v.u., *DJ* 14.03.2005, p. 388)

Cabe ainda citar julgados do Tribunal Regional Federal da 4ª Região:

"*HABEAS CORPUS*. CONSTRANGIMENTO ILEGAL. INQUÉRITO POLICIAL. SIGILO DECRETADO PARA ELUCIDAÇÃO DOS FA-

TOS E INTERESSE DA SOCIEDADE. PRINCÍPIOS CONSTITUCIONAIS DO CONTRADITÓRIO E AMPLA DEFESA. CARÁTER INQUISITORIAL DO PROCEDIMENTO. PREPONDERÂNCIA DO INTERESSE PÚBLICO SOBRE O PRIVADO. ADVOGADO. ACESSO AOS AUTOS. DILIGÊNCIAS EM CURSO. IMPOSSIBILIDADE. DILIGÊNCIAS INVESTIGATÓRIAS FINALIZADAS. VIABILIDADE. PRECEDENTE DO E. STF.

1. Constitui-se o inquérito em procedimento inquisitorial que visa, precipuamente, *buscar fornecer elementos mínimos necessários à propositura da ação penal.* Não há acusação por parte do Estado, razão pela qual não pode ser acolhido o argumento de que estariam sendo feridos princípios constitucionais do contraditório e ampla defesa. Inexiste persecução penal, quiçá réu. Os indigitados preceitos constitucionalmente assegurados deverão ser reservados e amplamente proporcionados no curso de eventual ação criminal.

2. Cuidando-se de fatos intricados e complexos, necessário que o inquérito policial tramite em caráter sigiloso, para melhor elucidá-los, sob pena de transformarmos o referido procedimento em mera peça teatral.

3. Se o Estatuto da OAB (Lei 8.906/94) *admite a restrição de acesso a autos judiciais que estejam tramitando sob sigilo, com maior razão quando se cuida de Inquérito Policial,* uma vez que uma interpretação sistemática afasta o caráter absoluto que busca dar o Impetrante ao seu direito. Ademais, em casos como este, onde imprescindível o sigilo para as investigações, deve prevalecer o interesse público sobre o privado.

4. A orientação contemporânea do egrégio Supremo Tribunal Federal (HC n. 82354/PR, 1ª T., rel. Min. Sepúlveda Pertence, *DJU* 24.09.2004) é no sentido de que aos advogados deve ser dado amplo acesso a autos, tanto inquisitorial como judicial, inclusive os que correm em sigilo, em face das prerrogativas outorgadas pelo Estatuto dos Advogados (inciso XIV do art. 7º da Lei 8.906/94).

5. Entretanto, o STF ressalva, de forma expressa, a impossibilidade do conhecimento pelo indiciado e seu advogado das diligências policiais em curso, cuja quebra de sigilo possa acarretar inconveniência à eficácia do procedimento investigatório.

6. Possibilidade de vista do Inquérito Policial, colocando-se em autos apartados as diligências investigatórias ainda em curso, cujo sigilo se

> mantém". (TRF/4ª Região, 7ª T., HC n. 2005.04.01.019481-0/PR, rel. Des. Federal Tadaaqui Hirose, j. 21.06.2005, v. m., *DJ* 29.06.2005, p. 828)
>
> "PENAL. MANDADO DE SEGURANÇA. VISTA DOS AUTOS DE INQUÉRITO. PROCEDIMENTO SIGILOSO.
> 1 – Incabível a vista de autos de inquérito a quem não foi indiciado.
> 2 – Hipótese em que a manutenção do sigilo das investigações mostram-se necessárias para o seu êxito.
> 3 – Mandado de segurança denegado." (TRF/4ª Região, 8ª T., MS n. 2004.04.01.054719-2, rel. Des. Federal Luiz Fernando Wowk Penteado, j. 09.02.2005, v.u., *DJ* 16.03.2005, p. 888)

A fim de realizar análise criteriosa de cada caso sujeito ao sigilo, como determina o artigo 20 do Código de Processo Penal, a apreciação dos pedidos de cópias leva em consideração a indispensável elucidação do fato, o interesse da coletividade, *o que não significa, de plano, o seu indeferimento.*

Acerca deste tema, a Constituição Federal também dispõe no artigo 5º, inciso XXXIII:

> "Todos têm direito a receber dos órgãos públicos informações de seu interesse particular, ou de interesse coletivo ou geral, que serão prestadas no prazo da lei, sob pena de responsabilidade, *ressalvadas aquelas cujo sigilo seja imprescindível à segurança da sociedade e do Estado*". (grifo nosso)

Como é cediço, a decretação de sigilo em inquérito policial ou procedimento criminal tem fundamento legal e constitucional, cujo objetivo primordial é possibilitar a melhor apuração dos fatos imputados e, subsidiariamente, resguardar a honra e a imagem das pessoas averiguadas, à luz do princípio da presunção de inocência (artigo 5º, inciso LVII, da CF).

Nesse sentido é a lição de Julio Fabbrini Mirabete:

> "Como já se afirmou, o sigilo no inquérito policial, necessário à elucidação do fato ou exigido pelo interesse da sociedade, tem ação *benéfica, profilática e preventiva*, tudo em benefício do Estado e do cidadão"[7]. (grifo nosso)

---

7 In *Processo penal*. 10. ed. São Paulo: Atlas, 2000, p. 78.

Nessa mesma esteira, preleciona Fernando da Costa Tourinho Filho:

> "*Se o inquérito policial visa à investigação, à elucidação, à descoberta das infrações penais e das respectivas autorias, pouco ou quase nada valeria a ação da Polícia Judiciária,* se não pudesse ser guardado o necessário sigilo durante a sua realização. O princípio da publicidade, que domina o processo, não se harmoniza, não se afina com o inquérito policial. Sem o necessário sigilo, diz Tornagui, o inquérito seria uma burla, um atentado"[8]. (grifo nosso)

Por outro lado, o sigilo pauta-se também na indispensabilidade de resguardar e reforçar o estado de inocência dos averiguados, notadamente no limiar da persecução criminal.

Sobre esse aspecto, Fernando Capez observa que:

> "Não é demais afirmar, ainda, que o sigilo no inquérito policial deverá ser *observado como forma de garantia da intimidade do investigado,* resguardando-se, assim, seu estado de inocência"[9]. (grifo nosso)

Ao se tornar público o que deveria ser sigiloso (segredo decretado por determinação de magistrado criminal), verifica-se violação das normas e princípios referidos: descumpre-se determinação judicial ao publicar, sem a devida autorização, fatos gravados pelo sigilo, do que decorre embaraço às investigações pelas autoridades competentes; viola-se o preceito da presunção de inocência, atingindo a imagem e a honra dos averiguados, ao divulgar seus nomes, também sem autorização judicial e sem qualquer respaldo legal ou constitucional.

Não se pode alegar que a divulgação estaria fundamentada nos artigos 5º, incisos IX e XIV, e 220, § 1º, da Constituição Federal (direito à livre manifestação do pensamento, de informar e ser informado, de informação jornalística), uma vez que, como se sabe, as garantias fundamentais, insculpidas no artigo 5º e também dispersas em vários dispositivos da Constituição Federal, não possuem caráter absoluto, devendo o intérprete fazer o cotejo das normas a fim de possibilitar concluir pela predominância de uma ou outra num determinado caso concreto.

---

8 Cf. *Processo penal.* 19. ed. São Paulo: Saraiva, 1997, p. 201.

9 In *Curso de processo penal.* 5. ed. São Paulo: Saraiva, 2000, p. 69.

A respeito do tema, os constitucionalistas Vidal Serrano Nunes Junior e Luiz Alberto David Araújo escrevem que:

> "*Os direitos fundamentais não são absolutos.* Isso quer dizer que, por vezes, dois direitos fundamentais podem chocar-se, hipóteses em que o exercício de um implicará a invasão do âmbito de proteção do outro. É o que, vezes a fio, ocorre entre o direito de informação e o de privacidade, ou entre o direito de opinião e o direito à honra. Nestes casos, a convivência dos direitos em colisão exige um regime de cedência recíproca"[10]. (grifo nosso)

Os valores constitucionais mencionados (direito à informação jornalística e à manifestação do pensamento) estão protegidos por legislação infraconstitucional, ou seja, o Código Penal, artigos 138 a 145, e pela Lei n. 5.250, de 09 de fevereiro de 1967 (Lei de Imprensa, não recepcionada, por maioria, em 30.04.2009, pelo STF, na ADPF n. 130). Esta última, apesar de garantir em seu artigo 1º a livre manifestação do pensamento e de divulgação de informações ou ideias, deixa claro que tais garantias não possuem caráter absoluto e as restringe em seu próprio texto, cujo artigo 12, *in verbis*, prevê que:

> "Art. 12. Aqueles que, através dos meios de informação e divulgação, praticarem *abusos no exercício da liberdade de manifestação do pensamento e informação* ficarão sujeitos às penas desta lei e responderão pelos prejuízos que causarem". (grifo nosso)

E, ainda, o artigo 27, inciso VI:

> "Art. 27. Não constituem abusos no exercício da liberdade de manifestação do pensamento e de informação:
> VI – a divulgação, a discussão e crítica de atos e decisões do Poder Executivo e seus agentes, *desde que não se trate de matéria de natureza reservada ou sigilosa*". (grifo nosso)

No mesmo sentido, temos o artigo 142, inciso II, do Código Penal:

> "Art. 142. Não constituem injúria ou difamação punível:

---

10 In *Curso de direito constitucional*. 7. ed. São Paulo: Saraiva, 2003, p. 89.

> (...)
> II – a opinião desfavorável da crítica literária, artística ou científica, *salvo quando inequívoca a intenção de injuriar ou difamar"*. (grifo nosso)

Outrossim, resta claro que as garantias constitucionais da livre manifestação do pensamento e da informação jornalística possuem limites que devem ser verificados em cada caso concreto. E não se afigura incomum que o exercício daqueles direitos sucumba diante do poder-dever do Estado de apurar os ilícitos penais a ele apresentados, fator que justifica a sigilosidade do inquérito policial e rechaça a forma abusiva com que aquelas garantias são, por vezes, exercidas, infringindo a lei e desrespeitando as decisões judiciais, com burla ao sigilo.

Importante pontuar neste trabalho o que vem ocorrendo nos casos que tramitaram na 6ª Vara Federal Criminal de São Paulo, envolvendo o combate ao crime organizado:

a) Em uma Carta Rogatória do STJ (distribuída na Justiça Federal em 2007), o seu objeto visava, dentre outros pedidos, a auxílio na investigação de atividades criminosas transnacionais, especificamente contrabando de pedras preciosas, *lavagem de valores*, simulações e fraudes (1482 quilogramas de pedras brutas de esmeraldas supostamente provenientes do Brasil e enviadas à Bélgica com a finalidade de aumentar capital social de uma empresa fantasma situada naquele país e, assim, "lavar" capitais, possivelmente produto de tráfico de drogas), com pedido de busca domiciliar, presença de autoridades belgas na execução de diligências. Negou-se a assistência direta, ainda que pautada na Convenção de Palermo, invocando-se decisão do STF no HC n. 85.588/RJ, Relator Ministro Marco Aurélio, porquanto entendeu-se haver necessidade de juízo de delibação, formalidade essencial à valia dos atos a serem realizados, com fundamento no artigo 105, inciso I, "i", da CF. Não se concedeu o *exequatur* apenas com relação à participação de autoridades rogantes, com fundamento na decisão do STF na C.R. n. 8.577/AT, Relator Ministro Celso de Mello, que entende ser lesiva à soberania nacional a inquirição por autoridades judiciárias rogantes, não, porém, a simples presença sem que interfiram, direta ou indiretamente, na direção do ato. A determinação inicial de intimação dos interessados para impugnação da Rogatória acabou por inviabilizar qualquer medida de busca.

b) No caso envolvendo um banco internacional cujos representantes estavam incursos na suposta prática de delitos tipificados na Lei n. 7.492, de 16.06.1986, e na Lei n. 9.613, de 03.03.1998, houve investigação originária de busca e apreensão, iniciada por meio de relevante denúncia anônima e por reiteradas mensagens eletrônicas encaminhadas à Polícia Civil do Estado de São Paulo, e vários mandados de segurança foram impetrados visando acesso ao procedimento criminal diverso (interceptação telefônica/busca), que culminou com busca e apreensão em 21.03.2006, além da prisão de um suposto representante da instituição financeira em 22.03.2006, o qual tentaria fugir do País. Estava em curso ainda interceptação para apurar a conduta de outros eventuais auxiliares, fato que levou ao indeferimento provisório da vista, uma vez que se exigia apreciação com muita cautela para não prejudicar as investigações. Assim, a decisão que indeferiu temporariamente a vista considerou a necessidade de evitar a antecipação do teor das investigações sobre elementos que ainda estavam sendo coletados e que poderiam frustrar a eficácia da continuidade das investigações. O Tribunal Regional Federal da 3ª Região houve por bem conceder diversas liminares, inclusive "*a todos os Advogados que atuarem no feito, assim demonstrado por competente procuração*", posteriormente limitando o acesso apenas aos advogados dos impetrantes. Outras liminares foram concedidas para pessoas convocadas pela Polícia Federal, não necessariamente objeto da busca, inclusive para restituição de passaportes. Aos 02.10.2006, alegando um impetrante "*constantes descumprimentos das r. decisões*" do Egrégio Tribunal Regional Federal da 3ª Região, solicitou fossem oficiadas à "Corregedoria da Magistratura Federal" e determinadas a requisição dos autos à Polícia Federal e intimação do impetrante no *Diário Oficial* para tomar os apontamentos que entendesse reputáveis. Observou-se que em data anterior à alegação do descumprimento o estagiário do advogado do impetrante esteve na Secretaria da 6ª Vara, aos 23.10.2006, data em que, por mais de uma hora, acessou o inquérito policial, conforme imagens registradas do *hall* do elevador e do balcão em CD, em especial, imagem do *hall* às 16h57, horário de chegada; imagem do balcão, na qual se verifica a sua permanência das 17h10 às 18h18, bem como certidão. Além disso, mesmo acesso foi concedido à advogada de um dos investigados e a uma estagiária de outro escritório (conforme imagens registradas em CD e certidão de servidor público). No dia 24.10.2006, estiveram na Secretaria o mesmo estagiário do impetrante, que se fazia acompanhar de um advogado, provavelmente do impetrante, quando então tomaram conhecimento da remessa à Polícia Federal. Tal fato foi ocultado do TRF da 3ª Região, o que, *s.m.j.*, configurar-se-ia, dentre outros, delito de falsidade ideológica, supostamente perpetrado junto à Corte Federal, e delito contra a honra do magistrado.

c) Em um determinado feito, em face do caráter sigiloso das informações fornecidas pelo Consulado-Geral da França (conforme este mesmo reconhece), dando conta de investigações diversas e em curso na Europa, uma das quais mencionada na denúncia, e tendo em vista o teor do artigo 5º, item 1, do Acordo de Cooperação Judiciária em matéria penal entre os governos brasileiro e francês (promulgado pelo Decreto n. 3.324, de 30.12.1999), que faculta ao Estado requerido adiar o encaminhamento dos documentos quando necessário para um processo penal, difere-se o acesso da defesa ao correspondente feito apenas após o encaminhamento da documentação pelo governo francês.

d) Em 11.11.2004, advogado solicitou vista de eventual procedimento em que uma determinada pessoa figurasse como requerido, investigado, monitorado ou acusado, ou, ainda, em nada constando, fosse lavrada certidão, com fundamento no artigo 5º, inciso XXXIV, "b", da CF. Decidiu-se: "No que tange aos procedimentos sigilosos, não há como atender ao requerente diante da própria natureza das eventuais diligências em curso, pois, do contrário, este Juízo estaria violando normal penal proibitiva em evidente ofensa ao art. 10 da Lei n. 9.296, de 14.07.1996, e ao próprio dispositivo citado pelo peticionário (art.7º, XIII, da Lei n. 8.906, de 04.07.1994). Com relação aos feitos sem sigilo, diante da sua inexistência com relação ao requerente, caberá dirigir-se ao distribuidor, onde poderá obter a certidão negativa da Justiça Federal. Isto colocado e cuidando de requerimento genérico, INDEFIRO o pedido". O TRF da 3ª Região prolatou decisão monocrática terminativa em 24.01.2005, extinguindo o feito sem julgamento de mérito diante da não juntada de documentos autenticados e procuração original.

e) Uma pessoa, por seu procurador, requereu vista para extração de cópias de um feito gerado a partir de denúncia anônima. Negou-se o pedido, ao argumento de que, para fins de resguardar os interesses das pessoas eventualmente envolvidas, os autos tramitam sob sigilo, não havendo até aquele momento indiciamento de qualquer envolvido ou até mesmo instauração de inquérito policial ou mesmo qualquer medida invasiva, como, por exemplo, busca e apreensão, sendo certo que o feito estava em seu início. O requerente revelou em seu pedido ciência da existência desta denúncia anônima por conta de informação obtida dos registros públicos. Na distribuição realizada na Justiça Federal não constava qualquer identificação, ao contrário do registro no Ministério Público Federal, conforme informação deste. Vislumbrou-se prejuízo às diligências sigilosas em curso, o que não afastou a compreensão de que o acesso a este feito comprometeria de vez a investigação. Em Mandado de Segurança impetrado junto ao TRF da 3ª Região, o relator designado considerou que o inquérito policial, por se constituir peça administrativa e informativa, não exige observância dos princípios do contraditório e da ampla defesa, sendo que a vista deve ser analisada de acordo com o caso concreto. Afirmou, por fim, que os impetrantes não teriam indicado qual o seu interesse concreto em ter acesso ao PCD, de molde que indeferiu o pedido (liminar aos 28.05.2007).

Tais exemplos constituem uma pequena amostra das dificuldades em bem conduzir apurações de delitos graves, muitos tidos por realizados por organizações criminosas, havendo confrontação de preceitos fundamentais, quer a favor dos investigados, quer a favor da sociedade, de molde a ser indispensável que seja realizada apreciação pontual, fato por fato, caso a caso, para que o processo penal não constitua exercício de uma comédia cujo final todos sabem.

O sigilo, *s.m.j.*, não poderia alcançar decisões e eventualmente audiências, discutindo-se a hipótese mesmo de interceptações telefônicas que retratam apenas a prática delitiva, e não aspectos da vida privada e envolvimento de terceiros. O rigor do entendimento vedaria a participação de estagiários em audiências e divulgação de sentenças que para fundamentar uma condenação se pautaria em diálogos reveladores da criminalidade organizada.

Em sentenças e decisões judiciais, devido ao evidente interesse público em seu conhecimento, deve reger a regra da publicidade na esteira dos artigos 37, *caput*, e 93, IX, ambos da Constituição Federal, do artigo 387, inciso VI, do CPP, e artigo 4º, § 2º, da Resolução n. 589/2007 do Conselho da Justiça Federal, com fundamento na ideia de que o sigilo dos processos surgiu no século XIV para proteger aqueles que acusavam pessoas vinculadas ao rei e que, por isso, poderiam sofrer represálias.

Com as alterações ocorridas nos ritos processuais do CPP, instituindo a defesa preliminar antes do recebimento da denúncia, não haveria como entender, de forma generalizada, que caberia sempre o acesso aos autos de inquérito policial uma vez sendo constituído advogado, mesmo inexistindo indiciamento ou prisão, ou mesmo busca e apreensão.

Tudo isto deve merecer nova reflexão a partir da edição da Súmula Vinculante n. 14 do Supremo Tribunal Federal, de 02.02.2009.

Os juízes aplicam a lei a homens concretos e reais, e não a seres abstratos. No seu papel de intérprete e distribuidor da Justiça, deve ter a permanente preocupação de bem dimensionar as desigualdades sociais, adotando código próprio de valores, para viabilizar uma desigual apreciação e propiciar interpretação correta e justa.

Sebastião Oscar Feltrin, a esse respeito, considera que: "essa constatação e essa preocupação não estão imunes a angústias e desgastes, que o levam a um permanente estado de vigilância, sobretudo, quando começa a notar que suas emoções, suas crenças, seus preconceitos, seus idealismos e ideologias, aos quais se sente aprisionado, passam a agir como condicionantes de sua percepção e acabam por influenciar sua atividade funcional, em particular, na direção do processo e na obtenção da prova oral, onde emerge o seu primeiro momento de apreensão"[11].

Dentro do trabalho em série a que se submetem os juízes brasileiros diante do volume de serviço (verdadeira *magistratura de massa*), não se pode deixar de considerar que o direito penal é por natureza pautado por verdadeiros casos artesanais, isto é, casos únicos e especiais, cujos pormenores exigem verificação passo a passo, caso a caso.

Não se pode a partir de determinadas fórmulas decidir questões dessa natureza, sob invocação genérica de proteção específica de um determinado direito. No campo penal, não vale a máxima *tudo vale para atingir a produção.*

O direito criminal exige, aliás, como todo e qualquer direito, uma ponderação de valores, que somente se faz com a análise particular dos fatos pelo juiz.

Por isso, sempre se decidiu pela verificação do acesso feito por feito, uma verificação exaustiva, mas necessária, para que a sociedade não fique desguarnecida, de um lado, e também o suspeito tenha preservados seus direitos, de outro.

O trabalho do juiz criminal e a proteção de direitos somente possuem sentido se significar trabalho, seriedade, serenidade e honestidade.

A angústia do magistrado ao fazer tal ponderação se eleva na medida em que entrem em conflito os valores acima apontados.

Daí por que, *concessa vênia*, a Súmula excogitada surpreende por si só.

Quando da concepção das Súmulas Vinculantes, discutia-se apenas a sua possibilidade de edição nos feitos extrapenais repetitivos, jamais versando sobre assuntos penais ou processuais penais, típicos de competência legislativa e, portanto, do Congresso Nacional. Por outro lado, tentar criar regra genérica a um direito penal e processo penal, que se caracterizam pela análise individualizada, faz com que a máxima seja invertida, ou seja, ao invés de a Justiça se medir aos fatos, estes passam a ser medidos ou adaptados a "ela".

O saudoso Nelson Hungria, com sua contumaz sabedoria, sendo referência brasileira em matéria de direito penal e reflexão social, já pon-

---

11 *Vide* FELTRIN, Sebastião Oscar. As ansiedades do juiz, *Revista dos Tribunais*, ano 77, v. 628, p. 275, fev. 1988.

derou que cabe ao juiz "vir para o chão do átrio onde ecoa o rumor das ruas, o vozeio da multidão, o estrépito da vida, o fragor do mundo, o bramido da tragédia humana"[12].

Não se pode despersonalizar a tarefa do magistrado de primeira instância e torná-lo um colecionador de arestos ou um classificador da jurisprudência. Aquele que, como juiz, não dá de si para julgar conforme o caso concreto, passando a ser marionetado ou figura decorativa, destrói a condição necessária para a realização da Justiça no caso concreto. Deixa-se de proceder à racional individualização da reação jurídico-penal e de sopesar a pena como medida de defesa social.

Atuação do magistrado criminal de primeiro grau não pode ser isolada em si mesma e alheada às aventuras do mundo circundante até porque possui contato direto com as provas. Tampouco pode configurar simples tarefa de reprodução de jurisprudência de tribunais superiores.

Proposta pela Ordem dos Advogados do Brasil, o teor da referida Súmula é o seguinte:

> "É direito do defensor, no interesse do representado, ter acesso amplo aos elementos de prova que, já documentados em procedimento investigatório realizado por órgão com competência de polícia judiciária, digam respeito ao exercício do direito de defesa."

A referida Súmula tem sido considerada temerária porque permite, teoricamente, aos advogados de investigados acesso pleno e irrestrito aos autos de inquéritos, ainda que sigilosos, alterando os próprios normativos acima mencionados, notadamente a própria Constituição Federal (artigo 5º, inciso XXXIII), a Lei n. 8.906, de 04.07.1994 (EOAB), além do Código de Processo Penal (artigo 20).

Antonio Carlos Bigonha, presidente da Associação Nacional dos Procuradores da República chegou a, categoricamente, afirmar que "vai aniquilar qualquer meio de prova, sobretudo contra o colarinho-branco. É tarefa de competência exclusiva do Congresso. Os ministros do STF não foram eleitos pelo povo, não podem substituir os legisladores". Já, segundo o Ministro Gilmar Mendes, "não se tra-

---

12 In *Comentários ao Código Penal*. Rio de Janeiro: Forense, 1958, artigos 1º a 10, v. I, p. 100.

ta de dar publicidade a investigações em curso, mas apenas permitir consulta aos dados já coligidos"[13].

Não se pode prejudicar as investigações policiais, que devem chegar a um resultado útil. Por outro lado, é compreensível a preocupação dos advogados criminalistas, mas a ponderação, *s.m.j.*, entre o interesse público e o interesse da defesa deveria ser tarefa do magistrado no caso concreto.

Regras genéricas sempre são um risco aos procedimentos penais.

Na Espanha, admite-se inclusive a decretação de prisão em processos sigilosos, dando-se ao réu apenas uma *"sucinta descrição dos fatos"* (art. 506, 2, da Ley de Enjuiciamiento Criminal), enquanto no Código de Processo Penal de Portugal, reformado em 2007, prevê-se que o Ministério Público, quando entender que há perigo para a investigação ou para os direitos dos participantes processuais ou das vítimas, pode impedir o acesso do investigado a inquéritos, ficando essa determinação sujeita à decisão irrecorrível do juiz (artigo 89).

Tais exemplos europeus se justificam já que todos os que trabalham na apuração do crime organizado, normalmente envolvendo casos graves ou complexos, sabem que somente com o sigilo existe alguma possibilidade de êxito das investigações.

Por outro lado, impõe-se citar as alterações promovidas pelas Leis ns. 11.689, de 09.06.2008, e 11.719, de 20.06.2008, em especial nos artigos 396, 396-A e 406:

> *"Art. 396.* Nos procedimentos ordinário e sumário, oferecida a denúncia ou queixa, o juiz, se não a rejeitar liminarmente, recebê-la-á e ordenará a citação do acusado para responder à acusação, por escrito, no prazo de 10 (dez) dias.
> Parágrafo único. No caso de citação por edital, o prazo para a defesa começará a fluir a partir do comparecimento pessoal do acusado ou do defensor constituído". (NR)
>
> *"Art. 396-A.* Na resposta, o acusado poderá arguir preliminares e alegar tudo o que interesse à sua defesa, oferecer documentos e jus-

13 Cf. Acesso pleno a inquérito é alvo de críticas. *O Estado de São Paulo*, 04.02.2009, Nacional, A8.

> tificações, especificar as provas pretendidas e arrolar testemunhas, qualificando-as e requerendo sua intimação, quando necessário.
> § 1º A exceção será processada em apartado, nos termos dos arts. 95 a 112 deste Código.
> § 2º Não apresentada a resposta no prazo legal, ou se o acusado, citado, não constituir defensor, o juiz nomeará defensor para oferecê-la, concedendo-lhe vista dos autos por 10 (dez) dias."
>
> "DO PROCEDIMENTO RELATIVO AOS PROCESSOS DA COMPETÊNCIA DO TRIBUNAL DO JÚRI
> Seção I
> Da Acusação e da Instrução Preliminar
> Art. 406. O juiz, ao receber a denúncia ou a queixa, ordenará a citação do acusado para responder a acusação, por escrito, no prazo de 10 (dez) dias. *(Redação dada pela Lei n. 11.689, de 2008)*
> § 1º O prazo previsto no *caput* deste artigo será contado a partir do efetivo cumprimento do mandado ou do comparecimento, em juízo, do acusado ou de defensor constituído, no caso de citação inválida ou por edital. *(Redação dada pela Lei n. 11.689, de 2008)*
> § 2º A acusação deverá arrolar testemunhas, até o máximo de 8 (oito), na denúncia ou na queixa.
> § 3º Na resposta, o acusado poderá arguir preliminares e alegar tudo que interesse a sua defesa, oferecer documentos e justificações, especificar as provas pretendidas e arrolar testemunhas, até o máximo de 8 (oito), qualificando-as e requerendo sua intimação, quando necessário. *(Incluído pela Lei n. 11.689, de 2008)*"

Tais mudanças instituíram a defesa preliminar antes de o juiz receber a denúncia, o que vale dizer, o contraditório antes mesmo do início da ação penal.

Ora, o legislador ponderou a necessidade de o investigado abordar questões diversas que envolvam os trabalhos iniciais de persecução penal antes mesmo do início do processo; claro restou que o contraditório nos inquéritos policiais restou diferido, sob pena de perder sentido a inovação introduzida para todos os procedimentos criminais (instituição sistemática de defesa preliminar). Do contrário, tendo o advogado do suspeito amplo acesso aos autos iniciais de uma investigação preliminar e sigilosa da polícia, certamente ele já pode, se entender cabível, o que não é incomum, impetrar medidas cautelares, como mandados de segurança e *habeas corpus*, para a defesa de seu constituído, tornando pública a apuração e perdendo sentido a própria ideia de segredo ou sigilo tão necessário ao interesse público.

O artigo 23 da Lei n. 12.850, de 02 de agosto de 2013 (Lei que define organização criminosa e dispõe sobre sua investigação criminal), deixa claro que o sigilo da investigação poderá ser declarado pela autoridade judicial para a garantia da celeridade e da eficácia das diligências investigatórias. Assegura, porém, ao defensor, no interesse do representado, amplo acesso aos elementos de prova que digam respeito ao exercício do direito de defesa, devidamente precedido de autorização judicial, ressalvados os referentes às diligências em andamento. O seu parágrafo único estabelece que, chamado ao depoimento, o defensor do investigado terá assegurada a prévia vista dos autos, ainda que classificados como sigilosos, no prazo mínimo de três dias.

Assegurar prévia vista dos autos porque o investigado foi chamado a depor pode minar a investigação de fatos correlatos ou de coinvestigados. Melhor seria deixar a critério da autoridade policial, com recurso à autoridade judicial, para que não seja comprometida a continuidade das investigações ou sua eficácia.

II

LEGISLAÇÃO SOBRE BENS

2.1 CÓDIGO DE PROCESSO PENAL (ARTIGOS 125 A 144; E 387, INCISO IV)

As medidas assecuratórias estão previstas no Código de Processo Penal e visam ao ressarcimento civil ou ao perdimento, podendo ser decretadas de ofício pelo juiz, no caso de haver interesse público, ou mediante requerimento do Ministério Público, ou mesmo da autoridade policial.

Sem prejuízo, todas as coisas que puderem constituir matéria de prova deverão ser recolhidas nos termos dos artigos 6º e 240 e seguintes, todos do Código de Processo Penal. Se, por exemplo, com o dinheiro conseguido, adquirir-se algo interessante para a prova, será possível a apreensão (artigo 240, § 1º, "b").

Assim, além da apreensão, estão previstas as seguintes medidas assecuratórias: sequestro; arresto; e hipoteca legal.

Nas duas primeiras hipóteses, ou seja, de sequestro e de arresto, os requisitos são a existência de um fato criminoso e de indícios de proveniência ilícita de bens. Já na terceira, no caso de hipoteca legal, não haveria necessidade do segundo, porquanto visa à garantia da solvabilidade do devedor na liquidação da obrigação ou à responsabilidade civil decorrente da infração penal.

O Código de Processo Penal faz referência a bens imóveis quando se trata de sequestro e a bens móveis ao se cuidar de arresto (redação do artigo 137 decorrente da Lei n. 11.435, de 28.12.2006), o que inclui valores, caso em que se pode falar em "bloqueio". Ambos cabem quando os bens são adquiridos com os proventos da infração, ainda que alienados a terceiros. Quando móvel, é passível se ele próprio for produto do crime, hipótese em que também seria caso de apreensão nos termos do artigo 240, § 1º, "b", do CPP.

O sequestro e o arresto podem ser levantados no caso de existir futura sentença absolutória ou, então, no caso de ser prestada caução suficiente (artigo 137, inciso II, do CPP).

É possível o oferecimento de Embargos, tanto pelo acusado quanto por terceiros, atendendo o disposto nos artigos 129 e 130, ambos do CPP.

Os Embargos estão previstos no artigo 129 e consistem em modalidade de Embargos de terceiro e de boa-fé, que podem, desde logo, ser julgados, desde que fique claro flagrante erro ou confusão, além da qualidade citada (de terceiro de boa-fé). Por exemplo, no caso de o sequestro ter sido autorizado na residência 1B e ser realizado na casa 1A.

Os Embargos previstos no artigo 130 podem ser impetrados pelo acusado (artigo 130, inciso I) ou por terceiros de boa-fé (artigo 130, inciso II). No primeiro caso, caberá ao réu invocar que não adquiriu os bens com os proventos da infração, enquanto que, no segundo, devem os terceiros demonstrar sua qualificação. Ambos os Embargos somente podem ser julgados após a solução definitiva da ação penal (artigo 130, parágrafo único), sendo competente para o julgamento o juízo criminal.

Voltaire dizia que "às vezes é preciso ir à casa do inimigo para abastecer-se a artilharia", daí por que se faz necessária, infelizmente, a tomada de medidas drásticas ou invasivas para o socorro da verdade processual. A verdade possui peso e deve ser objeto da busca de todos os operadores do Direito, para que a sociedade, vendo-se por meio dela, possa tomar as atitudes voltadas à sua eventual correção.

O artigo 91, inciso II, do Código Penal determina que as coisas apreendidas (leia-se também sequestradas e arrestadas) devem ser perdidas em favor da União quando se constituírem em instrumentos do delito, cujo fabrico, alienação, uso, porte ou detenção constituir, por si só, fato ilícito (alínea "a"), ou no caso de o produto do delito ou de qualquer bem ou valor constituir proveito auferido pelo agente com a prática do fato criminoso (alínea "b").

Segundo o Código de Processo Penal, caberá a venda em leilão (artigo 133) após o trânsito em julgado da sentença condenatória na hipótese de proveito ou produto do crime, sendo o fruto da alienação destinado ao tesouro nacional, depois de descontado o que couber ao lesado ou ao terceiro de boa-fé. Se não houver pedido de restituição, que somente cabe quando os bens não interessarem ao processo-crime[1], noventa dias após o trânsito em julgado da sentença condenatória, deverá o juiz decretar a perda em favor da União (artigo 122).

Importante mencionar que, se a utilidade da apreensão for somente probatória, deve o juiz determinar a devolução ao proprietário, mas, não havendo prova do domínio, cabe ao magistrado determinar a venda em leilão decorridos noventa dias do trânsito em julgado da sentença condenatória.

A especialização da hipoteca legal, por sua vez, restringe-se a imóveis do acusado, devendo tanto quanto o sequestro, ser inscrita no Registro de Imóveis (artigo 128). Ela independe da origem ou da fonte de aquisição da propriedade e tem por objetivo único garantir a solvabilidade do devedor na liquidação da obrigação ou a responsabilidade civil decorrente da infração penal.

A especialização deve ser requerida pelo ofendido em qualquer fase do processo ou da ação penal, tendo por requisitos a existência do fato criminoso e indícios de autoria, havendo rito próprio (artigos 134 e 135).

O alvo na hipoteca legal é o patrimônio do autor do fato criminoso, ao passo que, no sequestro, a coisa litigiosa, que poderá pertencer a terceiros estranhos ao crime.

Situação curiosa ocorreu na 6ª Vara Federal Criminal de São Paulo. Após a determinação judicial de sequestro de imóvel localizado no Estado do Rio de Janeiro, com a venda efetivada em início de janeiro de 2008 pelo magistrado paulista, um juízo estadual criminal fluminense decidiu também determinar o sequestro do mesmo bem, apesar de já ter sido expedida a carta de arrematação, ou seja, a que permite a partir do registro a transferência de domínio. O Cartório de Registro de Imóveis do Estado do Rio de Janeiro recusou-se a registrá-la. O juízo da 6ª Vara,

---

1 *Vide* capítulo próprio a respeito.

invocando os artigos 612 e 613 do Código de Processo Civil, que conferem o direito de preferência àquele que penhorou em primeiro lugar, bem ainda o artigo 186 da Lei de Registros Públicos, Lei n. 6.015, de 31 de dezembro de 1973, que disciplina que o número de ordem do registro é fator determinante da prioridade e esta confere preferência aos direitos reais, e, finalmente, que a chamada *cláusula de inalienabilidade* não vigora na alienação forçada (leia-se judicial), determinou fosse oficiado novamente o Registro de Imóveis à Corregedoria-Geral do Tribunal de Justiça do Estado do Rio de Janeiro para a efetivação do registro da carta de arrematação. O ofício à Corregedoria visou dar ciência do ocorrido e possibilitar o julgamento de eventual dúvida impetrada junto a esta pelo cartório citado.

Foi ainda dada ciência ao juízo estadual. Dias após foi possível o registro da carta mencionada, sendo certo que o juízo da 6ª Vara Federal Criminal deixou claro que, em havendo interesse do juízo estadual, poderia ser discutido o destino do *quantum* arrematado (eventual partilha, se esse fosse o entendimento), mas que jamais o arrematante, terceiro de boa-fé, poderia ser prejudicado com a negativa do registro, uma vez que teria pago o preço conforme determinado em leilão judicial.

Imperioso mencionar, outrossim, o mais recente teor do artigo 387, inciso IV, do Código de Processo Penal, que permitiu ao juiz criminal fixar, de antemão, a indenização devida pelos danos causados pela prática delitiva, alteração louvável, porquanto poupa o ofendido de ter que se dirigir ao juízo cível para pleitear o ressarcimento.

A propósito, diz o artigo 387, inciso IV, com a redação dada pela Lei n. 11.719, de 20 de junho de 2008:

> "Art. 387. O juiz, ao proferir sentença condenatória:
>
> (...)
>
> IV – fixará o valor mínimo para reparação dos danos causados pela infração, considerando os prejuízos sofridos pelo ofendido.
>
> (...)"

O juiz poderá de ofício fixar a reparação devida ao ofendido, independentemente de existir hipoteca legal requerida por este.

O Código de Processo Penal ainda determina, no artigo 131, que decorridos sessenta dias da concretização da medida assecuratória, esta será levantada se não iniciada a ação penal no prazo de sessenta dias.

A Lei n. 12.694, de 24 de julho de 2012 (que dispõe sobre o processo e o julgamento colegiado em primeiro grau de jurisdição de crimes praticados por organizações criminosas), alterou o CPP, prevendo a alienação antecipada de bens para preservação do seu valor sempre que estiverem sujeitos a qualquer grau de deterioração ou depreciação, ou quando houver dificuldade para sua manutenção (artigo 144-A).

Cabe realçar a Recomendação n. 4 do GAFI, que insta os países membros a procederem ao congelamento, apreensão e perda de bens lavados ou que sejam produtos de lavagem de infrações subjacentes, bem como dos instrumentos utilizados ou destinados a ser utilizados na lavagem ou nas infrações subjacentes, bem ainda aqueles que são fruto do financiamento do terrorismo, de atos terroristas ou de organizações terroristas ou que sejam utilizados ou destinados a ser utilizados ou afetados ao financiamento do terrorismo, de atos terroristas ou de organizações terroristas, ou bens de valor equivalente.

Finalmente, urge afirmar que o entendimento corrente é de que as Comissões Parlamentares de Inquérito (CPIs) não possuem poderes de investigação criminal, apesar de possuírem poderes investigatórios, não podendo, pois, decretar quaisquer medidas assecuratórias previstas na legislação criminal.

2.2 LEI DE DROGAS (LEI N. 11.343, DE 23.08.2006)

A Lei n. 11.343/2006 prevê, quanto ao regime de bens, medidas assecuratórias específicas.

O artigo 60 prevê duas modalidades: sequestro e arresto, além de outras medidas assecuratórias, o primeiro para os imóveis e o segundo para os móveis (incluindo valores).

Diz o referido artigo:

> "Art. 60. O juiz, de ofício, a requerimento do Ministério Público ou mediante representação da autoridade de polícia judiciária, ouvido o Ministério Público, havendo indícios suficientes, poderá decretar, no curso do inquérito ou da ação penal, a apreensão e outras medidas

> assecuratórias relacionadas aos bens móveis e imóveis ou valores consistentes em produtos dos crimes previstos nesta Lei, ou que constituam proveito auferido com sua prática, procedendo-se na forma dos *arts. 125 a 144 do Decreto-Lei n. 3.689, de 3 de outubro de 1941 – Código de Processo Penal.*
>
> § 1º Decretadas quaisquer das medidas previstas neste artigo, o juiz facultará ao acusado que, no prazo de 5 (cinco) dias, apresente ou requeira a produção de provas acerca da origem lícita do produto, bem ou valor objeto da decisão.
>
> § 2º Provada a origem lícita do produto, bem ou valor, o juiz decidirá pela sua liberação.
>
> § 3º Nenhum pedido de restituição será conhecido sem o comparecimento pessoal do acusado, podendo o juiz determinar a prática de atos necessários à conservação de bens, direitos ou valores.
>
> § 4º A ordem de apreensão ou sequestro de bens, direitos ou valores poderá ser suspensa pelo juiz, ouvido o Ministério Público, quando a sua execução imediata possa comprometer as investigações".

2.3 LEI DE LAVAGEM DE DINHEIRO (LEI N. 9.613, DE 03.03.1998, C.C. A LEI N. 12.683, DE 09.07.2012)

A Lei n. 9.613/98 somente disciplina duas modalidades: apreensão e sequestro, sendo evidente que neste estaria abrangido o arresto. Podem incidir, respectivamente, nos bens imóveis ou nos direitos, bens e valores do acusado, ou pertencentes em seu nome.

A referida lei previa que, se em 120 dias da concretização da diligência não for intentada a ação penal (artigo 4º, § 1º), deveriam ser levantadas as medidas assecuratórias. Tal foi revogado, pertinentemente, pelo legislador (Lei n. 12.683, de 09.07.2012).

O artigo 4º, § 1º, consignava que:

> "*Art.* 4º O juiz, de ofício, a requerimento do Ministério Público, ou representação da autoridade policial, ouvido o Ministério Público em 24 (vinte e quatro) horas, havendo indícios suficientes, poderá decretar, no curso do inquérito ou da ação penal, a apreensão ou o sequestro de bens, direitos ou valores do acusado, ou existentes em seu nome, objeto dos crimes previstos nesta Lei, procedendo-se na

> forma dos arts. 125 a 144 do Decreto-lei n. 3.689, de 3 de outubro de 1941 – Código de Processo Penal.
> § 1º As medidas assecuratórias previstas neste artigo serão levantadas se a ação penal não for iniciada no prazo de 120 (cento e vinte) dias, contados da data em que ficar concluída a diligência.
> (...)"

A parte que cuida das medidas assecuratórias, consoante a redação atribuída pela Lei n. 12.683, 09 de julho de 2012, passou a dispor no *caput* o seguinte:

> "*Art.* 4º O juiz, de ofício, a requerimento do Ministério Público ou mediante representação da autoridade policial, ouvido o Ministério Público em 24 (vinte e quatro) horas, havendo indícios suficientes de infração penal, poderá decretar, no curso da investigação ou da ação penal, medidas assecuratórias de bens, direitos ou valores do investigado ou acusado, ou existentes em nome de interpostas pessoas, que sejam instrumento, produto ou proveito dos crimes previstos nesta lei ou das infrações penais antecedentes.
> § 1º Proceder-se-á à alienação antecipada para preservação do valor dos bens sempre que estiverem sujeitos a qualquer grau de deterioração ou depreciação, ou quando houver dificuldade para sua manutenção.
> (...)"

Muitas vezes, será possível confundir a hipótese como sendo caso de apreensão ou de sequestro/arresto. Explico: se com o dinheiro do crime antecedente adquirir-se algo interessante, nos termos do artigo 240, § 1º, "b", do Código de Processo Penal, típico o caso de apreensão. Entretanto, caberá o sequestro na hipótese de já ter sido transferido a terceiro. Mesmo nesta hipótese, no que tange propriamente ao crime de lavagem de dinheiro, ainda se poderia caracterizar caso clássico de apreensão, porquanto se afigura matéria de prova da tentativa de dar aparência legal à infração de lavagem.

O artigo 7º possui previsão específica quanto aos efeitos da condenação, sendo certo que o inciso I determina a "perda, em favor da União, dos bens, direitos e valores objeto de crime previsto nesta Lei, ressalvado o direito do lesado ou de terceiro de boa-fé".

Importante citar que a lei que alterou a Lei de Lavagem de Dinheiro sabidamente não mais fixa o lapso de 120 dias para o início da ação penal, o que determinava um ritmo por vezes excessivamente elevado de investigação de fatos complexos.

Quanto a esse lapso, bem ainda à possibilidade de substituição de valores apreendidos por caução, o Supremo Tribunal Federal, por seu Tribunal Pleno, por unanimidade de votos, Relator Ministro Carlos Britto, nos autos do Inquérito n. 2.248-9/DF, em que foi suscitada a questão de ordem, decidiu que, devidamente grifada pelo autor:

> "Se o crime de lavagem de dinheiro é uma conduta que lesiona as ordens econômica e financeira e que prejudica a administração da justiça; se o numerário objeto do crime em foco somente pode ser usufruído pela sua inserção no meio circulante; e se tal inserção retroalimentadora de ilícitos, além de possibilitar uma mais desembaraçada investigação quanto à procedência das coisas, então *é de se indeferir a pretendida substituição, por imóveis, do numerário apreendido. Não é de se considerar vencido o prazo* a que alude o § 1º do art. 4º da Lei n. 9.613/98, que é de 120 dias, pois *ainda se encontram inconclusas as diligências requeridas pelo Ministério Público Federal,* em ordem a não se poder iniciar a contagem do lapso temporal."

Doutra parte, a nova legislação determina também a perda em favor dos Estados nos casos de competência da Justiça Estadual, uma inovação, já que sempre se entendeu cabível a medida apenas em favor da União (artigo 7º).

Importante mencionar que o confisco de bens é essencial, "*talvez mais importante que a condenação*", segundo Gabriel Bestard, que revelou que na França, por exemplo, existem quatro possibilidades de confisco: a) de bens em relação à infração (utilizados para cometê-la ou fruto direto ou indireto dela); b) do patrimônio, no caso de não se provar o vínculo, sendo medida nova e que se aplica à criminalidade organizada; c) quando não há certeza de que os bens possuem relação com a infração penal (inversão do ônus da prova); e, finalmente, d) quando se tratar de bens perigosos ou ilícitos. Nas hipóteses constantes nas letras "b" e "d" o confisco é automático[2].

---

2 BESTARD, Gabriel. *Medidas cautelares e confisco.* Palestra em 1º.10.2008 junto ao Grupo de Ação Financeira Internacional para a América do Sul e México (GAFISUD) no Regent Palace Hotel, Buenos Aires, Argentina.

Em decisão da Suprema Corte francesa (*Cour de Cassation*) em 20.02.2008, foi mantida condenação da Corte de Apelação (*Cour d'Appel*) de Aix-en-Provence por lavagem de dinheiro decorrente de fraude fiscal pela simples constatação da impossibilidade de uma pessoa justificar à polícia a origem de bens de alto valor em seu poder, ou seja, uma "batida" policial parou o veículo de alta cilindrada que uma pessoa conduzia e este se encontrava em nome de um "laranja", além de esta portar grandes somas de dinheiro, sendo presa em flagrante delito (07-82.977, n. 1177 ES-P-P).

Como se observa, o crime organizado tem provocado decisões e posturas estatais que o asfixie, fato somente possível com o confisco de bens cuja posse ou propriedade não encontre justificativa razoável.

Quanto ao pedido de restituição, recomendo leitura do capítulo próprio.

2.4 BENS ILÍCITOS MISTURADOS A LÍCITOS, CONVENÇÕES INTERNACIONAIS E "CONFISCO ALARGADO"

Os itens 2, 3 e 4 do artigo 12 da Convenção de Palermo das Nações Unidas sobre o Crime Organizado Transnacional (adotada em Nova Iorque aos 15.11.2000, aprovada no Brasil por meio do Decreto Legislativo n. 231, de 29.05.2003, e promulgada pelo Decreto n. 5.015, de 12.03.2004) deixam assentado, respectivamente, que: "os Estados Partes tomarão as medidas necessárias para permitir a identificação, a localização, o embargo ou a apreensão dos bens referidos no § 1º do presente Artigo, para efeitos de eventual confisco"; "se o produto do crime tiver sido convertido, total ou parcialmente, noutros bens, estes últimos podem ser objeto das medidas previstas no presente Artigo, em substituição do referido produto" e *"se o produto do crime tiver sido misturado com bens adquiridos legalmente, estes bens poderão, sem prejuízo das competências de embargo ou apreensão, ser confiscados até ao valor calculado do produto com que foram misturados"*.

Semelhante disposição consta da Convenção da ONU sobre o Tráfico de Entorpecentes (Viena, 1988, artigo 5º – confisco do equivalente ao produto derivado do delito) e Convenção da ONU contra Corrupção (Mérida, 2003, artigo 31, item 5 – apreensão e confisco de dinheiro no montante equivalente ao produto do ilícito), também adotadas pelo Brasil.

Tais previsões dão a exata dimensão da nova ordem mundial sobre o enfrentamento da criminalidade organizada ou mesmo do tráfico de entorpecentes e corrupção.

Por vezes, é alegado pelos acusados que os bens apreendidos nenhum vínculo possuem com o crime.

Ora, ao magistrado caberá estimar adequadamente o eventual montante decorrente do proveito do suposto crime imputado tendo em vista a necessidade de dar cumprimento ao que estabelecem as Convenções citadas, bem ainda o artigo 387, inciso IV, do Código de Processo Penal (que prevê a necessidade de, na sentença condenatória, ser fixado "o valor mínimo para reparação dos danos causados pela infração, considerando os prejuízos sofridos pelo ofendido"), para viabilizar o confisco, ou seja, a perda em definitivo desse valor ao ofendido ou, na sua ausência, ao Estado, a título de indenização pelos danos causados com a prática delitiva.

Nas ações comuns, previstas no artigo K.3 do Título VI do Tratado de Maastricht (1992), os Estados-membros da União Europeia se comprometem a adotar política comum nas suas ações internas, sendo que a de 1998 (98/773/JAI) buscou enquadrar a lavagem de dinheiro como espécie de "crime organizado". Esta foi parcialmente revogada pela *Decisão-quadro*[3] do Conselho da União Europeia, de 26.06.2001, mediante a qual os Estados-membros obrigam-se a não fazer reservas aos artigos 2º e 6º da Convenção da Europa de 1990 (incluindo a regra que prevê a lavagem de dinheiro resultante genericamente de infrações penais) desde que *infrações graves* estejam em causa, garantindo medidas de confis-

---

3 Decisão e decisão-quadro (Título VI do Tratado da União Europeia): com a entrada em vigor do Tratado de Amsterdã, estes novos instrumentos do Título VI do Tratado da União Europeia ("Cooperação policial e judiciária em matéria penal") substituem a ação comum A decisão-quadro é utilizada para aproximar as disposições legislativas e regulamentares dos Estados-membros. É proposta por iniciativa da Comissão ou de um Estado-membro e deve ser adotada por unanimidade. Vincula os Estados-membros quanto ao resultado a alcançar, cabendo às instâncias nacionais decidir quanto à forma e aos meios para o fazer. A decisão diz respeito a todos os outros objetivos para além da aproximação das disposições legislativas e regulamentares dos Estados-membros. A decisão é vinculativa e as medidas necessárias para dar execução à decisão no âmbito da União Europeia são adotadas pelo Conselho, deliberando este por maioria qualificada.

co e a criminalização das vantagens provenientes de crimes, com pena máxima superior a 01 ano, ou daqueles considerados graves (artigo 1º).

A *Decisão-quadro* de 24.02.2005 (2005/212/JAI), relativa à perda de produtos, instrumentos e bens relacionados com o crime, permite o chamado *confisco alargado*, visando não somente ao confisco de bens de todos os condenados mas daqueles adquiridos pelos seus cônjuges ou companheiros, ou cuja propriedade tenha sido transferida para uma pessoa jurídica sob influência ou controle do condenado, no caso de crime praticado no âmbito de uma organização criminosa, moeda falsa, tráfico de pessoas, auxílio à imigração ilegal, exploração sexual de crianças e pornografia infantil, tráfico de entorpecentes, terrorismo, organização terrorista e lavagem de dinheiro, desde que sejam puníveis com pena máxima de 5 a 10 anos de prisão, ou, tratando-se de lavagem, com pena máxima não inferior a 4 anos de prisão e tendo por natureza a de gerar proventos financeiros (artigo 3º, números 1 a 3).

O cotejo dos artigos que abordam a apreensão de bens do Código de Processo Penal (artigos 125 a 144) possibilita verificar que bens adquiridos com proveito do crime são passíveis de sequestro ou de arresto (artigos 125 e 132), com vistas ao confisco, sem prejuízo da hipoteca legal (artigo 135) e do arresto (artigo 137) de bens licitamente adquiridos visando à reparação do dano.

Veja-se que possível também vislumbrar a existência de medidas assecuratórias incidentes sobre bens lícitos, além de ilícitos, particularmente agora que o teor do artigo 387, inciso IV, determina ao juiz criminal, na sentença, a fixação da reparação do dano causado pelo delito. Ora, a legislação brasileira, de certa forma, possibilita a tomada de diversas medidas assecuratórias incidentes tanto em bens lícitos quanto em bens ilícitos.

Com a redação dada pela Lei n. 12.694, de 24 de julho de 2012 (lei que dispõe sobre o processo e o julgamento colegiado em primeiro grau de jurisdição por crimes praticados por organizações criminosas), ao artigo 91 do Código Penal, não há qualquer dúvida quanto à possibilidade da apreensão, sequestro e arresto de bens ou valores equivalentes ao produto ou proveito do crime quando estes se encontrarem no exterior. Neste caso, as medidas assecuratórias poderão abranger bens ou valores equivalentes do investigado ou acusado para posterior decretação de perda (*vide* os §§ 1º e 2º).

Fernando da Costa Tourinho Filho predica, ao apreciar o artigo 137 excogitado, que "evidente também que esses bens arrestáveis não são produtos de crime nem adquiridos com os proventos da infração. Para estes as medidas são outras: a busca e apreensão e o sequestro a que se referem os arts. 125 e 132 do CPP. Os bens de que trata o artigo em exame e que podem ser arrestados não são os de ilícita proveniência"[4]. Salienta o autor que "a regra do art. 143 refere-se à hipoteca legal e ao sequestro de que trata o art. 137, porquanto o saldo do leilão servirá, apenas e exclusivamente, para o ressarcimento ou reparação do dano. Na hipótese do art. 133, não. O que não couber ao lesado, ou terceiro de boa-fé, será recolhido ao Tesouro Nacional, como efeito secundário da sentença penal condenatória *ex vi* do art. 91, II, *b*, do CP. Se é o Juiz penal quem determina o leilão no caso de produto de crime, quando não reclamada a restituição, por que razão não poderá fazê-lo quando se tratar de coisas adquiridas com o produto da infração? E faria sentido o Juiz cível determinar a realização do leilão e, se apurada soma maior que o prejuízo do ofendido, aplicar a regra do art. 91, II, *b*, do Código Penal? Ademais devesse o Juiz penal remeter os autos ao juízo cível, o art. 133 teria redação idêntica àquela do art. 143"[5].

Quando o sequestro for determinado devido à constatação de indícios suficientes de que os bens constritos tenham sido adquiridos com os proventos das infrações penais, não possui aplicação a regra do artigo 143 do CPP, que remete as partes ao juízo cível. Este dispositivo processual, aplicável tão somente às hipóteses de hipoteca legal (art. 134, CPP) e ao arresto de bens licitamente adquiridos (previsto no artigo 137 do CPP), aparentemente perdeu sua razão de ser na medida em que constitui dever do juiz criminal a fixação do dano e aquele poderia, uma vez concretizada anteriormente venda antecipada, já determinar que o produto desta fosse destinado ao futuro ressarcimento do ofendido.

Vê-se, pois, que já se fala em apreensão e consequente perda de bens de pessoas vinculadas aos condenados, sob a titularidade de pessoa jurídica controlada por estes.

---

4 In *Código de Processo Penal comentado*. 9. ed. São Paulo: Saraiva, 2005. v. I, p. 436.

5 Ob. cit., p. 431.

2.5 DESCONSIDERAÇÃO DA PERSONALIDADE JURÍDICA

Muitas vezes, não se verifica, apesar de invocada, a qualidade de terceiro de boa-fé, o que faz com que embargos de terceiros sejam extintos, de plano, sem julgamento de mérito, na forma do artigo 267, inciso I, do Código de Processo Civil, c/c o artigo 295, incisos III e V, do mesmo estatuto processual.

Inicialmente, impõe-se observar que a legitimidade da atuação de certos embargantes confunde-se com o mérito da própria ação penal, quando eles forem pessoas jurídicas indicadas na denúncia como sendo constituídas visando à chamada *integração*, vale dizer, a fase final do processo de lavagem de dinheiro (a concretização do retorno ao país ou a colocação em circulação de bens, direitos ou valores). E aos réus falece legitimidade também ao se irrogar o fato de que, visando ocultar a propriedade de bens e a origem de valores ilícitos, teriam cedido, conscientes e voluntariamente, a título oneroso ou gratuito, seus nomes e dados pessoais, a fim de que integrassem, como sócios, procuradores ou beneficiários, empresas nacionais e estrangeiras e/ou *trusts* sediadas, por exemplo, em paraísos fiscais.

Ora, se ainda existir apuração, inclusive acerca de eventual utilização de empresas de "fachada", os Embargos não podem prosperar sob pena de decidir-se prematuramente questão que se imbrica com o objeto da ação penal que estiver em curso ou em vias de ser proposta.

Apesar de o sequestro e arresto de bens possuírem natureza cautelar e provisória, não constituindo verdadeiro ato de transferência da propriedade, e do dever de observar o princípio da boa-fé, o que faz com que seja resguardada a situação de terceiros que comprovadamente desconheçam a origem irregular do bem adquirido, tal fato deve merecer apreciação cuidadosa, como demonstra o julgado abaixo citado e parcialmente grifado, como segue:

> "EMENTA: PROCESSO PENAL. EMBARGOS DE TERCEIRO. SEQUESTRO. VEÍCULO. PRESUNÇÃO DE INOCÊNCIA. TRÂNSITO EM JULGADO DA AÇÃO PRINCIPAL. EMPRESA REGISTRADA EM NOME DAS ESPOSAS.
>
> 1. A medida de sequestro de bens não ofende o princípio da presunção de inocência, uma vez que o respectivo deferimento não implica

> um prévio juízo condenatório, tampouco importa em antecipado cumprimento da eventual pena a ser aplicada.
> 2. A determinação de que os embargos de terceiro não sejam decididos antes de passar em julgado a sentença condenatória, contida no parágrafo único do artigo 130 do Código de Processo Penal, não se aplica às hipóteses em que a parte autora alega ser a legítima proprietária do bem sobre o qual incidiu o sequestro.
> 3. *Havendo fortes indícios de que a empresa proprietária do veículo objeto da constrição não pertencia às sócias registradas no contrato social, mas sim a seus maridos, denunciados por diversos crimes, é de ser mantida a sentença que julgou improcedentes os embargos de terceiro"*. (Apelação Criminal n. 2001.71.00.007622-0-RS, TRF/4ª Região, 8ª T., rel. Des. Luiz Fernando Wowk Penteado, v.u., j. 29.06.2005, *DJU* 13.07.2005, p. 677)

A decisão de mérito de uma ação penal, por vezes, tem que averiguar, inclusive, a teoria da *desconsideração da personalidade jurídica*, que implicaria a responsabilidade dos sócios para afastar a fraude ou eventual abuso de direito na utilização das entidades coletivas. Ou seja, se, mediante fraude, simulação ou abuso de direito, as pessoas jurídicas teriam sido utilizadas como instrumento para causar prejuízo a outrem.

No escólio de Fábio Ulhoa Coelho, tem-se que a incidência da referida teoria se dá quando há "utilização da pessoa jurídica como instrumento na realização de fraude ou abuso de direito e, em consequência, os interesses dos credores ou terceiros são indevidamente frustrados por manipulações na constituição de pessoas jurídicas, celebração dos mais variados contratos empresariais, ou mesmo, realização de operações societárias, como as de incorporação, fusão, cisão"[6].

A complexidade da vida civil e a necessidade de conjugação de esforços de vários indivíduos para a consecução de objetivos comuns ou de interesse social, como bem nos lembrou Caio Mário da Silva Pereira[7], ao mesmo passo que aconselham e estimulam a sua agregação e a polarização de suas atividades, sugerem ao direito equiparar à própria pessoa humana certos agrupamentos de indivíduos e certas destinações

---

6 In *Curso de direito comercial*, p. 31 e 34.

7 Cf. *Instituições de direito civil*. 18. ed. Rio de Janeiro: Forense, 1996, p. 39.

patrimoniais e lhe aconselham atribuir personalidade e capacidade de ação aos entes abstratos assim gerados.

Referido entendimento ratificou as palavras de Giorgio Giorgi, que dizia que as entidades coletivas constituem "... uma unidade jurídica que resulta de uma coletividade humana ordenada de maneira estável para uma ou mais finalidades de privada ou de pública utilidade: porquanto é distinta de cada um dos indivíduos que a compõem, e dotada de capacidade de possuir e de exercer *adversus omnes* os direitos patrimoniais, de acordo com a natureza, com o subsídio e o incremento do Direito Público"[8].

À luz dos conceitos acima expostos, pode-se vislumbrar a separação entre a vida jurídica reconhecida à sociedade e aquela de seus membros, resultando disso consequências a terceiros de ordem material e jurídica.

Esta última diz com a autonomia jurídica de forma a permitir até mesmo às sociedades de fato o poder de estar em juízo, ativa ou passivamente (artigo 12, incisos VI e VII, do CPC).

A consequência de ordem material estabelece a independência patrimonial, de molde que os bens de domínio das pessoas coletivas configuram princípio comum a todos os sistemas jurídicos, variando a administração de pessoa jurídica a outra conforme dispuserem os estatutos, contratos sociais ou compromissos, que fixarão o modo de gerir o patrimônio do grupamento. Aí se definirá quais os órgãos, assembleias, conselhos, administradores ou diretores que exercerão as prerrogativas de direito de propriedade sobre tais bens.

Ora, dessa forma, a dívida dos membros das pessoas jurídicas não será considerada dívida do ente coletivo, e vice-versa. Porém, dependendo do tipo de sociedade adotado, como, por exemplo, se sociedade em nome coletivo, em comandita simples etc., os seus haveres podem possuir a garantia não apenas dos bens sociais mas também dos de seus integrantes.

Entretanto, a regra acima aludida (autonomia jurídica) sofre, por vezes, exceção da norma infraconstitucional.

---

[8] In *La dottrina delle persone giuridiche o corpi morali*. 3. ed. Firenzi, 1913. v. I., p. 67-8.

Por exemplo, o artigo 158, incisos I e II, abaixo transcritos, da Lei n. 6.404, de 15 de dezembro de 1976, que foi alterada pela Lei n. 10.303, de 31 de outubro de 2001, estabeleceu a responsabilidade pessoal dos administradores pelas dívidas sociais no caso de agir com excesso de mandato ou pelos atos praticados com violação do estatuto ou lei.

Com efeito, *in verbis*:

> "Art. 158. O administrador não é pessoalmente responsável pelas obrigações que contrair em nome da sociedade e em virtude de ato regular de gestão; responde, porém, civilmente, pelos prejuízos que causar, quando proceder:
>
> I – dentro de suas atribuições ou poderes, com culpa ou dolo;
>
> II – com violação da lei ou do estatuto".

É certo que em determinados casos o Poder Judiciário despreza a autonomia patrimonial sempre que ela tenha sido empregada como forma de realização de fraude. Ainda segundo o escólio de Fábio Ulhoa Coelho[9], "pressuposto inafastável da despersonalização episódica da pessoa jurídica, no entanto, é a ocorrência de fraude por meio da separação patrimonial. Não é suficiente a simples insolvência do ente coletivo, hipótese em que, não tendo havido fraude na utilização da separação patrimonial, as regras de limitação da responsabilidade dos sócios terão ampla vigência". Ora, com a clareza que lhe é peculiar, referido autor deixa evidente que o preceito da autonomia patrimonial, por vezes, deixa de gerar consequências.

O Código Civil brasileiro acabou por abraçar o princípio aduzido, estabelecendo, em seu artigo 50, o seguinte:

> "Art. 50. Em caso de abuso da personalidade jurídica, caracterizado pelo desvio de finalidade, ou pela confusão patrimonial, pode o juiz decidir, a requerimento da parte, ou do Ministério Público quando lhe couber intervir no processo, que os efeitos de certas e determinadas relações de obrigações sejam estendidos aos bens particulares dos administradores ou sócios da pessoa jurídica".

---

[9] In *Manual de direito comercial*. 2. ed. São Paulo: Saraiva, 1991, p. 114-5.

A responsabilidade que deve incidir sobre o patrimônio dos sócios é aquela prevista pelo Código Tributário Nacional, ou seja, por substituição, pelos créditos correspondentes às obrigações tributárias resultantes de excesso de poder ou com infração do estatuto ou contrato social, bem como da lei, de molde a se concluir que a responsabilização pessoal somente existirá se, ao menos, o sócio tiver figurado como seu administrador, caso em que haverá presunção da violação a tais normas.

Em ações penais, a irresponsabilidade pelos atos teoricamente perpetrados pelas pessoas jurídicas somente se verifica caso se puder categoricamente constatar não haver tentativa de fraude e a qualidade de terceiras de boa-fé.

Não podem, pois, ser tidas, muitas vezes em estágio inicial de um processo penal como terceiras de boa-fé, eis que não basta apenas a presença desta qualidade, "é preciso que o ou os bens lhe tenham sido transferidos a título oneroso. Satisfeita esta condição, deverá provar, na contestação (CPC, art. 802), a sua insciência quanto à proveniência ilícita do ou dos imóveis, isto é, seu total desconhecimento de que o pretenso culpado o adquirira com os proventos da infração e, por isso mesmo, certo da licitude da aquisição"[10].

A regularidade das pessoas jurídicas, de sua atuação e composição, até mesmo se seria hipótese de sua desconsideração (na forma da lei civil), bem ainda a ciência de seus representantes quanto à proveniência dos bens constritos, normalmente somente será possível aferir num juízo de mérito, por ocasião da decisão final dos autos das ações penais.

Não se sustentam, diante do que se verifica da questão, simples alegações de apreensão indevida de bens indeterminados, até porque na lavagem de dinheiro muitas vezes deve-se apurar qual crime antecedente foi cometido para se chegar ao proveito aferido deste (nas hipóteses de rol taxativo de delitos precedentes, como no caso brasileiro, podendo ser alterado pelo projeto de lei já existente).

Por outro lado, é imperiosa aos embargantes a demonstração inequívoca da aquisição lícita dos bens sequestrados ou arrestados, não bastando somente a juntada de Estatutos Sociais e Declarações do Im-

---

10 Cf. Fernando da Costa Tourinho Filho. *Processo penal*. 10. ed. São Paulo: Saraiva, 1987. v. 3, p. 31.

posto de Renda – Pessoa Jurídica (que nada prova quanto a legitimidade da compra), na esteira do que descrevem o § 2º do artigo 4º da Lei n. 9.613, de 03 de março de 1998, bem como a Convenção da ONU (Viena, 1988) sobre o Tráfico Ilícito de Entorpecentes e de Substâncias Psicotrópicas (artigo 5º, item 7), Convenção da ONU (Palermo, 2000) contra o Crime Organizado Transnacional (artigo 12, item 7), Convenção da ONU (Mérida, 2003) contra a Corrupção (artigo 30, item 8), Convenção do Conselho da Europa (Varsóvia, 2005) sobre Apreensão, Perda e Confisco das Vantagens do Crime e Financiamento do Terrorismo (artigo 3º, itens 1 e 2) e Recomendação n. 3 do Grupo de Ação Financeira Internacional sobre Lavagem de Dinheiro e Financiamento ao Terrorismo (GAFI/FATF).

Há de se realçar que citadas Convenções não somente autorizam mas determinam o confisco (leia-se sequestro ou arresto) dos bens produto de crimes antecedentes de lavagem de dinheiro com vistas ao perdimento de bens, fato também disciplinado no artigo 7º, inciso I, da Lei n. 9.613, de 03 de março de 1998.

III

ADMINISTRAÇÃO DOS BENS

3.1 OBSTÁCULOS

Com o advento da especialização das Varas federais em crimes financeiros e em lavagem de dinheiro[1], foi possível realizar uma atuação de inteligência, com utilização frequente das *técnicas especiais de investigação*, que possibilitaram a deflagração de diversas operações policiais de relevo, notadamente gerando a apreensão (o sequestro ou o arresto) de uma gama grande de bens.

Com efeito, cumprindo recomendação da Comissão de Estudos do Conselho da Justiça Federal, a Resolução do Conselho da Justiça Federal n. 314, de 12 de maio de 2003, recomendou a especialização, porquanto a competência em razão dessa matéria foi considerada medida salutar, com notável incremento na qualidade e na celeridade da prestação jurisdicional. Existem hoje no Brasil várias Varas criminais especializadas, instaladas nas principais capitais e cidades do País, a saber:

---

[1] Resolução n. 314, de 12 de maio de 2003, do Conselho da Justiça Federal (criação de Varas Federais especializadas em crimes contra o Sistema Financeiro Nacional e em lavagem de dinheiro), posteriormente alterada pela Resolução n. 517, de 30 de junho de 2006 (inclusão dos crimes praticados por organizações criminosas na competência das Varas especializadas).

a 2ª Vara de Salvador/Bahia, a 10ª do Distrito Federal, a 11ª de Goiânia/Goiás, a 1ª de São Luís/Maranhão, a 4ª de Belo Horizonte/Minas Gerais e a 4ª de Belém/Pará, havendo competência criminal cumulativa com os demais feitos (Resolução n. 600-21, de 19.12.2003, do TRF/1ª Região); as 2ª, 3ª, 5ª e 7ª Varas do Rio de Janeiro e a 5ª de Vitória/Espírito Santo, havendo competência cumulativa, mas prevendo compensação de distribuição (Resolução Conjunta n. 001, de 09.06.2005, que revogou a Resolução Conjunta n. 001, de 20.06.2003, ambas do TRF/2ª Região, existindo estudo para especialização da Vara Federal de Campos de Goytacazes); as 2ª, 6ª e 10ª Varas de São Paulo, com competência exclusiva (Provimentos n. 238, de 27.08.2004, e n. 405, de 30.01.2014, ambos do TRF/3ª Região), a 1ª e 2ª Varas de Campinas e a 4ª Vara de Ribeirão Preto, com competência cumulativa, e a 3ª Vara Federal de Campo Grande, com competência exclusiva (Provimentos n. 275, de 11.10.2005, e n. 327, de 21.02.2011, ambos do TRF/3ª Região); a 1ª Vara de Porto Alegre/Rio Grande do Sul, que mantém a competência comum, a Vara de Florianópolis/Santa Catarina, que mantém sua competência criminal, as 2ª e 3ª de Curitiba/Paraná, que também possuem competência comum (a 2ª ainda para os processos do Júri e a 3ª para os casos do Juizado Especial Criminal), todas elas competentes para os crimes praticados por organizações criminosas, sendo que com relação a estas, também são competentes as Varas Criminais de Caxias do Sul, de Novo Hamburgo, de Passo Fundo, de Blumenau, as 1ª e 2ª Varas de Foz do Iguaçu, de Londrina, de Maringá, bem como todas as Varas comuns sem competência criminal (Resoluções ns. 20, de 26.05.2003, 42, de 19.07.2006, 56, de 06.09.2006, e 63, de 05.10.2006, todas revogadas pela Resolução n. 18, de 24.04.2007, do TRF/4ª Região); a 11ª Vara de Fortaleza/Ceará e a 4ª de Recife/Pernambuco, mantendo a atual competência jurisdicional (Resolução n. 10-A, de 11.06.2003, do TRF/5ª Região).

Por sua vez, a Recomendação n. 27 do Grupo de Ação Financeira Internacional sobre Lavagem de Dinheiro e Financiamento ao Terrorismo (GAFI/FATF), vinculado à Organização para a Cooperação e Desenvolvimento Econômico (OCDE)[2], fornece lastro internacional para a

---

2 Criada em 30.09.1961, possui sede em Paris, França, e possui por princípios a democracia representativa e a economia de mercado, sendo composta por 30 países.

especialização de Varas federais criminais ao estabelecer que: "... as investigações sobre a lavagem de capitais e o financiamento do terrorismo são confiadas a autoridade de aplicação da lei específica", sendo que, para tanto, podem se valer de meios eficazes, como "... grupos permanentes ou temporários especializados em investigações". Importante afirmar, nesse diapasão, que a especialização visa à aquisição de *know-how* que possibilite melhor depuração dos fatos com a consequente agilização. Ora, à medida que a especialização de várias Varas criminais de uma mesma Seção Judiciária com competência jurisdicional cumulativa se concretiza, violam-se os estudos que embasaram a Resolução n. 314/2003 do CJF, porquanto o que está a criar, de fato, é uma Vara criminal comum, contrariando, pois, o espírito central do citado diploma legal[3].

Até há pouco tempo, os inquéritos policiais, diante da ausência de articulação institucional entre os diversos órgãos de prevenção e combate ao crime organizado, eram arquivados com frequência por falta de provas.

A especialização, com o sentimento da necessidade imperiosa de apreensão, sequestro ou arresto de bens em poder dos investigados, tem proporcionado às Varas problemas causados quanto ao tratamento de bens até o advento da sentença definitiva.

De fato, apesar de a Lei de Lavagem de Dinheiro dispor quanto à administração de bens nos artigos 5º e 6º, prevendo, inclusive, a nomeação de um administrador, com direito à remuneração, não tem sido fácil a tarefa de encontrar pessoas dispostas a colaborar com a Justiça.

A propósito, preceituam tais dispositivos legais:

> "*Art. 5º* Quando as circunstâncias o aconselharem, o juiz, ouvido o Ministério Público, nomeará pessoa qualificada para a administração dos bens, direitos ou valores apreendidos ou sequestrados, mediante termo de compromisso".

> "*Art. 6º* O administrador dos bens:
> I – fará jus a uma remuneração, fixada pelo juiz, que será satisfeita com o produto dos bens objeto da administração;

---

3 Maiores detalhes, ver obra do autor (in *Lavagem de dinheiro. Teoria e prática*. Campinas: Millennium, 2008).

> II – prestará, por determinação judicial, informações periódicas da situação dos bens sob sua administração, bem como explicações e detalhamentos sobre investimentos e reinvestimentos realizados.
>
> Parágrafo único. Os atos relativos à administração dos bens apreendidos ou sequestrados serão levados ao conhecimento do Ministério Público, que requererá o que entender cabível."

Tais dispositivos não foram modificados pelo projeto de lei que pretende alterar a Lei de Lavagem de Dinheiro.

A previsão normativa não foi suficiente para solucionar questões que envolvem bens de difícil administração ou estimular terceiros a fazê-lo.

Existem hipóteses que ainda apresentam grande dificuldade de administração pelo juízo criminal, por exemplo, grande quantidade de veículos, hotéis, cemitérios, fazendas com gado e criação de peixes, imóveis com necessidades de prover empregados de seus salários, pagamentos de despesas, inclusive condominiais, obras de arte etc., que desestimulam e dificultam a administração de bens, mormente quando não for possível a apreensão de valores em espécie.

O Estado, por sua vez, não dispõe de local adequado e não há previsão de verba própria que vise à administração e conservação de bens de terceiros.

Por tais razões, impõe-se ao Judiciário solução premente de molde a não inviabilizar as apreensões, sequestros e arrestos devidos, de um lado, e, de outro, não saturar de vez a já caótica situação dos depósitos judiciais, que invariavelmente contêm bens sob custódia em estágio avançado de deterioração ou depreciação diante dos longos anos exigidos para o trânsito em julgado dos feitos criminais.

Assim, os juízes acabam sendo instados à tomada de soluções diversas, dependendo da natureza e da qualidade dos bens apreendidos, estabelecendo desde o simples uso, guarda provisória, até mesmo a venda antecipada de bens, restringindo, ao máximo, o depósito judicial.

IV

BENS NO EXTERIOR

4.1 COOPERAÇÃO JURÍDICA INTERNACIONAL

A cooperação jurídica internacional tem sido considerada essencial ao esclarecimento das ações de grupos organizados, bem como para o bloqueio de bens e para a repatriação de ativos. Tais grupos, invariavelmente, valem-se de empresas ou instituições com sede em paraísos fiscais.

Pode-se dar mediante a aplicação do preceito da *reciprocidade*, segundo o qual os Estados poderão cooperar com outros, sem prévio tratado ou acordo internacional, por via de compromissos mutuamente assumidos para um determinado caso concreto.

Está prevista na Convenção da ONU contra o Tráfico Ilícito de Entorpecentes e Substâncias Psicotrópicas (Viena, 1988, artigos 6º e 7º), na Lei n. 11.343, de 23 de agosto de 2006 (Lei sobre drogas, artigo 65), no Acordo de Extradição entre os Estados-partes do MERCOSUL (trata especificamente da cooperação jurídica internacional e foi concluído no Rio de Janeiro em 10.12.1998, promulgado por meio do Decreto Legislativo n. 605, de 11.09.2003, entrando em vigor internacionalmente e no Brasil em 1º.01.2004, em decorrência do Tratado de Assunção, que constituiu o Mercado Comum do Sul (MERCOSUL), assinado em 26.03.1991), na Convenção da ONU contra o Crime Organizado Transnacional (Palermo,

2000, artigos 16 a 19), na Convenção da ONU contra a Corrupção (Mérida, 2003, artigos 44 e 46), na Convenção do Conselho da Europa acerca da Lavagem, Rastreamento e Confisco dos Produtos do Crime (Estrasburgo, 1990, artigos 7º a 35) e na Convenção do Conselho da Europa relativa à Lavagem, Apreensão, Perda e Confisco das Vantagens do Crime e ao Financiamento ao Terrorismo (Varsóvia, 2005, artigos 15 a 45), bem como na Lei n. 9.613, de 03 de março de 1998 (Lei de Lavagem de Dinheiro, artigo 8º) e no Regulamento Modelo da CICAD/OEA (artigo 20).

Por sua vez, as Recomendações ns. 36 a 40 do Grupo de Ação Financeira Internacional sobre Lavagem de Dinheiro e Financiamento ao Terrorismo (GAFI/FATF) enfatizam claramente a necessidade do reforço da cooperação internacional, mediante a troca de informações de caráter geral, troca de informações relativas a transações suspeitas (n. 32) e, finalmente, o entendimento de que os diversos critérios relativos ao elemento intencional da infração não afetam a capacidade ou a vontade dos países de cooperarem em matéria judiciária.

Pela Meta n. 02 do Relatório da ENCLA 2004, tanto os pedidos de cooperação jurídica internacional ativa, provenientes do Judiciário, do Ministério Público e das autoridades policiais, federais e estaduais, quanto as autorizações para cooperações operacionais diretas (que implicam compromisso de reciprocidade internacional) ficam centralizadas no Departamento de Recuperação de Ativos e Cooperação Jurídica Internacional (DRCI) do Ministério da Justiça.

O instituto da autoridade central surgiu para agilizar e facilitar a cooperação entre os países. Como o próprio nome faz supor, o papel primordial da autoridade central é funcionar como órgão centralizador, foco da cooperação, tanto das solicitações quanto das diligências que provenham do estrangeiro ou emanem do Brasil. Por intermédio das autoridades centrais tramitam as cartas rogatórias e os pedidos de assistência jurídica direta, quaisquer que sejam seus objetos.

No Brasil e na maioria dos países, a autoridade central tem se localizado dentro do Poder Executivo, haja vista que este se afigura a face externa do Estado, representando-o nas relações internacionais. A instituição de autoridade central é fórmula consagrada nas Convenções de Haia e nas Convenções Internacionais de Direito Internacional Público, surgindo da necessidade de se ter um órgão em cada país para disciplinar os procedimentos administrativos da cooperação jurídica internacional.

A sua criação foi um imperativo a partir do incremento do volume e complexidade dos mecanismos de cooperação internacional, e sua razão de ser relaciona-se com a uniformidade de atuação, a padronização dos procedimentos e a especialização, necessárias para o trato com a matéria, evitando duplicidade e desperdício dos pedidos.

A justificativa apresentada pela Meta supracitada é que a instituição de uma única autoridade central pertencente aos quadros do Poder Executivo apresenta inúmeras vantagens: especialização, celeridade, eficiência, publicidade e economia processual. Argumenta-se que a localização da autoridade central no Poder Executivo também garante neutralidade, transparência e respeito ao devido processo legal, já que os órgãos do Executivo estão sujeitos ao poder de fiscalização do Ministério Público e seus atos podem ser revistos pelo Poder Judiciário.

Importante mencionar que a figura da autoridade central não constitui, todavia, condição para a viabilidade da cooperação internacional, podendo esta se efetivar diretamente entre às autoridades competentes, porquanto a sua instituição visa a aproximação destas últimas, e não criar mais obstáculos para a rápida efetivação dos interesses mútuos nacionais. Ora, não se pode exigir a via da autoridade central a menos que ela busque a eficiência, simplificação e rapidez das informações e ações requeridas.

4.2 BLOQUEIO E REPATRIAÇÃO DE BENS

O Projeto de Lei n. 1.982, de 16 de setembro de 2003, de autoria do Deputado federal Eduardo Valverde, regulamenta a *assistência judiciária internacional em matéria penal*, independente da expedição de carta rogatória, prevendo bloqueio administrativo temporário de recursos de origem ilícita em atividade de lavagem de dinheiro, bem como o *Conselho de Assistência Judiciária Internacional*, que possui a atribuição de formulação de diretrizes, intercâmbio permanente de informações entre os órgãos públicos nele representados (Justiça Federal, Ministério Público Federal, Ministério das Relações Exteriores, Advocacia-Geral da União, Secretaria da Receita Federal do Brasil, Banco Central, Conselho de Controle de Atividades Financeiras/COAF, Departamento de Polícia Federal e Controladoria-Geral da União) e orientação das autoridades brasileiras que necessitem obter cooperação internacional.

Os institutos basilares da cooperação judiciária em matéria penal podem ser sintetizados da seguinte forma[1]: extradição, auxílio judiciário (que evita a expedição e o trâmite demorado de cartas rogatórias, uma vez que permite a transmissão direta), transferência de pessoas condenadas e transmissão de processos penais.

O auxílio judiciário tem permitido tanto o bloqueio de bens quanto a repatriação destes, devendo, entretanto, ser realizado, por vezes, um *affidavit*, isto é, uma declaração juramentada e consistente que permite a medida de bloqueio de valores ou contas bancárias.

Referido bloqueio tem demandado, geralmente, intenso trabalho de convencimento, não bastando a simples juntada de decisão judicial, mas a entrega de elementos convincentes que ligariam a conta ou os valores à eventual prática delitiva, melhor se esta também for objeto de crime no exterior ou constituir ou for uma decorrência do crime de corrupção (ativa ou passiva).

O GAFI, por meio da Recomendação n. 38, deixa claro a importância da cooperação internacional mediante auxílio judiciário mútuo para fins de congelamento e perda de bens ou valores objeto de lavagem de dinheiro.

No que tange à *partilha de bens* confiscados, esta é prevista nas *Convenções da ONU de Viena* sobre o tráfico de entorpecentes (artigo 5º, item 5, "b") e de Palermo, sobre Crime Organizado Transnacional (artigo 30, item 2, "c"), e pode estimular a cooperação entre as autoridades competentes de países diversos. A *Convenção da ONU de Mérida* (Corrupção), porém, não a previu, porquanto se entendeu relevante a restituição de bens ao Estado ofendido (artigos 51 a 59).

É cada vez maior o volume de pedidos que tramitam no Ministério da Justiça. Além de muitos outros diplomas bilaterais mais antigos, os acordos internacionais assinados recentemente e aqueles em negociação definem o Ministério da Justiça como autoridade central, o qual desempenha esta função por meio do Departamento de Recuperação de

---

1 Cf. Euclides Damaso Simões (in Manual distribuído no curso promovido pela OEA e o Ministério da Justiça a juízes e promotores brasileiros entre 17 e 21 de outubro de 2005).

Ativos e Cooperação Jurídica Internacional (DRCI), nos termos do art. 13, inciso IV, do Decreto n. 4.991, de 18 de fevereiro de 2004.

O grande desafio neste ponto é difundir ainda mais os benefícios de se adotar uma única autoridade central para todas as questões de cooperação jurídica internacional e ampliar os espaços deste instituto. Deve-se, com o auxílio do Plano Nacional de Capacitação e Treinamento para o Combate à Lavagem de Dinheiro (PNLD)[2], divulgar a ideia de que, mesmo não havendo acordo, é possível que as solicitações de cooperação, tanto ativa como passiva, tramitem pela autoridade central.

A Meta n. 40 do Relatório da ENCLA 2005[3], de responsabilidade do DRCI, obrigou este à edição de uma nota técnica dirigida aos juízes das Varas especializadas, datada de 15 de setembro de 2005, pela qual reafirma, no plano internacional, o *princípio da especialidade*.

Pelo preceito citado, aplicável nas relações entre Estados e, consequentemente, nas cooperações jurídicas internacionais, visto ser a jurisdição um atributo do Estado, as informações e documentos obtidos por meio da assistência jurídica não podem ser usados aos crimes dos quais a cooperação internacional está excluída, como bem esclarece a nota técnica, citando o exemplo da Suíça quanto à evasão de divisas. A exigência de *dupla incriminação*, isto é, da configuração de delito em ambas as jurisdições envolvidas no pedido de assistência jurídica em matéria penal, é, em princípio, requisito comum em casos de cooperação, devendo ser esclarecido não ser necessária a coincidência exata de tipos penais, mas semelhanças entre eles. Com efeito, a *Convenção da ONU de Mérida* contra a Corrupção deixa evidente que: "Em questões de cooperação internacional, quando a dupla incriminação seja um requisito, esta se considerará cumprida se a conduta constitutiva do delito relati-

---

2 Aos 29 e 30 de março de 2006, em cumprimento à Meta n. 25 da ENCLA 2004 e 13 da ENCLA 2006, fundou-se referido plano, em Brasília, reunindo-se em Assembleia Geral no Hotel San Marco para esse fim, como também para aprovar o regimento do PNLD, representantes de órgãos e instituições fundadores diversos (AGU, DPF, BACEN, CDEMP, CJF, CVM, COAF, DRCI, ESMPU, FEBRABAN, ESAF, INSS, SENAD, ESPGFN, FEMPARPR, EMAG – TRF/3, EMARF – TRF/2 e ESMAFE – TRF/5).

3 Meta n. 40: "Difundir informações sobre a necessidade de se observar os limites para a utilização de documentos obtidos por meio de cooperação jurídica internacional".

vo ao qual se solicita assistência é um delito de acordo com a legislação de ambos os Estados Participantes, independentemente se as leis do Estado Participante requerido incluem o delito na mesma categoria ou o denominam com a mesma terminologia que o Estado Participante requerente" (artigo 43).

Entretanto, não se pode interpretar de forma absoluta o preceito.

A Recomendação n. 37 do Grupo de Ação Financeira Internacional sobre Lavagem de Dinheiro e Financiamento ao Terrorismo (GAFI/FATF) estabelece que:

> "Os países deveriam prestar o mais amplo auxílio judiciário mútuo mesmo na ausência da dupla incriminação. Quando a dupla incriminação seja um requisito exigido para a prestação de auxílio judiciário mútuo ou para a extradição, tal requisito deverá considerar-se cumprido independentemente de ambos os países subsumirem o crime na mesma categoria de crimes ou de tipificarem o crime com a mesma terminologia, sempre que em ambos os países esteja criminalizada a conduta subjacente à infração".

Ora, nem mesmo o referido Grupo, vinculado à Organização para a Cooperação e Desenvolvimento Econômico (OCDE), confere ao preceito importância vital quando se trata de lavagem de dinheiro.

O desrespeito ao princípio da *dupla incriminação*, que não é novo no direito internacional público, pode ter efeitos devastadores em futuros pedidos de cooperação, em casos específicos, impedindo completamente novos bloqueios ou obtenção de provas, entre outras dificuldades diplomáticas, como revela a nota técnica.

O artigo 8º da Lei n. 9.613, de 03 de março de 1998 (Lei de Lavagem de Dinheiro) disciplina acerca de bens existentes no estrangeiro, como segue:

> "Art. 8º O juiz determinará, na hipótese de existência de tratado ou convenção internacional e por solicitação de autoridade estrangeira competente, a apreensão ou o sequestro de bens, direitos ou valores oriundos de crimes descritos no art. 1º, praticados no estrangeiro.
> § 1º Aplica-se o disposto neste artigo, independentemente de tratado ou convenção internacional, quando o governo do país da autoridade solicitante prometer reciprocidade ao Brasil.

> § 2º Na falta de tratado ou convenção, os bens, direitos ou valores apreendidos ou sequestrados por solicitação de autoridade estrangeira competente ou os recursos provenientes da sua alienação serão repartidos entre o Estado requerente e o Brasil, na proporção de metade, ressalvado o direito do lesado ou de terceiro de boa-fé".

O Projeto de Lei que altera a Lei de Lavagem contempla o princípio, mas o artigo 8º passa a ser assim redigido:

> "Art. 8º O juiz determinará, na hipótese de existência de tratado ou convenção internacional e por solicitação de autoridade estrangeira competente, medidas assecuratórias sobre bens, direitos ou valores oriundos de crimes descritos no art. 1º, praticados no estrangeiro.
>
> § 1º Aplica-se o disposto neste artigo, independentemente de tratado ou convenção internacional, quando o governo do país da autoridade solicitante prometer reciprocidade ao Brasil.
>
> § 2º Na falta de tratado ou convenção, os bens, direitos ou valores sujeitos a medidas assecuratórias por solicitação de autoridade estrangeira competente ou os recursos provenientes da sua alienação serão repartidos entre o Estado requerente e o Brasil, na proporção de metade, ressalvado o direito do lesado ou de terceiro de boa-fé".

No que se refere especificamente à partilha de bens, conforme se observou acima, a *Convenção da ONU de Mérida* (Corrupção) não a previu, porquanto houve o entendimento de que a restituição de bens ao Estado ofendido deve ser integral diante dos bens jurídicos afetados (artigos 51 a 59). Deve, portanto, o legislador neste ponto ficar atento quando da apreciação do Projeto de Lei citado no Congresso Nacional.

Vê-se, por derradeiro, que no aspecto da apreensão ou do bloqueio de bens não há óbice a sua ocorrência no âmbito internacional, uma vez que vigora preceito universal da *reciprocidade*, sendo ainda possível a partilha de bens apreendidos ou bloqueados, com o consequente ato de repatriação, em havendo o trânsito em julgado da sentença condenatória que eventualmente decrete a perda em favor da União.

Revela-se de extrema dificuldade a repatriação baseada apenas em sentença pendente de recurso, ainda que se invoque a *reciprocidade*.

V

DESTINAÇÃO DE BENS APREENDIDOS

5.1 USO (GUARDA PROVISÓRIA E DEPÓSITO JUDICIAL)

Vimos, no capítulo referente aos obstáculos à administração de bens, a existência de grandes dificuldades de conservação de bens apreendidos, sequestrados ou arrestados pela Justiça criminal, como, por exemplo, grande quantidade de veículos, hotéis, cemitérios, fazenda com gado e criação de peixes, imóveis com necessidades de prover empregados de seus salários, pagamentos de despesas, inclusive condominiais, obras de arte etc.

Doutra parte, não dispondo o Estado de local adequado e não havendo previsão de verba própria que vise à administração e conservação de bens de terceiros, os magistrados acabam sendo obrigados a dar solução mais adequada de molde a não inviabilizar as apreensões, sequestros e arrestos devidos, de um lado, e, de outro, não tornar impraticável a já difícil situação de muitos depósitos judiciais, que invariavelmente contêm bens sob custódia em estágio avançado de deterioração ou depreciação diante dos longos anos exigidos para o trânsito em julgado dos feitos criminais.

Assim, os juízes acabam sendo instados à tomada de decisões, dependendo da natureza e da qualidade dos bens apreendidos, estabelecendo desde o simples uso ou guarda provisória, até mesmo a venda antecipada de bens, restringindo, ao máximo, o depósito judicial.

Basicamente duas soluções podem ser vislumbradas: o uso (guarda provisória ou o depósito judicial) ou a venda antecipada.

Entendo que uma via que pode ser eventualmente eleita, no caso de veículos, é a da sua entrega para uso, mediante guarda provisória ou depósito judicial.

Tanto uma quanto outro dependem do grau de confiança do juízo, de molde que jamais poderiam ser interpretados como direito subjetivo do investigado ou acusado. Tudo vai depender da ponderação que se faça do bem e da sua relação com o suspeito, não se podendo tolher do juiz de primeira instância a decisão que melhor atenda ao caso concreto.

Muitas vezes, os acusados ou seus parentes não reúnem condições de figurar como depositários, porquanto podem ser beneficiários diretos ou indiretos da organização criminosa, na medida em que recebem recursos ilícitos ou usufruem indiretamente destes, com possível conhecimento.

Destaque-se que a relação jurídica traduzida pelo depósito judicial nada mais é do que um ato administrativo de nomeação para o exercício de um *múnus público* de confiança do juízo[1].

A Lei de Lavagem de Dinheiro (Lei n. 9.613, de 03.03.1998, artigos 5º e 6º) determina ficar a critério da autoridade judicial a nomeação de um administrador, assim como disciplina também a Lei de Drogas (Lei n. 11.343, de 23.08.2006, artigo 6º, §§ 1º e 2º) a restituição de bens, seguindo orientação das Convenções da ONU de Viena (Tráfico de Drogas; 1988, artigo 5º, item 7), Palermo (Crime Organizado Transnacional, 2000, artigo 12, item 7), de Mérida (Corrupção, 2003, artigo 30, item 8), bem ainda da Convenção de Varsóvia do Conselho da Europa sobre Lavagem de Dinheiro (2005, artigo 3º, itens 1 e 2) e da Recomendação do Grupo de Ação Financeira Internacional sobre Lavagem de Dinheiro e Financiamento ao Terrorismo (GAFI/FATF) n. 3, apenas se demonstrada a sua origem lícita.

Portanto, não se faz possível desde logo a compreensão de que melhor seria permitir o uso, ou o depósito judicial, ao investigado ou

---

1 A esse respeito, já se decidiu a Relatora do Mandado de Segurança n. 2005.03.00.098444-5, Desembargadora Federal Vesna Kolmar, do Egrégio Tribunal Regional Federal da 3ª Região em 09 de janeiro de 2006.

acusado, sob pena de tornar letra morta os dispositivos que consagram a inversão do ônus da prova para sua restituição.

Por sua vez, o artigo 10 da Resolução do Conselho da Justiça Federal n. 435, de 29 de abril de 2005, não permite ao juízo a nomeação de parente (até o 3º grau) do magistrado, do *parquet*, dos funcionários da Justiça e da polícia como fiel depositário, o que seria eticamente reprovável.

Assim, não haveria óbice à nomeação para a própria polícia dos bens, veículos, aparelhos de ginástica, rádios comunicadores, móveis, desde, é claro, que não se trate de bens de luxo (certos veículos importados, imóveis de alto padrão, iates grandiosos, joias), porquanto redundaria numa justificável interpretação pejorativa do exercício de funções públicas e do correspondente aparelhamento estatal.

O Provimento n. 64, de 28 de abril de 2005, da Corregedoria-Geral do Tribunal Regional Federal da 3ª Região permite, nos artigos 270, incisos I e II, e 273, 280 e 281, o depósito de bens apreendidos a diversas autoridades.

A 6ª Vara Federal Criminal de São Paulo, por exemplo, tem destinado bens a instituições beneficentes, a título de guarda provisória, mediante termo de compromisso e com a correspondente realização de contrato de seguro, não inibindo eventual pedido de restituição dos bens em sendo reconhecida a sua adequação.

Os veículos somente devem ser utilizados para as atividades das entidades, sendo vedado o uso particular. Ficam também responsáveis pela manutenção de bens (como automóveis), devendo adotar as cautelas legais para a regular conservação do bem, sendo ainda responsáveis por eventuais infrações de trânsito. O Presidente das entidades comparecem ao juízo, no prazo de 48 (quarenta e oito) horas, para assinar o respectivo termo de compromisso. Se os bens estiverem na Polícia Federal, ela deve ser oficiada para entrega às respectivas entidades.

Questão bastante interessante é a situação tributária dos bens destinados ao uso, por exemplo, da polícia.

Aqui, a interpretação somente pode ser a de que a incidência eventual de multas, desde que não configure mal uso do veículo, e o pagamento de tributos devem ficar a cargo do órgão beneficiário do bem, que pode solicitar ao juízo, para evitar tributação e incidência de pontos na carteira do investigado ou acusado de forma injustificada, a ordem para emissão do Certificado de Registro e Licenciamento Provisório (CRLV) aos órgãos estaduais de trânsito.

Uma decisão judicial referente a bens apreendidos nos autos de uma ação penal movida contra um traficante que, dentre outros delitos, respondeu a processo-crime por lavagem de dinheiro espelha o entendimento do autor, devendo ser reproduzida:

> "*Vistos em decisão.*
>
> Fls. 720/723: Decisão em Separado.
>
> Fls. 12/16, 659/660 e 709:
>
> *A I. Autoridade Policial requereu a destinação dos bens relacionados às fls. 15/16 e apreendidos em Curitiba/PR para serem utilizados em dois imóveis da Polícia Federal, sendo um na capital paranaense e outro no imóvel rural situado no município de São José dos Pinhais/PR (fls. 12/16).*
>
> *Com relação a tal pedido, o Ministério Público Federal manifestou-se à fl. 39.*
>
> *A Instituição Beneficente (...) requer que lhe sejam destinados veículos apreendidos do tipo caminhonete ou caminhão, kombi, carro ou furgão, para que possam ser por ela utilizados na entrega de refeições a pessoas carentes que são cadastradas na entidade assistencial. Salienta que os seus veículos estão em péssimo estado e constantemente são encaminhados para manutenção (fls. 659/660).*
>
> *A I. Autoridade Policial representou para ser nomeada como administradora e fiel depositária dos três (03) veículos relacionados à fl. 709 e que foram apreendidos na sede da (...) (fl. 709).*
>
> *É o relatório.*
>
> *Decido.*
>
> *1) Da Destinação Provisória De Bens Móveis à Polícia Federal Em Curitiba/PR*
>
> *Os bens indicados pela I. Autoridade Policial – Dr. (...), Chefe em Exercício do Serviço Sul da Coordenação de Operações Especiais de Fronteira (SERSUL/COESF) em Curitiba/PR (fls. 15/16), foram apreendidos em cumprimento aos Mandados de Busca e Apreensão n. 77/2007, 90/2007 e 107/2007, expedidos por este Juízo e foram cumpridos nas Residências de (...) (PETER) e (...), bem como de (...), que mantinham na cidade de Curitiba/PR, bem ainda na sede da Transportadora (...).*
>
> *Este Juízo já apreciou pedido de destinação provisória de bens apreendidos na OPERAÇÃO (...) formulado pela Autoridade da Polícia Federal em São Paulo, consoante se verifica às fls. 281/290, cujos fundamentos são aqui adotados como razões de decidir o presente pleito.*

O I. Delegado da Polícia Federal em Curitiba justifica seu pedido no sentido de que os bens pleiteados serão destinados para equipar escritórios de inteligência da Polícia Federal que foram montados em Curitiba, sendo um imóvel no centro da capital paranaense e, o outro, um imóvel rural situado no município de São José dos Pinhais/PR, sendo este último utilizado para hospedar os Agentes da Polícia Federal em missão policial (fls. 12/14).

Verifico que alguns bens não são imprescindíveis à execução dos trabalhos exercidos pela Polícia Federal, enquanto que outros poderão ser de utilidade para a acomodação dos policiais no imóvel destinado ao uso quando estão em missão policial, bem como para a execução dos seus trabalhos.

Desse modo, DEFIRO, em parte, o pedido formulado às fls. 12/16, para determinar a destinação provisória dos seguintes bens à Polícia Federal em Curitiba/PR:

I) Para uso no prédio da SERSUL/COESF:

Item	Bens em Guarda Provisória à Polícia Federal em Curitiba/PR
01	02 (dois) sofás de 2 lugares
02	01 (uma) mesa com tampo de vidro
03	04 (quatro) cadeiras de alumínio
04	03 (três) banquetas de alumínio
05	01 (um) refrigerador marca Brastemp
07	02 (dois) cofres pequenos
10	01 (uma) impressora marca HP
12	01 (uma) filmadora marca Panasonic

II) Para uso na Chácara Campina:

Item	Bens em Guarda Provisória à Polícia Federal na Chácara Campina
04	01 (uma) lavadora de roupas marca LG
05	01 (um) freezer da marca Brastemp
06	01 (uma) geladeira Cônsul
08	02 (duas) mesas com tampo de vidro
10	02 (dois) rack's para TV
11	05 (cinco) poltronas
12	02 (dois) sofás de 3 lugares
13	09 (nove) cadeiras na cor palha
14	03 (três) banquetas de madeira
15	04 (quatro) cadeiras em ferro
16	01 (um) forno de micro-ondas da marca Electrolux

III) Deverão ser removidos para o Depósito da Justiça Federal em São Paulo os bens a seguir relacionados, no prazo de 05 (cinco) dias:

Item	Bens a serem removidos para o Depósito da Justiça Federal de São Paulo
06 (item I)	01 (um) freezer da marca Brastemp
08 (item I)	01 (uma) lavadora de roupas da marca Brastemp
09 (item I)	01 (uma) secadora de roupas da marca Brastemp
11 (item I)	01 (um) conjunto de som da marca Bose
13 (item I)	02 (dois) monitores de plasma 42 polegadas
14 (item I)	02 (dois) monitores de plasma 21 polegadas
15 (item I)	01 (um) monitor de plasma 15 polegadas
01 (item II)	01 (uma) carreta reboque placa DRM 1189
02 (item II)	04 (quatro) conjuntos de condicionador de ar Split da marca LG
03 (item II)	02 (duas) TV's 29 polegadas
07 (item II)	01 (uma) geladeira da marca Metalfrio
09 (item II)	02 (dois) tampos de vidro para mesa
01 (item III)	01 (uma) TV 62 polegadas da marca Sony

Os bens a serem removidos para o depósito da Justiça Federal também deverão ser objeto do Bazar Beneficente a ser realizado conforme decisão exarada às fls. 668/670.

A Delegacia do Serviço Sul da Coordenação de Operações Especiais de Fronteira (SERSUL/COESF) em Curitiba/PR ficará como administradora e depositária dos bens relacionados nos itens I e II, ficando autorizada a utilizá-los exclusivamente na execução de diligências das investigações em curso na Polícia Federal, vedado qualquer uso particular.

A Polícia Federal de São Paulo deverá providenciar a remoção imediata dos bens descritos no item III, informando a este Juízo as despesas para a concretização da medida.

OFICIE-SE à I. Autoridade Policial de Curitiba, comunicando o teor desta decisão, bem como para assinar o Termo de Compromisso.

2) Do Pedido da I. Autoridade Policial quanto à Administração de Veículos Apreendidos na sede da (...)

A I. Autoridade Policial requer seja nomeada como administradora e fiel depositária dos veículos VARIANT (Placa CSF 2904), Saveiro (Placa CSX 9959) e L200 (Placa GYZ 1896) que foram apreendidos na sede das empresas GP Blindagens e Gil Lancaster.

Não há como acolher o presente pedido, porquanto no decorrer da investigação da denominada OPERAÇÃO (...) não ficou demonstrado o envolvimento da empresa (...) nas supostas atividades ilícitas praticadas por eventual organização criminosa liderada por (...).
Com relação ao veículo L200, Caminhonete Dupla da marca Mitsubishi, Placa GYZ 1896, verifico que é objeto de pedido de restituição nos autos n. 2007.61.81.012286-4.
Por tais fundamentos, INDEFIRO o pedido da Autoridade Policial.
OFICIE-SE comunicando o teor desta decisão.

3) Disponibilização de Veículos para Entidades Assistenciais
A Instituição Beneficente (...) relata as atividades por ela exercidas que consistem especialmente na distribuição de alimentos a pessoas carentes e desempregadas, e que são devidamente cadastradas junto à entidade. Alega também que para a distribuição de alimentos é necessário o uso de veículos, sendo que os seus automóveis estão em péssimo estado de conservação.
Verifico que referida entidade desenvolve programas de segurança alimentar e nutricional, além de programas promocionais, integrativos e assistenciais, voltados ao atendimento de pessoas e famílias em precária situação socioeconômica. Dentre as atividades por ela exercidas encontra-se a distribuição de alimentos na residência das pessoas cadastradas na instituição.
Anote-se também que referida instituição e a FUNDAÇÃO (...) foram designadas por este Juízo para realizarem um Bazar Beneficente dos bens que foram apreendidos na OPERAÇÃO (...) (fls. 68/670).
A FUNDAÇÃO (...) é também uma entidade assistencial voltada ao atendimento de crianças e adolescentes carentes da Zona Sul de São Paulo, atendendo cerca de 1.000 pessoas diariamente em seus programas sociais.
São instituições que exercem relevantes trabalhos assistenciais e que necessitam de veículos para executarem suas funções, bem ainda para transportarem os bens para a realização do Bazar determinado por este Juízo.
Por tais razões, DETERMINO a destinação dos seguintes veículos que estão na Superintendência da Polícia Federal às entidades (...):

Veículo	Placa	Entidade
Honda Fit	DMH (...)	(...)
Renault/Scenic	DSS (...)	(...)
Ford Courier	DYH (...)	(...)
Honda Fit	DSA (...)	(...)

A destinação ora concedida não inibe eventual pedido de restituição dos bens em sendo reconhecida a sua adequação.

Os veículos deverão ser utilizados exclusivamente para as atividades das entidades, sendo vedado o uso particular. Ficarão também responsáveis pela manutenção dos automóveis, devendo adotar as cautelas legais para a regular conservação do bem, sendo ainda responsável por eventuais infrações de trânsito.

O Presidente das entidades deverão comparecer a este Juízo, no prazo de 48:00 (quarenta e oito) horas, para assinar o Termo de Compromisso.

Comunique-se à Autoridade Policial da presente decisão, devendo entregar os veículos acima relacionados às respectivas entidades.

Dê-se ciência ao Ministério Público Federal.

São Paulo, 22 de fevereiro de 2008.
FAUSTO MARTIN DE SANCTIS
JUIZ FEDERAL"

5.2 VENDA ANTECIPADA E LEILÕES ELETRÔNICOS

Como se viu, não dispondo o Estado de local adequado ou suficiente e não havendo previsão de verba própria que vise à administração e conservação de bens, para não inviabilizar as futuras apreensões, sequestros e arrestos, deve o magistrado, evitando que se avance a deterioração de bens ou sua depreciação, dar-lhes um destino: ou o simples uso (mediante guarda provisória ou depósito judicial, já mencionados), ou, então, decidir-se pela venda antecipada ou leilão judicial.

Esta medida é cabível quando não se apresentar recomendável o uso do bem apreendido, quer por se tratar de produto de luxo (carros importados, iates, relógios, joias etc.), quer por se tratar de imóvel de difícil administração ou sujeito a invasões e risco (por exemplo, fazendas, sítios, hotéis, cemitérios), ou porque demanda alto custo de manutenção (condomínios, empregados, gado, peixes etc.), ou, finalmente, sujeito a rápida desvalorização diante dos avanços da tecnologia (TVs, computadores, *laptops, scanners* etc.).

Tal medida deve ser tomada com cautela, porquanto impõe-se avaliar o melhor momento para a sua realização, mediante constatação judicial (pessoalmente ou por informações devidamente certificadas nos autos), não se podendo descuidar do interesse do acusado. Este, certamente, preferirá receber, em sendo absolvido, os valores decorrentes do leilão judicial ao término de seu processo criminal, que pode levar anos, ao invés de obter o bem em estágio terminal.

A Lei n. 9.613, de 03 de março de 1998 (Lei de Lavagem de Dinheiro) não previa a venda antecipada, mas com base na conjugação de diversos dispositivos legais, torna-se possível a sua concretização, não questionada pelo próprio acusado.

Confira-se o teor da decisão tomada em 09.06.2008, de lavra do autor nos autos n. 2007.61.81.011962-2 da 6ª Vara Federal Criminal de São Paulo, que fornece subsídios para a realização, com segurança jurídica, da medida:

> "Os bens que remanescem como relógios, canetas, óculos, veículo e lancha, que não foram arrematados ou não tiveram concretizada a venda antecipada, devem, agora, ser objetos de alienação, sendo que o produto da venda depositado em conta judicial.
>
> Anote-se que são diversos móveis que, para a sua manutenção, exigem alto custo para o Estado. Por sua vez, os bens referidos poderão ter o seu valor depreciado, além de não haver espaço adequado tanto na Superintendência da Polícia Federal, quanto no depósito da Justiça Federal, ou mesmo em Secretaria, para a regular preservação. Pontue-se também a falta de aparelhamento do Estado para a administração, manutenção e preservação dos bens.
>
> É fato que a Justiça Federal não dispõe dos meios necessários para administração de tais bens, não podendo ser desconsiderada, ainda, a impossibilidade de utilização de recursos públicos para sua manutenção porquanto não integram o patrimônio da pessoa jurídica de direito público, de forma a inviabilizar a adoção de medida de conservação. Logo, a venda antecipada dos bens sequestrados e apreendidos é medida excepcional a ser adotada neste feito, consoante previsto no § 5º do artigo 120 do Código de Processo Penal e nos incisos I e II do artigo 670 do Código de Processo Civil.

> A adoção desta medida está também devidamente respaldada nas políticas públicas definidas pela Estratégia Nacional de Combate à Corrupção e à Lavagem de Dinheiro (ENCCLA), em especial, da Meta n. 17 da ENCLA 2006, porquanto visa não somente para a preservação, até mesmo do interesse público, mas também como forma de atender o interesse dos acusados em geral, que poderiam, em caso de absolvição, receber o valor correspondente aos bens alienados, ao invés destes em estado precário.
> Acrescente-se que a META n. 14 ENCCLA 2007 determina a utilização do meio eletrônico para a venda antecipada, sendo de nota que a Recomendação n. 14 ENCCLA 2007, estimula a utilização de tal instituto pelos poderes públicos (Justiça e Ministério Público)".

Importante consignar que a realização de leilão tradicional e por meio eletrônico deve ser estimulada, notadamente por este último diante de sua publicidade, eficácia e segurança.

Após algumas tentativas de realizar o primeiro, sem sucesso, o juízo da 6ª Vara Federal Criminal de São Paulo, por exemplo, resolveu experimentar o segundo e constatar a sua eficiência, além de se constituir altamente democrático.

O leilão eletrônico pode ser realizado por diversas instituições ou mesmo por setor competente da Justiça, mas impende pontificar o eficiente trabalho desenvolvido pelo Instituto Nacional da Qualidade Judiciária (INQJ), qualificado como Organização da Sociedade Civil de Interesse Público pelo Ministério da Justiça, nos termos da Lei n. 9.790, de 23 de março de 1999 (Processo MJ n. 08071.000167/2004-81), conforme despacho da Secretaria Nacional de Justiça, de 1º de dezembro de 2004, publicado no *Diário Oficial* de 08 de dezembro de 2004.

A tecnologia que permite lances de qualquer lugar do Brasil, com resultados satisfatórios, certamente propiciou o Acordo de Apoio Institucional celebrado com a Secretaria de Reforma do Judiciário do Ministério da Justiça em 08.04.2005 (assinado pelo então Ministro da Justiça, Márcio Thomaz Bastos, e pelos representantes do instituto), e o Termo de Parceria celebrado com o Ministério citado para implementação e gestão do Projeto Leilão.gov, assinado em 31.10.2007 (pelos Ministros da Justiça Tarso Genro e Romeu Tuma Júnior e pelos representantes do instituto).

Constatou-se que os leilões eletrônicos já efetuados têm propiciado a obtenção de recursos além ou próximo da avaliação original realizada por Oficiais de Justiça, mesmo em segunda praça, o que demonstra a sua efetividade e atendimento das expectativas geradas.

Vale mencionar as vantagens do leilão por meio eletrônico:

a) ampla divulgação, já que as informações sobre os bens são disponibilizadas na internet, na qual interessados de todo o Brasil possuem acesso ao conteúdo destas;

b) maior poder de atração de novos compradores por meio de diversos canais de comunicação, com destaque ao eletrônico (internet);

c) um número maior de potenciais compradores pode participar com comodidade, ofertando seus lances de qualquer lugar do Brasil;

d) transparência das informações, uma vez que todos os lances são armazenados no sistema, assim como o cadastro de todos os participantes e interessados, permitindo inequívoca avaliação da eficiência e eficácia do leilão;

e) a probabilidade de que o valor de venda atinja o de avaliação em função do aumento do número de arrematantes.

Aliás, o artigo 689-A do Código de Processo Civil já prevê modelo simplificado de hasta pública, mediante a utilização da rede mundial de computadores, com uso de páginas virtuais criadas pelos Tribunais ou por entidades públicas ou privadas em convênio com eles firmado, revelando, em seu parágrafo único, que o leilão virtual deve atender os preceitos da publicidade, autenticidade e segurança.

Importante mencionar que não atingida a avaliação na data designada para o primeiro leilão, cabe a fixação de segunda praça com fixação de percentual mínimo de arrematação, que pode variar.

A jurisprudência tem considerado que o limite de 35% (trinta e cinco por cento) da avaliação não pode ser considerado preço vil, a saber:

> "PROCESSUAL CIVIL. EMBARGOS À ARREMATAÇÃO. PREÇO VIL. HIPÓTESE NÃO CONFIGURADA.

> I – Não configurada a hipótese de arrematação por preço vil, tendo em consideração que o valor da arrematação correspondeu a 35% do valor da reavaliação.
> II – Apelação improvida." (TRF/3ª Região, 3ª T., AC 2002.61.82.015010-0, j. 13.12.2004, v.u., *DJU* 16.02.2005, p. 215, rel. Juíza Cecilia Marcondes)
>
> "PROCESSUAL CIVIL. ARREMATAÇÃO. PREÇO VIL. NÃO SE DETECTA O PREÇO VIL SOMENTE PELA PROPORÇÃO ENTRE A AVALIAÇÃO E O VALOR ALCANÇADO NA ARREMATAÇÃO. CIRCUNSTÂNCIAS OUTRAS DEVEM SER LEVADAS EM CONTA PELO JULGADOR PARA A FORMAÇÃO DE SEU CONVENCIMENTO." (STJ, 3ª T., REsp 55.152/RO, Proc. 1994/0030424-2, j. 12.06.1995, v.u., *DJ* 04.09.1995, p. 27829, rel. Min. Cláudio Santos)
>
> "PROCESSUAL CIVIL. ARREMATAÇÃO POR PREÇO VIL. EMBARGOS A ARREMATAÇÃO. I – Preço vil, segundo entendimento acolhido pela jurisprudência do STJ, é *aquele muito abaixo do valor real do bem, sendo certo ainda que a discussão em torno do tema* não cabe em embargos a arrematação por extravasar os lindes do artigo 746 do estatuto processual. II – Recurso não conhecido." (STJ, 3ª T., REsp 38.905/MG, Proc. 1993/0026094-4, j. 29.11.1993, v.u., *DJ* 07.02.1994, p. 1179, rel. Min. Waldemar Zveitter)

Entretanto, com o acréscimo do artigo 144-A ao Código de Processo Penal (Lei n. 12.694, de 24.07.2012) e do artigo 4ª-A à Lei de Lavagem de Dinheiro (Lei n. 9.613, de 03.03.1998, com a redação conferida pela Lei n. 12.683, de 09.07.2012), o legislador fez algumas alterações. Enquanto nada dispôs sobre percentagem mínima no primeiro leilão no CPP, fixou em 80% no segundo (artigo 144-A, § 2º). Já a Lei de Lavagem de Dinheiro citada dispôs que no primeiro leilão o percentual mínimo deve ser de 75%, nada prevendo acerca de um segundo leilão (artigo 4º-A, § 3º). Por sua vez, a Lei n. 11.343, de 23 de agosto de 2006, sobre Drogas, nada menciona sobre percentagens mínimas ou mesmo sobre primeiro ou segundo leilões.

Vale ainda ressaltar que a partir do momento em que tenham participado do leilão diversas pessoas e o valor não tenha alcançado um determinado patamar da avaliação, o preço atingido acabará se constituindo em preço real de mercado, diante da regra da oferta e procura.

Os lances virtuais competem em igualdade de condições com o pregão físico, mas exigem um pré-cadastro no *site* que conterá as condições de venda e pagamento do leilão.

Finalmente, recomenda-se que tanto o leilão físico quanto o virtual devam ser acompanhados por Oficiais de Justiça, que eventualmente podem figurar como pregoeiros nos termos do item 1.6, inciso I, do Termo de Parceria de 31.10.2007.

O julgado abaixo do Tribunal Regional da 4ª Região revela a correção de uma decisão que determinou a venda de bens sujeitos a sérios riscos de desvalorização e deterioração:

> "MANDADO DE SEGURANÇA. DESIGNAÇÃO DE LEILÃO DE BENS APREENDIDOS EM AÇÃO PENAL. DETERIORAÇÃO E DESVALORIZAÇÃO. AVALIAÇÃO QUE SUBESTIMOU VALORES DE MERCADO. INEXISTÊNCIA DE DIREITO LÍQUIDO E CERTO.
> 1 – A medida constritiva data de 28.10.1998, sendo evidente que as mercadorias, em grande parte equipamentos de informática, armazenadas em "containers" nos armazéns da Receita Federal, estão sujeitas a sérios riscos de deterioração e desvalorização, estando correta a decisão que designou *leilão* para a *venda* antecipada delas.
> 2 – Ademais, a alegação de que a avaliação subestimou os valores reais de mercado dos produtos não veio acompanhada de qualquer prova nesse sentido, sendo pacífico que em sede de mandado de segurança é incabível a dilação probatória.
> 3 – Inexistência de direito líquido e certo.
> 4 – Ordem denegada". (TRF/4ª Região, 7ª T., MS 2000.04.01.139007-4/PR, j. 18.09.2001, v.u., *DJU* 03.10.2001, p. 947, rel. Juiz Fábio Rosa)

Importante mencionar que a Lei n. 9.613, de 03 de março de 1998, com a redação da Lei n. 12.683, de 09 de julho de 2012, permite a alienação antecipada de bens apreendidos no caso de "bens sujeitos a qualquer grau de deterioração ou depreciação, ou quando houver dificuldade para sua manutenção" (artigo 4º, § 1º). A Lei sobre Drogas também a autoriza no caso de "risco de perda de valor econômico pelo decurso do tempo" (artigo 46 e seus parágrafos, em especial o 7º, da Lei n. 10.409, de 11.01.2002, revogada pela Lei n. 11.343, de 23.08.2006, artigo 62 e seus parágrafos, em especial o 7º).

Assim, a necessidade de resguardar o valor aquisitivo de bens sob a responsabilidade da Justiça e de evitar dispêndios com sua administração e despesas de manutenção e condominiais, com risco de depreciação, recomenda a realização da venda antecipada, mediante simultâneos leilões físico e eletrônico.

Certamente, tal medida resguarda o valor aquisitivo que ficar à disposição do Juízo, mediante depósito judicial devidamente atualizado, atendendo, até mesmo, o interesse da própria defesa.

A Lei de Lavagem de Dinheiro, artigo 4º-A, § 1º, com a nova redação (Leis ns. 9.613/98 e 12.683/2012), e a Lei sobre Drogas (Lei n. 11.343/2006, artigo 62, § 7º), bem ainda o CPP, artigo 144-A (redação da Lei n. 12.694/2012), expressamente preveem a alienação antecipada, antes tão criticada.

5.3 PAGAMENTO DE MULTAS E TRIBUTOS

Questão bastante interessante é a situação tributária de bens destinados ao uso, bem ainda de bens vendidos em leilão ou venda antecipada.

Na primeira hipótese, a de uso, a interpretação somente pode ser a de que incidências eventuais de multas (desde que não se configure mau uso do veículo, caso em que se deve verificar a continuidade da guarda) e o pagamento de tributos devem ficar a cargo do órgão beneficiário do bem, devendo o Juízo, para evitar tributação e incidência de pontos na carteira do investigado ou acusado de forma injustificada, determinar a emissão do Certificado de Registro e Licenciamento Provisório (CRLV) aos órgãos estaduais de trânsito.

Já, no que tange à incidência do Imposto de Propriedade de Veículos Automotores (IPVA) nos veículos sob a administração da Justiça, pode-se dizer que, pelo fato de existir constrição judicial, haveria subtração, ainda que provisória, da disponibilidade do bem, elemento componente do fato gerador do imposto e complementar do requisito principal da titularidade, qual seja, o direito de usar, gozar e dispor do bem (artigo 1.228 do Código Civil).

Tal entendimento, levado a rigor, obrigaria, também nas hipóteses de rodízios municipais, à redução do imposto citado, já que uma ou mais vezes o proprietário não poderia plenamente usar, gozar e dispor do bem.

Ora, a administração pela Justiça de bens, ainda que exista determinação de uso por terceiros, apesar de não extinguir o domínio, mas limitar temporariamente a posse (salvo, é claro, no caso de venda antecipada, cuja discussão resta prejudicada), autorizaria ao proprietário o não pagamento de tributo decorrente do domínio?

A Lei n. 11.343, de 23 de agosto de 2006 (Lei de Drogas), sugere resposta afirmativa, diante do teor do § 11 do artigo 62, que confere direito à não incidência tributária no caso de meios de transporte, a saber:

> "Art. 62. Os veículos, embarcações, aeronaves e quaisquer outros meios de transporte, os maquinários, utensílios, instrumentos e objetos de qualquer natureza, utilizados para a prática dos crimes definidos nesta Lei, após a sua regular apreensão, ficarão sob custódia da autoridade de polícia judiciária, excetuadas as armas, que serão recolhidas na forma de legislação específica.
>
> § 1º Comprovado o interesse público na utilização de qualquer dos bens mencionados neste artigo, a autoridade de polícia judiciária poderá deles fazer uso, sob sua responsabilidade e com o objetivo de sua conservação, mediante autorização judicial, ouvido o Ministério Público.
>
> § 2º Feita a apreensão a que se refere o *caput* deste artigo, e tendo recaído sobre dinheiro ou cheques emitidos como ordem de pagamento, a autoridade de polícia judiciária que presidir o inquérito deverá, de imediato, requerer ao juízo competente a intimação do Ministério Público.
>
> § 3º Intimado, o Ministério Público deverá requerer ao juízo, em caráter cautelar, a conversão do numerário apreendido em moeda nacional, se for o caso, a compensação dos cheques emitidos após a instrução do inquérito, com cópias autênticas dos respectivos títulos, e o depósito das correspondentes quantias em conta judicial, juntando-se aos autos o recibo.
>
> § 4º Após a instauração da competente ação penal, o Ministério Público, mediante petição autônoma, requererá ao juízo competente que, em caráter cautelar, proceda à alienação dos bens apreendidos, excetuados aqueles que a União, por intermédio da Senad, indicar

para serem colocados sob uso e custódia da autoridade de polícia judiciária, de órgãos de inteligência ou militares, envolvidos nas ações de prevenção ao uso indevido de drogas e operações de repressão à produção não autorizada e ao tráfico ilícito de drogas, exclusivamente no interesse dessas atividades.

§ 5º Excluídos os bens que se houver indicado para os fins previstos no § 4º deste artigo, o requerimento de alienação deverá conter a relação de todos os demais bens apreendidos, com a descrição e a especificação de cada um deles, e informações sobre quem os tem sob custódia e o local onde se encontram.

§ 6º Requerida a alienação dos bens, a respectiva petição será autuada em apartado, cujos autos terão tramitação autônoma em relação aos da ação penal principal.

§ 7º Autuado o requerimento de alienação, os autos serão conclusos ao juiz, que, verificada a presença de nexo de instrumentalidade entre o delito e os objetos utilizados para a sua prática e risco de perda de valor econômico pelo decurso do tempo, determinará a avaliação dos bens relacionados, cientificará a Senad e intimará a União, o Ministério Público e o interessado, este, se for o caso, por edital com prazo de 5 (cinco) dias.

§ 8º Feita a avaliação e dirimidas eventuais divergências sobre o respectivo laudo, o juiz, por sentença, homologará o valor atribuído aos bens e determinará sejam alienados em leilão.

§ 9º Realizado o leilão, permanecerá depositada em conta judicial a quantia apurada, até o final da ação penal respectiva, quando será transferida ao Funad, juntamente com os valores de que trata o § 3º deste artigo.

§ 10. Terão apenas efeito devolutivo os recursos interpostos contra as decisões proferidas no curso do procedimento previsto neste artigo.

§ 11. *Quanto aos bens indicados na forma do § 4º deste artigo, recaindo a autorização sobre veículos, embarcações ou aeronaves, o juiz ordenará à autoridade de trânsito ou ao equivalente órgão de registro e controle a expedição de certificado provisório de registro e licenciamento, em favor da autoridade de polícia judiciária ou órgão aos quais tenha deferido o uso, ficando estes livres do pagamento de multas, encargos e tributos anteriores, até o trânsito em julgado da decisão que decretar o seu perdimento em favor da União*". (grifo nosso)

Por outro lado, no que tange aos leilões judiciais, os arrematantes não devem se responsabilizar por dívidas tributárias existentes antes da arrematação, porquanto esta configura aquisição originária de bens.

Por vezes, bens apreendidos, normalmente veículos, possuem valor menor do que a quantia devida ao fisco, de molde a impedir e inviabilizar a própria venda antecipada.

Importante ainda mencionar, nesse diapasão, o teor do artigo 141, inciso II, da Lei n. 11.101, de 24 de março de 2005 (que regula a recuperação judicial, a extrajudicial e a falência do empresário e da sociedade empresária), cujo teor é o seguinte, devidamente grifado:

> "Art. 141. Na alienação conjunta ou separada de ativos, inclusive da empresa ou de suas filiais, promovida sob qualquer das modalidades de que trata este artigo:
> I – todos os credores, observada a ordem de preferência definida no art. 83 desta Lei, sub-rogam-se no produto da realização do ativo;
> *II – o objeto da alienação estará livre de qualquer ônus e não haverá sucessão do arrematante nas obrigações do devedor, inclusive as de natureza tributária, as derivadas da legislação do trabalho e as decorrentes de acidentes de trabalho.*
> § 1º O disposto no inciso II do *caput* deste artigo não se aplica quando o arrematante for:
> I – sócio da sociedade falida, ou sociedade controlada pelo falido;
> II – parente, em linha reta ou colateral até o 4º (quarto) grau, consanguíneo ou afim, do falido ou de sócio da sociedade falida; ou
> III – identificado como agente do falido com o objetivo de fraudar a sucessão.
> § 2º Empregados do devedor contratados pelo arrematante serão admitidos mediante novos contratos de trabalho e o arrematante não responde por obrigações decorrentes do contrato anterior".

Evidencia-se, pela norma mencionada, que, na alienação de bens para a realização de ativos, não existe sucessão do arrematante nas obrigações do devedor, e o bem arrematado resta livre de quaisquer ônus.

O Código Civil, notadamente seu artigo 1.275, deixa claro que a perda da propriedade decorre da alienação:

> "Art. 1.275. Além das causas consideradas neste Código, perde-se a propriedade:
> I – por alienação;
> (...)
> Parágrafo único. Nos casos dos incisos I e II, os efeitos da perda da propriedade imóvel serão subordinados ao registro do título transmissivo ou ato renunciativo no Registro de Imóveis".

De seu turno, a Lei de Registros Públicos, Lei n. 6.015, de 31 de dezembro de 1973, no artigo 167, inciso I, item 29, também revela a necessidade do registro para a transferência do domínio no caso de imóveis.

> "Art. 167. No Registro de Imóveis, além da matrícula, serão feitos: *(Renumerado do art. 168 com nova redação pela Lei n. 6.216, de 1975)*
> I – o registro: *(Redação dada pela Lei n. 6.216, de 1975).*
> (...)
> 29 – da compra e venda pura e da condicional;
> (...)"

A Lei de Lavagem de Dinheiro, artigo 4º-A, § 7º, com a nova redação (Leis ns. 9.613/98 e 12.683/2012), determina a dedução de tributos da quantia apurada nos leilões, enquanto o CPP, artigo 144-A, § 5º (redação da Lei n. 12.694/2012), na esteira da Lei sobre Drogas já citada (Lei n. 11.343/2006, artigo 62, § 11), estabelece que o juiz, quando da alienação antecipada, "ordenará à autoridade de trânsito ou ao equivalente órgão de registro e controle a expedição de certificado de registro e licenciamento em favor do arrematante, ficando este livre do pagamento de multas, encargos e tributos anteriores, sem prejuízo de execução fiscal em relação ao antigo proprietário".

Assim, não há como exigir o pagamento de tributos do arrematante nos leilões judiciais.

Esta conclusão vale também na hipótese de o bem estar gravado com *cláusula de inalienabilidade,* porquanto esta vigora tão somente ao titular do domínio, mas jamais na alienação forçada, isto é, na venda antecipada determinada pelo juízo criminal.

VI

BENS CULTURAIS

6.1 CONSIDERAÇÕES PRELIMINARES

A Constituição Federal, promulgada em 05 de outubro de 1988, demonstra preocupação no trato de bens arqueológicos e artísticos em geral.

Em seu artigo 20, inciso X, preceitua serem bens da União "as cavidades naturais subterrâneas e os sítios arqueológicos e pré-históricos" e, em seu artigo 22, inciso XII, competir à União legislar sobre "jazidas, minas, outros recursos minerais e metalurgia", e, ainda, em seu artigo 23, incisos III e IV, ser de responsabilidade dos Poderes Públicos (União, Estados, Distrito Federal e Municípios) a proteção de "documentos, obras e outros bens de valor histórico, artístico e cultural (...) e os sítios arqueológicos", bem ainda "impedir a evasão, a destruição e a descaracterização de obras de arte e de outros bens de valor histórico, artístico e cultural".

Destaco, dentre outros, os artigos 215 e 216, constantes da Seção II (Da Cultura), do Capítulo III (Da Educação, Da Cultura e Do Desporto), do Título VIII (Da Ordem Social), que estatuem que:

> "Art. 215. O Estado garantirá a todos o pleno exercício dos direitos culturais e acesso às fontes da cultura nacional, e apoiará e incentivará a valorização e a difusão das manifestações culturais".

> "Art. 216 (...)
> § 3º A lei estabelecerá incentivos para a produção e o conhecimento de bens e valores culturais."

Por sua vez, a Constituição do Estado de São Paulo, no artigo 237, inserido na Seção I (Da Educação) do Capítulo III (Da Educação, da Cultura e dos Esportes e Lazer) e no Título VII (Da Ordem Social), deixa claro que a educação tem por base "princípios estabelecidos nos artigos 205 e seguintes da Constituição Federal e inspirada nos princípios da liberdade e solidariedade humana", tendo por fim: "IV – o desenvolvimento integral da personalidade humana e a sua participação na obra do bem comum; (...) VI – a preservação, difusão e expansão do patrimônio cultural".

Outrossim, o artigo 259, integrante da Seção II (Da Cultura), dos mesmos Capítulo e Título, categoricamente impõe ao Estado o dever de garantir a todos "o pleno exercício dos direitos culturais e o acesso às fontes de cultura", e "apoiará e incentivará a valorização e a difusão de suas manifestações". Já o artigo 260 estabelece que: "Constituem patrimônio cultural estadual os bens de natureza material e imaterial, tomados individualmente ou em seu conjunto, portadores de referências à identidade, à ação e à memória dos diferentes grupos formadores da sociedade nos quais se incluem: (...) III – as obras, objetos, documentos, edificações e demais espaços destinados às manifestações artístico-culturais;".

Por fim, os artigos 262 e 263 do diploma aduzido revelam:

> "Artigo 262. O Poder Público incentivará a livre manifestação cultural mediante:
> I – criação, manutenção e abertura de espaços públicos devidamente equipados e capazes de garantir a produção, divulgação e apresentação das manifestações culturais e artísticas;
> (...)
> III – *acesso aos acervos das bibliotecas, museus, arquivos e congêneres."* (grifo nosso)

> "Artigo 263. É facultado ao Poder Público vincular o fundo estadual de fomento à cultura até cinco décimos por cento de sua receita tributária líquida, para o financiamento de programas e projetos culturais, vedada a aplicação desses recursos no pagamento de:
> I – despesas com pessoal e encargos sociais;
> II – serviços da dívida;

> III – qualquer outra despesa corrente não vinculada diretamente aos investimentos ou ações apoiados".

Ora, não resta dúvida caber ao Estado prover a cultura e o seu acesso, havendo nos três níveis da administração leis que asseguram incentivos culturais, a saber: Lei Federal n. 8.313, de 23 de dezembro de 1991 (Lei Rouanet), Lei Estadual de São Paulo n. 8.819, de 10 de outubro de 1994, e as Leis Municipais de São Paulo ns. 10.923, de 30 de dezembro de 1990, e 13.672, de 01º de dezembro de 2003.

A proteção aos bens artísticos é tamanha que o Conselho Nacional de Política Fazendária – CONFAZ, em reunião de 26.09.1991, autorizou os Estados a isentarem do ICMS as saídas de obras de arte promovidas pelo próprio artista-autor (Convênio ICMS 59/1991). Tal medida se apresenta desnecessária no Estado de São Paulo, eis que este considera tais operações não sujeitas ao referido tributo.

6.2 OBRAS DE ARTE

Obras de arte, diante de seu valor cultural intrínseco e, por vezes, moral ou sentimental, não têm sido de fácil administração, uma vez que normalmente são objetos de demandas tanto dos acusados quanto de museus ou entidades culturais, além de credores diversos (estes últimos, normalmente, para ressarcimento de danos causados por outros delitos ou para pagamento de dívidas pendentes).

Uma obra de arte, escultura, pintura, fotografias etc., não deve pertencer a nenhuma pessoa nem mesmo a um determinado local, já que se cuida de bem da humanidade. Esse sempre foi o entendimento defendido pelo autor, mesmo quando atuava na 6ª Vara Federal Criminal de São Paulo.

O tratamento devido a esta questão refoge a qualquer interesse de natureza econômica.

A Convenção sobre a Proteção do Patrimônio Mundial, Cultural e Natural, aprovada pela Conferência Geral da Organização das Nações Unidas para a Educação, a Ciência e a Cultura – UNESCO em 16.11.1972, aprovada no Brasil pelo Decreto Legislativo n. 74, de 30.06.1977, e promulgada pelo Decreto n. 80.978, de 12.12.1977, consigna em seu artigo 1º que tanto as obras do homem quanto os lugares notáveis são considerados patrimônios culturais, protegidos, portanto, pela Convenção.

O seu artigo 4º deixa clara a obrigação do Estado de protegê-las, conservá-las e valorizá-las, com vistas a transmiti-las às futuras gerações. Por sua vez, o artigo 5º consigna que aos Estados-partes cabe dar ao patrimônio cultural e natural "uma função na vida da coletividade", tendo por obrigação, ainda, informar amplamente ao público sobre as ameaças que pesam sobre esse patrimônio (artigo 27).

O artigo 23, incisos III e IV, da Constituição Federal, já acima aduzido, prevê a responsabilidade dos Poderes da República pela proteção de bens de valor histórico, artístico e cultural, cabendo-lhes impedir qualquer descaracterização.

O Decreto-Lei n. 25, de 30 de novembro de 1937, devidamente recepcionado pelas Constituições que se seguiram (1946, 1967, 1969, 1988), por meio de seu artigo 1º, organizou a proteção devida ao patrimônio histórico e artístico nacional, que deve ser objeto de permanente manutenção e cuidado, ao mesmo tempo que o Poder Público deve oportunizar o acesso e a difusão da cultura. O artigo 24 disciplina que se deve priorizar os museus estaduais ou municipais.

Por sua vez, a Convenção de Palermo das Nações Unidas sobre o Crime Organizado Transnacional, de 15.11.2000 (promulgada pelo Decreto n. 5.015, de 12.03.2004, e aprovada pelo Decreto Legislativo n. 231, de 29.09.2003), na esteira da Convenção de Viena Contra o Tráfico Ilícito de Entorpecentes e Substâncias Psicotrópicas, de 20.12.1988 (ratificada pelo Brasil por meio do Decreto n. 154, de 26.06.1991), determina aos Estados-partes a criminalização da lavagem do produto do crime (artigo 6º), bem como confisco e apreensão "do produto das infrações previstas na presente Convenção ou de bens cujo valor corresponda ao desse produto" (artigo 12, 1, "a").

As obras de arte, muitas vezes objeto de lavagem de dinheiro, estão inseridas no contexto desta Convenção quando haja a existência de indícios veementes de que estariam relacionadas à eventual prática de delitos diversos antecedentes, podendo ser de uma gama enorme (para os sistemas que não preveem um rol de delitos antecedentes ou uma lista definida).

Os itens 2, 3 e 4 do artigo 12 da Convenção de Palermo das Nações Unidas sobre o Crime Organizado Transnacional deixam assentado, respectivamente, que: "os Estados Partes tomarão as medidas necessárias para permitir a identificação, a localização, o embargo ou a apreensão dos bens referidos no § 1º do presente Artigo, para efeitos de eventual confisco"; "se o produto do crime tiver sido convertido, total ou parcialmente, noutros bens, estes últimos podem ser objeto das medidas previstas no presente Artigo, em substituição do referido produto" e "se o produto do crime tiver sido misturado com bens adquiridos legalmente, estes bens poderão, sem prejuízo das competências de embargo ou apreensão, ser confiscados até ao valor calculado do produto com que foram misturados".

Também dentre as conhecidas Quarenta Recomendações do Grupo de Ação Financeira Internacional em Lavagem de Dinheiro (*Groupe d'Action Financière sur le Blanchiment de Capitaux* ou do *Financial Action Task Force on Money Laundering* – GAFI/FATF), do qual o Brasil é integrante desde setembro de 1999, há expressa determinação de perda visando adotar medidas para prevenir ou evitar atos que prejudiquem a capacidade do Estado para recuperar bens sujeito à perda, obstando-se a "negociação, transferência ou disposição dos referidos bens" (Recomendação n. 4).

Ora, diante desse normativo, inclusive internacional, não se pode dar tratamento idêntico a outros bens apreendidos, sequestrados ou arrestados pela Justiça, uma vez que o objeto de persecução penal seja uma obra de arte.

É louvável a tentativa de conciliar o local de origem das peças com a sua divulgação. Mas interesse nacional, e não regional, é o que deve prevalecer, sob pena de serem despojados de seus acervos todos os museus mundiais, o que seria um contrassenso, mormente porque possuem função pedagógica e cultural de valiosa importância.

Em uma decisão visando à valorização da cultura e sua difusão às *periferias* das grandes cidades, em autos sigilosos de delação premiada, o juízo da 6ª Vara Federal Criminal paulista resolveu destinar 1/15 do valor entregue a título de pagamento voluntário à cultura, consignando que:

> "Autos sob sigilo.
>
> Vistos em decisão.
>
> Em continuidade à decisão proferida nestes autos, nesta data, DECIDO:
>
> Este juízo tem destinado valores obtidos a título de indenização voluntária em Delações Premiadas diretamente a entidades benefi-

centes, devidamente cadastradas em juízo, com a obrigação de prestação de contas. Essa tem sido a regra que visa evitar o desvio de recursos e a obtenção de um resultado imediato, efetivo e útil do Direito Penal, desde é claro que os acusados estejam, de fato, dispostos a revelar os fatos e suas circunstâncias em toda sua magnitude, cumprindo integralmente o normativo legal.

Triste um país em que os poderes públicos não veem na CULTURA fonte de conhecimento e informação relevante: ALIMENTO INTELECTUAL não menos importante. O país possui artistas de envergadura e categoria, como, dentre outros, Vik Muniz, Gustavo Rosa, Takashi Fukushima, Romero Brito, Tarsila do Amaral, Aldhemir Martins, Cândido Portinari, Galileo Emmendabili, Alfredo Volpi, mais pela determinação em satisfazer talento nato, do que incentivo estatal.

Não é incomum chegar-me ultimamente relatos de artistas que não possuem recursos necessários para fazer frente aos custos de uma obra de arte, apesar de sua importância, não devidamente reconhecida.

Não se pode tolher a atividade artística que objetive difundir sua obra por ausência de patrocínio, diante de um valioso trabalho, por vezes reconhecida apenas no exterior.

A preocupação social com a CULTURA, diante da carência evidente, faz desta decisão não um simples gesto de apoio institucional. Apoiar e acreditar no ser humano, explosão de expressão (plenitude), trata-se de reconhecimento indispensável aos benefícios que a CULTURA representa: evocando nas pessoas algum sentimento, notadamente de reflexão e prazer, por vezes de reconciliação e generosidade.

Nesta data histórica, não se poderia deixar de pontuar a Declaração ONU dos Direitos do Homem de 1948, que consagra, quanto ao tema, o seguinte:

'Artigo XXVI.

1. Todo ser humano tem *direito à instrução*. A instrução será gratuita, pelo menos nos graus elementares e fundamentais. A instrução elementar será obrigatória. A instrução técnico-profissional será acessível a todos, bem como a instrução superior, esta baseada no mérito.

2. A instrução será orientada no sentido do *pleno desenvolvimento da personalidade humana* e do fortalecimento do respeito pelos direitos humanos e pelas liberdades fundamentais. A instrução promoverá a compreensão, a tolerância e a amizade entre todas as nações e grupos

raciais ou religiosos, e coadjuvará as atividades das Nações Unidas em prol da manutenção da paz.

(...)'

'*Artigo XXVII.*

1. *Todo ser humano tem o direito de participar livremente da vida cultural da comunidade, de fruir das artes* e de participar do progresso científico e de seus benefícios.

(...)'

Por outro lado, o Brasil, signatário da Convenção UNESCO sobre a Proteção do Patrimônio Mundial, Cultural e Nacional de 16.11.1972 (promulgado pelo Decreto n. 80978, em 12.12.1977) possui a obrigação de 'valorizar e transmitir às gerações futuras' o patrimônio cultural, aí incluindo "obras do homem" (artigos 1º e 4º). Deve dar, ainda nos termos da referida Convenção, 'uma função na vida da coletividade' (artigo 5º).

Ora, parece aqui que este juízo, pelos valores que vem defendendo, não consegue tomar outra atitude a não ser em, EXCEPCIONALMENTE, fazer destinação diversa do que vem realizando, não podendo passar incólume data e momento tão significativos.

A exposição de uma obra ímpar, pela sua magnitude e beleza, permitiria às mais diversas pessoas apreciar o belo e ter, de forma absolutamente gratuita, momento, ainda que mínimo, de felicidade.

Seria total contrassenso, mormente pela função pedagógica e cultural de vital importância, deixar de reconhecer ainda que simbolicamente por esta decisão o manifesto interesse público, expresso inclusive nos diplomas normativos a respeito do tema. Justificada, pois, a decisão, apesar de ter ciência de não se constituir fato corriqueiro.

A Justiça Criminal deve existir para perpetuação de um Poder essencial: de bem julgar com cautela e prudência todas as questões a si colocadas. Não poderia se furtar à tomada de decisão, apesar de seu ineditismo. A preocupação não deve ser apenas, s.m.j., a de aplicar o Direito Penal em seu sentido puro. Cabe também fazer deste, se possível, o melhor à sociedade, sem se afastar, e isso é evidente, de suas funções originais.

O artigo 23, incisos III e IV, da Constituição Federal, revela a responsabilidade de todos os Poderes da República pela proteção de bens de valor artístico, a tal ponto de impedir a sua descaracterização, o que denota compreensão do legislador-constitucional do dever irrenunciável à proteção e valorização de obras de arte porquanto constituem valor social de extrema importância.

O Decreto-Lei n. 25, de 30.11.1937, devidamente recepcionado pela Magna Carta, em seu artigo 1º, estatui o dever do Poder Público oportunizar o acesso e a difusão da CULTURA.

Por fim, caberá à Secretaria de Estado da Cultura, com o auxílio da Prefeitura do Município de São Paulo, distrito da culpa, dar a destinação que melhor atenda ao espírito desta decisão, que é, frise-se, uma tentativa de concretizar a ponderação de valores constitucionais essenciais. Apenas para exemplificar, como um dos objetivos *fundamentais* da República Federativa do Brasil, figura o de "garantir o desenvolvimento nacional" (artigo 3º, inciso II, CF), compreendendo o conhecimento das pessoas de todas as esferas do saber: consciência da própria existência. Vale dizer, conhecimento adquirido diretamente, sem interlocutores, provocando reação ou interpretação pura de cada qual (direito coletivo de acesso público, mas individual, ambos subjetivos, de livre apreciação e expressão).

Não se pode prestigiar este ou aquele artista ou compensar qualquer atitude benemerente. Trata-se de reafirmação de um valor tão caro à humanidade e à nossa sociedade, mas tão distante do cidadão comum.

Ante o exposto, atendendo à Declaração Universal dos Direitos do Homem, à Constituição Federal, à Convenção UNESCO citada e à norma regulamentar, que determinam à humanidade, desde o mais humilde, acesso relevante à CULTURA, determino o seguinte:

a) A destinação de R$ 100.000,00 (cem mil reais), ou seja, 1/15 do total recebido ou a ser recebido, ao Governo do Estado de São Paulo, que deverá contatar o Município de São Paulo, distrito da culpa, para utilização vinculada à CULTURA, notadamente ao seu verdadeiro fim: *recuperar obras de arte ou realizar exposições culturais ou propiciar acesso direto da população carente a elas*, ficando, A SEU CRITÉRIO, o destino, JAMAIS para atividades-meio. Caso se entenda necessário, poderá, TAMBÉM a seu critério, sugerir o destino da verba, ou parte dela, a uma ou mais entidades não governamentais com fins exclusivamente culturais, que tenham por objeto programas voltados para o desenvolvimento cultural de população de baixa renda, devendo elas utilizar a verba para o fim acima aduzido. Cabe à Secretaria comunicar ao juízo a decisão previamente;

> b) Determino, entretanto, após a decisão do ente estadual, em colaboração com o municipal, no prazo de 60 (sessenta) dias, seja realizada PRESTAÇÃO DE CONTAS a este juízo em 30 (trinta) dias dos recursos recebidos por parte da Secretaria Estadual da Cultura;
> c) Deverá um dos acusados, titularizar conta-corrente bancária específica, supri-la com os valores fixados, e apresentar documentação probatória em juízo em 24 horas;
> d) Não poderão os acusados interferirem na decisão do governo estadual, cabendo-lhes integral obediência assim que lhes forem comunicados o destino, determinando as transferências bancárias necessárias.
> Deve-se, pois:
> Expedir-se ofício à Secretaria de Estado da Cultura e à Secretaria Municipal de CULTURA da Prefeitura do Município de São Paulo para ciência desta decisão.
> Dar-se ciência ao Ministério Público Federal.
> Intimar-se os acusados desta decisão, que integra a mesma tomada na presente data.
>
> São Paulo, 10 de dezembro de 2008.
> *(sessenta anos da Declaração Universal)*
>
> FAUSTO MARTIN DE SANCTIS
> JUIZ FEDERAL"

A Lei n. 11.904, de 14 de janeiro de 2009, instituiu o Estatuto de Museus, e a Lei n. 11.906, de 20 de janeiro de 2009, criou o Instituto Brasileiro de Museus – IBRAM.

Já o Decreto n. 8.124, de 17 de outubro de 2013, que regulamentou a Lei n. 11.904/2009, estatuiu, em seu artigo 20, o Direito de Preferência que gozam os museus integrantes do Sistema Brasileiro de Museus – SBM (adesão voluntária) no caso de venda judicial ou de leilão de bens.

A Declaração de Interesse Público de um determinado bem limita sua movimentação e o obriga ao Direito de Preferência em favor do Instituto Brasileiro de Museus – IBRAM.

Ora, se a obra se encontra à venda judicial, em tese não haverá prejuízo à parte interessada em vender o bem cultural para o museu integrante do SBM se o preço for o mesmo a ser pago.

Todavia, o fato de o bem ser de interesse público, poderá desencorajar a venda por parte de seus titulares não só diante da burocracia a ser agora obedecida, mas também diante da crônica deficiência financeira de nossas instituições culturais, o que poderá fazer com que se dificulte a venda por parte de um particular, podendo levar o IBRAM a retardar a aquisição da obra ao demonstrar, por exemplo, interesse nela e dificultar a venda a outros colecionadores.

O simples fato de ser considerado bem de interesse público pode acarretar a seu proprietário uma série de exigências burocráticas, com penalidades fortíssimas, chegando até a processos criminais caso uma destas obras se danifiquem. O proprietário se torna praticamente "fiel depositário" da obra, o que desestimula o colecionismo.

Os colecionadores certamente irão preferir comprar arte estrangeira e poderão não ter mais interesse em emprestar obras para exposições ou para publicações, temendo alguma declaração de interesse público. O maior prejudicado pode ser o próprio artista brasileiro, pois a maioria das galerias brasileiras trabalha com artistas estrangeiros.

A questão em nada altera o entendimento, mas, antes, reforça que obras de arte devem ser protegidas e não enviadas a leilão judicial diante da sua natureza intrínseca, agora mais ainda reforçada com o estabelecimento do Direito de Preferência e das regras quanto ao Sistema Brasileiro de Museus – SBM.

6.3 PARQUES OU PRAÇAS PÚBLICAS

A intenção de atender o interesse de artistas com a difusão da cultura, no caso de bens culturais, deve também ocupar o juízo processante.

Com efeito, o juízo criminal se depara eventualmente com obras artísticas concebidas para exposição pública em parques ou praças, fato que chega ao conhecimento por meio de estudos históricos ou mesmo por familiares do artista, escultor ou pintor.

Nesta hipótese, a despeito do imenso trabalho de convencimento e engajamento de diversos órgãos públicos, é dever do magistrado tentar a conciliação do interesse decorrente da gratuita divulgação que decorre da simples exposição com o dever de conservação.

A 6ª Vara Federal Criminal de São Paulo tentou atender o propósito acima citado quando resolveu instar os órgãos públicos a proceder à conservação do bem, além de disponibilizar espaço público para sua destinação, ainda que provisória.

Entendeu-se que a exposição, ainda que por um período de tempo, já faria da ação judicial algo que valeria a pena em termos culturais, permitindo que obras de valor artístico e histórico pudessem ser vistas por pessoas diversas, inclusive por aquelas que utilizam o transporte público coletivo.

Foi nesse espírito que o juízo citado fez constantes tratativas durante cerca de vinte meses junto à filha de um artista e aos governos estaduais e municipais para viabilizar o interesse público conciliado com o interesse particular do artista, valendo consignar decisões e reuniões que viabilizaram a sua concretização em julho de 2008, a saber:

> "As esculturas 'Deusas da Engenharia: Musa da Engenharia e Musa da Escultura' encontram-se sob guarda da Secretaria de Estado da Cultura, no Museu da Casa Brasileira, nos termos da decisão judicial que viabilizou o conhecimento público das obras de arte apreendidas.
> Por força da decisão proferida em 03.10.2006 (fls. 3887/3889), que determinou a remoção das esculturas do Museu da Casa Brasileira para sua exposição definitiva em praça pública, foi sugerida pelos governos estadual e municipal a instalação na praça Luís Carlos Paraná, razão pela qual foi decidido pela transferência no prazo de 30 (trinta) dias, sendo prorrogado em 22.11.2006 por mais 60 (sessenta).
> Entretanto, a filha do escultor, (...) revelou o desejo de obter patrocínio para implantação das esculturas no local indicado pelo executivo municipal, mas de acordo com o projeto por ela própria sugerido.
> Acontece que passados um ano e cinco meses da decisão de remoção, não há notícia da efetiva obtenção do patrocínio. Ao contrário, agora a Secretaria de Estado da Cultura informou a existência de um 'impasse'.
> Entretanto, ela, perante este Juízo em 07.03.2008, manifesta-se favoravelmente com a imediata transferência, nos moldes em que propostos pela Municipalidade, consignando, porém, que o projeto de instalação deveria seguir, se possível, o por ela proposto, ou seja, definido por seu engenheiro (...), diante do estilo art-deco (fls. 5092/5121).
> Não se justifica a subtração de acesso público gratuito às belas esculturas do renomado escultor Galileo Emmendabili por mais tempo, em razão de discussão sobre a base perante a qual se instalarão as obras de arte.
> Cabe salientar que as obras de arte do escultor Galileo Emmendabili encontravam-se, sem qualquer oposição, depositadas em galpão de empresa privada, abandonadas e sujeitas à deterioração.

Assim, oficie-se à Secretaria de Estado da Cultura, ao Departamento do Patrimônio Histórico e à Subprefeitura da Sé para que seja realizada, com os recursos existentes, a transferência imediata das referidas esculturas ao local já indicado, o que possibilitará acesso público geral e gratuito, devendo o transporte ser realizado de forma a não danificar as obras, atendendo, pois, o dever de guarda das peças. Deverá, se o caso, ser providenciado o restauro das esculturas em curto espaço de tempo. Sem prejuízo desta medida, poderá a filha do artista continuar na busca de patrocínio para que finalmente seja atendido o seu pleito, ou seja, a concretização de seu projeto, do qual está de acordo o ente público, bem como supervisionar os trabalhos de transferência.

(...)

Dê-se ciência ao Ministério Público Federal.

São Paulo, 10 de março de 2008.
FAUSTO MARTIN DE SANCTIS
JUIZ FEDERAL"

"ATA DE REUNIÃO

Aos treze dias do mês de março do ano de dois mil e oito (13.03.2008), às 11h30, na Sala de Audiências da Vara acima referida, presente o MM. Juiz Federal, DR. FAUSTO MARTIN DE SANCTIS, presentes o Secretário Adjunto da Secretaria de Estado da Cultura, Sr. RONALDO BIANCHI, o Diretor do Departamento do Patrimônio Histórico, Sr. WALTER PIRES, o representante da Secretaria das Subprefeituras, Sr. JOSÉ PAULO MORTARI, a arquiteta do Departamento do Patrimônio Histórico, Sra. RAFAELA BERNARDES, a Procuradora do Estado – Chefe da Consultoria Jurídica da Secretaria da Cultura, Dra. JUSSARA DELFINO, e FIAMMETA EMENDABILI BARROS DE CARVALHOSA, quanto às esculturas 'Deusas da Engenharia: Musa da Engenharia e Musa da Escultura', acordou-se, DE COMUM ACORDO, o seguinte: a) Restauração e transporte – será de responsabilidade do Governo do Estado de São Paulo (Secretaria de Estado da Cultura), que procederá dentro de 90 (noventa) dias; b) Base à semelhança do projeto apresentado pela filha do escultor GALILEO EMENDABILI e iluminação – será de responsabilidade da Prefeitura Municipal de São Paulo, no prazo de 90 (noventa) dias. Nada mais, saindo todos os presentes cientes."

Após a instalação das obras em praça pública, foi determinado que o Oficial de Justiça estivesse presente para registro fotográfico, e este noticiou o juízo quanto à ausência de informação sobre a guarda provisória, fazendo com que o órgão acusatório requeresse e o juízo determinasse colocação de placas específicas em ambos os lados da base, com os seguintes dizeres: "Esculturas apreendidas por determinação da Justiça Federal de São Paulo, Sexta Vara Federal Criminal, nos autos n. (...)".

Não foi fácil, como se percebe das decisões acima, conseguir concretizar a determinação judicial. Todavia, impende realçar que não se pode deixar de focar o interesse público, sendo certo que a simples tentativa foi importante fonte de conhecimento do juízo das dificuldades e burocracia que cercam o serviço público.

Vale aqui ilustrar o resultado da medida:

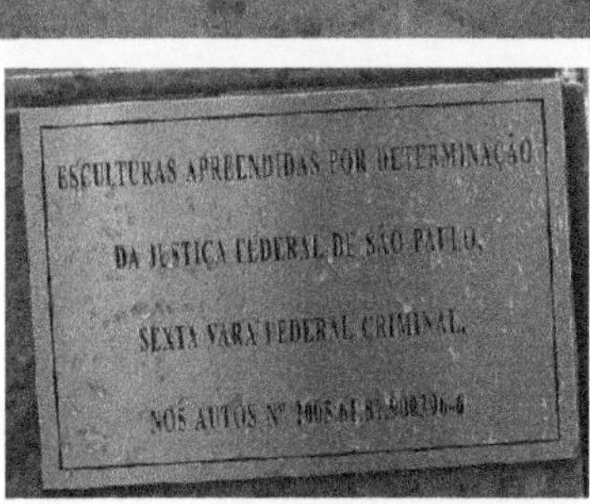

Monumento das Musas, de Galileo Emendabili (1898-1974) – Esculturas em metal fundido. Figuras femininas que representam, respectivamente, os ofícios da Engenharia e da Escultura. Réplicas de parte do monumento inaugurado em 1934 em homenagem ao arquiteto Ramos de Azevedo.

6.4 OBRAS ARQUEOLÓGICAS E ETNOGRÁFICAS

A Constituição Federal promulgada em 18 de setembro de 1946, em seu artigo 5º, inciso XV, "l", dispunha competir à União legislar sobre "riquezas do subsolo, mineração, metalurgia, águas, energia elétrica, floresta, caça e pesca". Em seu artigo 175, estabelecia que "as obras, monumentos e documentos de valor histórico e artístico, bem como os monumentos naturais, as paisagens e os locais dotados de particular beleza ficam sob a proteção do poder público".

A Constituição Federal promulgada em 24 de janeiro de 1967, em seu artigo 8º, inciso XVII, "h", prescrevia competir à União legislar sobre "jazidas, minas e outros recursos minerais; metalurgia; florestas, caça e pesca". Em seu artigo 172, estatuía que "o amparo à cultura é dever do Estado" e, em seu parágrafo único, que "ficam sob a proteção especial do Poder Público os documentos, as obras e os locais de valor histórico ou artístico, os monumentos e as paisagens naturais notáveis, bem como as jazidas arqueológicas".

Por sua vez, a Constituição Federal promulgada em 05 de outubro de 1988, em seu artigo 20, inciso X, preceitua serem bens da União "as cavidades naturais subterrâneas e os sítios arqueológicos e pré-históricos" e, em seu artigo 22, inciso XII, competir à União legislar sobre "jazidas, minas, outros recursos minerais e metalurgia", e, ainda, em seu artigo 23, incisos III, IV e V, ser de responsabilidade dos Poderes Públicos (União, Estados, Distrito Federal e Municípios) a proteção de "documentos, obras e outros bens de valor histórico, artístico e cultural (...) e os sítios arqueológicos", bem ainda "impedir a evasão, a destruição e a descaracterização de obras de arte e de outros bens de valor histórico, artístico e cultural".

Vale aqui reproduzir tais artigos:

> "Art. 20. São bens da União:
>
> (...)
>
> X – as cavidades naturais subterrâneas e os sítios arqueológicos e pré-históricos;
>
> (...)"

> "Art. 22. Compete privativamente à União legislar sobre:
>
> (...)
>
> XII – jazidas, minas, outros recursos minerais e metalurgia;
>
> (...)"

"Art. 23. É competência comum da União, dos Estados, do Distrito Federal e dos Municípios:

(...)

III – proteger os documentos, as obras e outros bens de valor histórico, artístico e cultural, os monumentos, as paisagens naturais notáveis e os sítios arqueológicos;

IV – impedir a evasão, a destruição e a descaracterização de obras de arte e de outros bens de valor histórico, artístico ou cultural;

V – proporcionar os meios de acesso à cultura, à educação e à ciência;

(...)"

O Decreto-Lei n. 25, de 30 de novembro de 1937, que organiza a proteção do patrimônio histórico e artístico nacional, foi recepcionado pelas Constituições Federais que se seguiram a ele, quais sejam, as de 1946, 1967 e 1988. Aquele diploma legal, em seu artigo 1º, define patrimônio histórico e artístico nacional como *"o conjunto dos bens móveis e imóveis* existentes no País e cuja conservação seja de interesse público, quer por sua vinculação a fatos memoráveis da história do Brasil, *quer por seu excepcional valor arqueológico* ou *etnográfico,* bibliográfico ou artístico" (grifo nosso).

A Lei n. 3.924, de 26 de julho de 1961, que dispõe sobre os monumentos arqueológicos e pré-históricos, em seu artigo 1º prescreve que "os monumentos arqueológicos ou pré-históricos de qualquer natureza existentes no território nacional e todos os elementos que neles se encontram ficam sob a guarda e proteção do Poder Público, de acordo com o que estabelece o artigo 175 da Constituição Federal". Seu artigo 7º, por sua vez, consigna que "as jazidas arqueológicas ou pré-históricas de qualquer natureza, não manifestadas e registradas na forma dos artigos 4º e 6º desta lei, *são consideradas, para todos os efeitos bens patrimoniais da União*" (grifo nosso).

Ora, para a restituição de bens dessa natureza, faz-se imperiosa a demonstração documental de aquisição anterior a 1961, em razão da edição da lei específica que, categoricamente, atribuiu os bens arqueológicos como bens da União.

O Decreto-Lei n. 25, de 30 de novembro de 1937, antes referido, estatui no § 1º de seu artigo 1º que "os bens a que se refere o presente artigo só serão considerados parte integrante do patrimônio histórico e artístico nacional depois de inscritos separada ou agrupadamente num dos quatro Livros do Tombo, de que trata o art. 4º desta lei". Todavia, cuidando-se de peças arqueológicas, mesmo que o antigo proprietário não tenha procedido ao tombamento voluntário (artigo 7º) e também não se tenha procedido ao tombamento compulsório pelo Serviço do Patrimônio Histórico e Artístico Nacional (artigo 9º), isso não significa que a ausência destas formalidades implique aquisição por usucapião, porquanto os artigos 11 a 14 deixam claro que os bens pertencentes à União são inalienáveis por natureza.

Mesmo que eventual aquisição se dê no exterior, a situação de proteção normativa continua. A exceção à regra prevista no artigo 3º do referido diploma, no que tange a obras de arte de origem estrangeira, não muda a conclusão.

A propósito, consigna o dispositivo que:

> "Art. 3º Excluem-se do patrimônio histórico e artístico nacional as obras de origem estrangeira:
> 1 – que pertençam às representações diplomáticas ou consulares acreditadas no país;
> 2 – que adornem quaisquer veículos pertencentes a empresas estrangeiras, que façam carreira no país;
> 3 – que se incluam entre os bens referidos no art. 10 da Introdução do Código Civil, e que continuam sujeitas à lei pessoal do proprietário;
> 4 – que pertençam a casas de comércio de objetos históricos ou artísticos;
> 5 – que sejam trazidas para exposições comemorativas, educativas ou comerciais;
> 6 – que sejam importadas por empresas estrangeiras expressamente para adorno dos respectivos estabelecimentos.
> Parágrafo único. As obras mencionadas nas alíneas 4 e 5 terão guia de licença para livre trânsito, fornecida pelo Serviço ao Patrimônio Histórico e Artístico Nacional."

O fato de peças arqueológicas terem sido enviadas ao exterior há anos, não autoriza concluir que seriam de propriedade particular por falta de regulamentação que os considerasse bens da União.

O legislador brasileiro sempre se preocupou com o subsolo brasileiro. Exemplo disso é o Decreto-Lei n. 4.146, de 04 de março de 1942, que, em seu artigo 1º, dispõe que "os depósitos fossilíferos são propriedade da Nação, e, como tais, a extração de espécimes fósseis depende de autorização prévia e fiscalização do Departamento Nacional da Produção Mineral, do Ministério da Agricultura".

A Convenção sobre a Proteção do Patrimônio Mundial, Cultural e Natural aprovada pela Conferência Geral da Organização das Nações Unidas para a Educação, a Ciência e a Cultura – UNESCO em sua 17ª reunião em Paris, realizada aos 16.11.1972, definiu que são considerados patrimônio cultural (artigo 1º) "os lugares notáveis: obras do homem ou obras conjugadas do homem e da natureza, bem como as zonas, inclusive lugares arqueológicos, que tenham valor universal excepcional do ponto de vista histórico, estético, etnológico ou antropológico". Em seu artigo 4º determinou que "*cada um dos Estados partes na presente Convenção reconhece que a obrigação de identificar, proteger, conservar, valorizar e transmitir às futuras gerações o patrimônio cultural e natural mencionado nos artigos 1 e 2, situado em seu território, lhe incumbe primordialmente*" (grifo nosso).

O artigo 5º, de seu turno, preceitua "a fim de garantir a adoção de medidas eficazes para a proteção, conservação e valorização do patrimônio cultural e natural situado em seu território, os Estados partes na presente Convenção procurarão, na medida do possível, e nas condições apropriadas a cada país: a) *adotar uma política geral que vise a dar ao patrimônio cultural e natural uma função na vida da coletividade e a integrar a proteção desse patrimônio nos programas de planejamento geral*" (grifo nosso).

E, ainda, em seu artigo 27, determina que os Estados-partes na presente Convenção "... obrigar-se-ão a informar amplamente o público sobre as ameaças que pesem sobre esse patrimônio e sobre as atividades empreendidas em aplicação da presente Convenção".

O texto desta Convenção foi aprovado no Brasil pelo Decreto Legislativo n. 74, de 30 de junho de 1977, e foi promulgado em nosso país por meio do Decreto n. 80.978, de 12 de dezembro de 1977.

O Brasil, por intermédio da Lei n. 4.845, de 19 de novembro de 1965, cuidou ainda de proibir a saída para o exterior de obras de arte e ofícios produzidos no País até o fim do período monárquico, num claro indicativo de sua constante atuação em adotar medidas tendentes à preservação de nosso patrimônio cultural. O artigo 5º desta lei determina que "*tentada a exportação de quaisquer obras e objetos de que trata esta Lei, serão os mesmos sequestrados pela União ou pelo Estado em que se encontrarem, em proveito dos respectivos museus"* (grifo nosso).

Quando a aquisição se dá sob a égide da Constituição Federal de 1988, que estatui serem patrimônios da União os artefatos arqueológicos (artigo 20, inciso X), dúvida não existe quanto à propriedade federal. Se anteriores, também, diante da legislação acima referida, em particular pelas disposições do Decreto-Lei n. 25, de 30 de novembro de 1937, acima citadas, as obras arqueológicas sempre devem ser consideradas propriedade do ente aduzido.

Por sua vez, a *coleção etnográfica,* nela compreendidas as plumagens indígenas, também constitui patrimônio histórico e artístico nacional.

As peças etnográficas possuem, como não poderia deixar de ser, grande valor histórico e artístico, constituindo patrimônio histórico e artístico nacional, na dicção do artigo 1º do Decreto-Lei n. 25, de 30 de novembro de 1937 (decreto que organiza a proteção do patrimônio histórico e artístico nacional), devendo ser objeto de permanente manutenção e cuidado, ao mesmo tempo em que o Poder Público deve oportunizar o acesso a elas ao maior número de pessoas com vistas a propiciar a difusão da cultura nacional.

Tais peças também deverão ser tratadas como bens de interesse artístico nacional e, por conseguinte, da União, mediante o competente tombamento e cadastro do IPHAN (inteligência do artigo 20 da Lei n. 3.924, de 26.07.1961).

6.5 LIVROS CULTURAIS E DIDÁTICOS

Livros culturais e didáticos também não devem ter destinação outra que o de permitir a transmissão de conhecimento relevante.

As Secretarias de Estado, notadamente da Educação e Cultura, possuem, por exemplo, condições de colaborar com a Justiça criminal na tarefa da destinação social a bens apreendidos, cumprindo, pois, significativa missão social na medida em que possui estrutura e condições para, de forma ágil, permitir o acesso público. Pode, portanto, se responsabilizar em centralizar determinadas tarefas e funções na medida em que integra rede governamental.

Ademais, entregando o bem sob administração de um órgão estatal de reconhecido valor, evita-se o seu perecimento, conferindo segurança ao juízo para que seja dada correta conservação e destinação (esta última, ainda que a título provisório), evitando eventual prejuízo à comunidade.

Importante citar que a Secretaria de Estado da Educação e da Cultura de São Paulo, bem ainda a Secretaria Municipal de Cultura do Município de São Paulo, sempre se comportou com agilidade e correção no procedimento de recebimento de obras de arte ou mesmo valores. Na tarefa de remoção e distribuição de livros e catálogos de valor artístico, a primeira cumpriu de forma bastante satisfatória a determinação judicial de destiná-los às bibliotecas públicas, prioritariamente localizadas na periferia das cidades, que notoriamente são desprovidas de recursos, o que dificulta, por conseguinte, o acesso à cultura nacional dos menos favorecidos. Executou, de forma responsável, a determinação de remessa de parte desse material a outros Estados, incluindo Amazonas e Pará, no que tange às publicações acerca das culturas pré-colombiana e amazônica, valendo ressaltar que o volume percebido permitiu a concretização de doações por todo o País.

Dessa forma, vale aqui citar decisão de 25.07.2005 do juízo da 6ª Vara Federal Criminal de São Paulo, que acabou por determinar à Secretaria de Estado da Cultura de São Paulo fossem distribuídos os catálogos e livros para bibliotecas públicas, em especial nas periferias das cidades, como segue:

> "Vistos.
>
> 1) Livros e catálogos pertencentes à coleção da (...) que se encontram acautelados no (...), nesta capital:
> O Juízo, tendo em vista as considerações aduzidas em decisões anteriores, houve por bem determinar a retirada das obras de arte sequestradas e que permaneciam no Galpão da (...), cujo fiel depósito recai sobre a pessoa de (...), exatamente com o escopo de preservar o acervo lá contido, mormente considerando as vicissitudes ocorridas desde a data da constrição, dentre elas, dificuldades de ordem financeira por ele apontadas em seu interrogatório judicial para manutenção do aluguel e energia elétrica do depósito (...); inundação sofrida no local, conforme certidão datada de 12.08.2005 do Oficial de Justiça deste Juízo (...); Ação de Despejo por Falta de Pagamento noticiada nestes autos (fl. 544); manifestação judicial do Administrador da Massa Falida do (...). (fls. 576/577) visando o leilão das peças para o

ressarcimento dos credores, e, finalmente, ausência de condições de segurança necessárias à proteção de tais bens.

Portanto, deferiu-se, em atendimento à legislação de regência (especialmente dando cumprimento ao disposto no artigo 24 do Decreto-Lei n. 25, de 30.11.1937, cf. decidido à fl. 664), e visando assegurar a preservação e manutenção das obras de arte, a sua guarda provisória a Museus localizados no distrito da culpa (São Paulo).

(...)

Assim, foi autorizado ao Instituto de Estudos Brasileiros (IEB/USP) e ao Museu Paulista/USP a retirada de um exemplar de cada um dos livros relacionados a estas coleções, recebendo-os a título de doação, a fim de que fosse assegurada a unicidade das aludidas coleções, bem como a fim de que servisse de referência a estes órgãos, por ocasião das exposições das referidas obras (fls. 641/644, 651/652 e 657/676).

1a) Quanto aos demais catálogos e livros, este Juízo autorizou a retirada, por cada um dos Museus, de um exemplar de cada, para sua respectiva biblioteca e acervo, bem como diligenciou junto às Secretarias Estaduais de Cultura e Educação, no sentido de possibilitar a sua doação às bibliotecas públicas e de museus públicos, tendo ficado avençado que à Secretaria de Cultura recairia a incumbência de proceder à retirada e distribuição do referido material.

Tal medida visa difundir a cultura, atentando-se às disposições constitucionais pertinentes, especialmente por ser de competência do Estado proporcionar os meios de acesso à cultura, à educação e à ciência (inteligência do artigo 23, inciso V, CF), devendo garantir a todos o pleno exercício dos direitos culturais e acesso às fontes da cultura nacional (art. 215, CF).

Determino, pois, que se oficie àquele órgão para que proceda à retirada, no prazo de quarenta e oito horas, dos catálogos e livros, para distribuição às Bibliotecas Públicas do Estado de São Paulo, que também receberão este acervo a título de doação.

Outrossim, o material a ser recebido deverá ser distribuído de tal forma que priorize bibliotecas públicas localizadas na periferia das cidades, que notoriamente são desprovidas de recursos, dificultando, por conseguinte, o acesso à cultura nacional dos menos favorecidos.

Deverá, ainda, proceder à classificação dos livros referentes à cultura pré-colombiana e amazônica, com vistas à posterior remessa de parte

> desse material à Secretaria competente dos Estados do Amazonas e do Pará, para doação às bibliotecas públicas, dada a necessidade de assegurar à população daqueles estados o conhecimento e divulgação de sua rica cultura".

O resultado poderá ser ilustrado com a manifestação da Secretaria e demais órgãos oficiais em capítulo próprio.

6.6 O PAPEL DO IBRAM E DO IPHAN

O Instituto Brasileiro de Museus – IBRAM sucedeu o Instituto do Patrimônio Histórico e Artístico Nacional – IPHAN apenas nos direitos, deveres e obrigações decorrentes de convênios ou outros instrumentos firmados relativamente ao Museu Casa da Hera, Museu de Arte Religiosa e Tradicional de Cabo Frio, Museu de Arte Sacra de Paraty e Museu de Arte Sacra da Boa Morte. O IBRAM foi criado pela Lei n. 11.906, de 20 de janeiro de 2009, autarquia federal de direito público com autonomia administrativa e financeira, vinculada ao Ministério da Cultura.

O Instituto do Patrimônio Histórico e Artístico Nacional (IPHAN), órgão que se afigura como representante do Poder Público com competência para fiscalizar e proteger a guarda das coleções arqueológicas, bens da União (artigo 20, inciso X, CF, e artigo 17 da Lei n. 3.924, de 26.07.1961), possui função relevante para o necessário apoio institucional às ações ou decisões do Poder Judiciário que visem cumprir a contento a compreensão mundial de conservação e difusão de obras de arte de uma maneira geral.

Em maio de 2005, num determinado feito penal, referido instituto solicitou a realização de inventário de todas as peças arqueológicas abrangidas pelo sequestro, bem como sua remoção para o Museu de Arqueologia e Etnologia da Universidade de São Paulo (MAE/USP), considerado uma referência brasileira pelo próprio instituto, e a transferência do depósito judicial para o diretor do Museu, a qual antes recaía na pessoa de um acusado.

Por força de decisão proferida em 30.08.2005, as peças arqueológicas brasileiras, listadas e lá constantes, passaram a integrar definitivamente o acervo permanente do Museu citado, porquanto a aquisição por um determinado increpado teria ferido o ordenamento constitucional por constituírem bens insuscetíveis de guarda por particulares por serem, de direito, bens pertencentes à União, sendo vedada qualquer outra destinação.

Isto porque, conforme já vimos, a Constituição Federal, em seu artigo 20, inciso X, estatui que são bens da União "os sítios arqueológicos e pré-históricos" e em seu artigo 23, incisos III e IV, estabelece ser de responsabilidade dos Poderes Públicos (União, Estados, Distrito Federal e Municípios) a proteção de "documentos, obras e outros bens de valor histórico, artístico e cultural (...) e os sítios arqueológicos", bem ainda "impedir a evasão, a destruição e a descaracterização de obras de arte e de outros bens de valor histórico, artístico e cultural".

Para concluir que as peças eram de propriedade da União, com base na perícia já realizada, elencou-se a legislação que regulava a matéria, bem como sedimentou-se a impossibilidade de sua aquisição por particular, considerando, ainda, que seu ingresso no Brasil se deu sob a égide da Constituição Federal de 1988.

Objetivou-se, também, com o encaminhamento definitivo ao MAE/USP das aludidas peças arqueológicas brasileiras, na esteira do que recomenda a Convenção sobre a Proteção do Patrimônio Mundial, Cultural e Natural (artigo 5º), conferir-lhes "uma função na vida da coletividade". Aliás, é dever de todos a preservação de bens culturais da humanidade, conforme prevê a Convenção para a Proteção do Patrimônio Mundial, Cultural e Natural, fruto da Conferência Geral da UNESCO para a Educação, a Ciência e a Cultura, reunida em Paris de 17.10 a 21.11.1972, de 23.11.1972 (aprovada pelo Decreto Legislativo n. 74, de 30.06.1977).

Neste sentido dispõe a mencionada Convenção:

> "Artigo 4º *Cada Estado-Parte da presente Convenção reconhece que lhe compete identificar, proteger, conservar, valorizar e transmitir às gerações futuras o patrimônio cultural e natural situados em seu território. O Estado-parte envidará esforços nesse sentido tanto com recursos próprios como, se necessário, mediante assistência e cooperação internacionais à qual poderá recorrer, especialmente nos planos financeiro, artístico, científico e técnico*". (grifo nosso)

> "Artigo 5º A fim de assegurar proteção e conservação eficazes e valorizar de forma ativa o patrimônio cultural e natural (...) cada Estado-par-

te da presente convenção se empenhará em: d) *tomar as medidas jurídicas, científicas, técnicas, administrativas e financeiras cabíveis para identificar, proteger, conservar, valorizar e reabilitar o patrimônio...*" (grifo nosso)

"Artigo 11.1. Cada um dos Estados-Partes da presente Convenção submete, na medida do possível, ao Comitê do Patrimônio Mundial uma lista dos bens do patrimônio cultural e natural situados em seu território e suscetíveis de serem inseridos na lista prevista no § 2º do presente artigo. Essa lista, não exaustiva, deve documentar o local onde os bens em questão se situam e seu interesse."

"Artigo 11.2 Com base nas listas apresentadas pelos Estados de acordo com o disposto no § 1º acima, o Comitê estabelece, atualiza e divulga, sob o nome 'Lista do Patrimônio Mundial', os bens do patrimônio cultural e do patrimônio natural, tal como definidos nos artigos 1º e 2º da presente Convenção, que considere de valor universal excepcional em aplicação dos critérios por ele estabelecidos, e divulga a lista atualizada pelo menos a cada dois anos."

Seu artigo 15 criou o Fundo para a Proteção do Patrimônio Mundial, Cultural e Natural, intitulado "Fundo do Patrimônio Mundial", prevendo no artigo 16 a obrigação, além de voluntária, de depositar seguramente, a cada dois anos, contribuições ao Fundo, obrigação ressalvada, contudo, pelo Decreto Legislativo que a aprovou. Por fim, o artigo 29 exige dos Estados-partes a realização de relatórios para a Conferência Geral da ONU para a Educação, a Ciência e a Cultura, que são levados ao conhecimento do Comitê do Patrimônio Mundial.

Vê-se, pois, que a remoção, àquela época, das coleções arqueológicas, de propriedade da União, para o MAE/USP não desatendeu a legislação, porquanto, estando os bens constritos nesta capital, fez-se valer a determinação de que permanecessem em museu estadual, com finalidade similar à do Museu Histórico Nacional e do Museu Nacional de Belas Artes, ambos sediados fora do distrito da culpa.

O artigo 24 do Decreto-Lei n. 25, de 30 de novembro de 1937, que organizou a proteção do Patrimônio Histórico e Artístico Nacional, estatui que "a União manterá, para a conservação e a exposição de obras históricas e artísticas de sua propriedade, além do Museu Histórico Nacional e do Museu Nacional de Belas Artes, tantos outros museus nacionais quantos se tornarem necessários, devendo outrossim providenciar no sentido de favorecer a instituição de museus estaduais e municipais, com finalidades similares".

Não se trata de imiscuir-se em assuntos de competência do IPHAN, autarquia federal, ou mesmo desprestigiar outro museu nacional, mas tão somente dar solução a um determinado caso concreto com vistas à destinação que melhor atenda aos interesses da União, inclusive por deter, na ocasião, o MAE/USP projeção internacional, com capacidade para divulgar e difundir o conhecimento não somente em nível nacional, mas mundial.

Três peças marajoaras que ornamentavam a residência do increpado também passaram ao acervo do MAE/USP por integrar a arqueologia brasileira, bem como aquelas que se encontravam no Instituto Cultural do Banco do Brasil para a exposição intitulada "Antes – As Histórias de Pré-História". Todo este acervo, segundo informações trazidas aos autos pelo MAE/USP, chegava a 2300 (duas mil e trezentas) peças integrais ou fragmentadas, conforme prévio laudo apresentado.

Verificou-se, no decorrer dos meses que se sucederam ao sequestro, que a atuação do IPHAN, no que tange ao acervo, mostrou-se tardia, quando não tumultuária, mormente considerando que uma entidade privada vinculada ao acusado detinha a guarda de obras de arte, sequer catalogadas por aquele órgão, porquanto se observou número muito superior àquele constante da Portaria n. 228, de 04 de dezembro de 2002, que lhe conferiu a guarda de 765 (setecentas e sessenta e cinco) peças, inclusive mantendo objetos sob sua guarda mesmo após escoado o prazo legal concedido pela aludida portaria, eis que expirou, em 03.12.2004, sem que fosse adotada qualquer medida tendente à regularização da situação.

Intimado em 01º.09.2005, o IPHAN, por meio de petição protocolada em 19.09.2005, postulou a reconsideração da decisão que conferiu ao MAE/USP a guarda das coleções arqueológicas brasileiras, ocasião em que se acentuou a necessidade do encaminhamento das peças ao museu citado, por sugestão do próprio IPHAN.

A Lei n. 3.924, de 26 de julho de 1961, necessitou, para sua efetividade, de regulamentação pelo IPHAN (antiga Subsecretaria do Patrimônio Histórico e Artístico Nacional), que, assim, editou a Portaria

n. 07, de 01º de dezembro de 1988, e as Portarias ns. 230, de 17 de dezembro de 2002, e 28, de 31 de janeiro de 2003. O primeiro ato administrativo regulamentou a lei citada por meio de um roteiro de procedimentos, concretizando plano de trabalho obrigatório aos profissionais acadêmicos e liberais que laborem com arqueologia. As duas últimas, de seu turno, referem-se às condições da arqueologia preventiva nos procedimentos de licenciamento ambiental.

A Portaria n. 07/88 desse órgão determina, em seu artigo 7º, que *"as permissões e autorizações devem ser revalidadas a cada dois anos, contados da data de emissão do respectivo instrumento"* (grifo nosso).

Constatou-se no caso concreto que o prazo legal tinha expirado em 03.12.2004, sem que o instituto tivessse adotado qualquer medida tendente à regularização da situação, passando apenas a se preocupar com as peças arqueológicas muito tempo depois da apreensão pela Justiça, ocorrida em 1º.03.2005.

Tais circunstâncias, aliadas à determinação contida no artigo 24 do Decreto-Lei n. 25/37, acima aduzido (dever da União na "conservação e exposição de obras históricas e artísticas de sua propriedade, além do Museu Histórico Nacional e do Museu Nacional de Belas Artes, tantos outros museus nacionais quantos se tornarem necessários, devendo outrossim providenciar no sentido de favorecer a instituição de museus estaduais e municipais, com finalidades similares"), determinaram a adoção da medida judicial com vistas à remoção das coleções arqueológicas de propriedade da União para o Museu de Arqueologia e Etnologia da Universidade de São Paulo (MAE/USP), sem que, com isso, pretendesse o juízo invadir assunto de competência da autarquia federal ou mesmo desprestigiar outro museu nacional.

Observa-se, doutra parte, que não se trata de desatender normativo constitucional estatuído no artigo 23, inciso IV, da Constituição Federal, que estabelece ser da competência comum da União, dos Estados, do Distrito Federal e dos Municípios o impedimento da evasão, da destruição e da descaracterização de obras de arte e de outros bens de valor histórico, artístico e cultural.

Os bens arqueológicos, que de uma hora para outra passaram a interessar o IPHAN, já se encontravam em poder de instituto privado, cujo representante legal era um determinado acusado, desde 2002 (boa parte supostamente adquirida no exterior), e continuaram nessa qualidade mesmo após ter ciência de sequestro penal (de conhecimento público) e da situação precária do local, merecendo anotação a irregularidade da aludida portaria que confiou a guarda de bem da União à entidade privada em desacordo com as disposições do Decreto-Lei n. 25, de 30 de novembro de 1937 (artigo 24), com anotação que apenas cabe às outras entidades cooperação (artigo 25); logo, jamais a guarda.

A atuação tumultuária daquele órgão pôde ser mensurada pelas diversas manifestações no sentido de que não teria condições de proceder ao cadastro das peças arqueológicas brasileiras e etnográficas, determinado por este Juízo, a saber, em 21.09.2005 e 23.09.2005. Em momento posterior, qual seja, aos 07.10.2005 e em 10.10.2005, modificou sua manifestação para, finalmente, dar atendimento a uma de suas funções institucionais primárias, que é a elaboração do inventário de tais obras por ocasião da remoção ao MAE/USP (primeiro passo), o qual elaborou trabalho intenso preparatório.

Não haveria razão para falar em prática de evasão de bens culturais de seu local de origem pela decisão. Dada a ausência eficaz de proteção de bem nacional, teve que ser determinada sua remessa a instituição que notoriamente se revelou, na ocasião, única a apresentar condições técnicas de, imediatamente, zelar pelo bem público nacional e atuou diligentemente com vistas a propiciar a eficaz e célere remoção das obras atendendo às medidas de segurança necessárias ao manuseio de obras de inestimável valor (MAE/USP). O museu procedeu, ainda, ao levantamento e registro fotográfico das coleções arqueológicas e sua respectiva topografia, com disponibilização de recursos financeiros, contratação de pessoal qualificado (seis estudantes de graduação e pós-graduação) e implementação de banco de dados por meio de empresa especializada em sistema de gerenciamento para otimizar o inventário das peças e sua consulta pública. O MAE/USP dispõe em seus quadros técnicos e científicos de profissionais especializados para orientação e desenvolvimento dos trabalhos, tudo devidamente documentado no feito criminal.

O IPHAN sugeriu, de um lado, outros museus para acolher tais obras e, de outro, que todas as peças arqueológicas brasileiras existentes em museus nacionais, ou mesmo estrangeiros, deveriam seguir apenas ao Museu Paraense *Emílio Goeldi*, localizado em Estado de onde foram extraídas, o que seria uma ambiguidade.

Claro que a tentativa de conciliar o local de origem das peças com a sua divulgação e retratação é louvável. Entretanto, não se pode entender por local onde são extraídas ou concebidas as obras de arte, mas o interesse nacional, e não exclusivamente regional, máxime considerando que o IPHAN não se opôs a que instituto privado ligado a um acusado detivesse, ainda que ilegalmente, a guarda provisória.

Foi interessante observar que no momento em que as peças foram destinadas a museu, internacionalmente reconhecido por sua seriedade e por seu esforço de divulgação, desempenhando intenso trabalho para concretizar a remoção, o órgão público opôs obstáculos injustificados, chegando afirmar pessoalmente ao magistrado que o MAE/USP não possuía local adequado para abrigar as obras.

Caso fosse pacificado entendimento de que as obras de arte sempre devem pertencer ao local de origem, os museus mundiais seriam despojados de seus acervos, o que seria verdadeiro contrassenso, mormente porque possuem função pedagógica e cultural de valiosa importância.

Aliás, a obra de arte não pertence ao local de onde foi extraída, mas à humanidade.

Por outro lado, nada impede a troca de acervo entre os museus visando exposições temáticas, apesar da decisão de resguardar tais bens definitivamente em instituição que se revelou célere e eficaz na proteção destes.

Verificou-se, portanto, atividade equivocada do órgão competente (IPHAN), uma vez que não atuou no tempo devido e, quando agiu, o fez de forma confusa.

Não desejo, com este subtítulo direcionado ao papel do IPHAN, denegrir órgão federal tão relevante. Mas o magistrado deve ficar sempre atento para a efetiva proteção de obras de arte e cobrar dos demais poderes a atuação para a qual foram concebidos, não se deixando levar por argumentações inconsistentes ou por movimentações de natureza política que, no final, acabam por desatender o interesse social.

Não deixo de reconhecer, pois, sua importância, mas o IPHAN, que tantos trabalhos já realizou em prol da nação, deve se firmar com maestria e com grandeza de espírito tendo por foco a conservação, proteção e difusão incondicional do produto valioso gerado pelos povos que habitaram e habitam nossa terra tão querida.

6.7 TOMBAMENTO

A existência de procedimento de tombamento, ou seja, a sua simples deflagração já confere aos bens proteção imediata, não impedindo, entretanto, a transferência de seu domínio, tampouco o uso mediante guarda provisória ou depósito judicial.

Em determinado feito, a Secretaria de Estado da Cultura do Estado de São Paulo solicitou empréstimo das réplicas de quatro *Profetas* do autor Aleijadinho, que se encontram sob a guarda judicial do Museu de Arte Sacra de São Paulo, para a mostra "Aleijadinho e seu Tempo: Fé, Engenho e Arte", que seria realizada no Centro Cultural Banco do Brasil do Rio de Janeiro e de Brasília, tendo sido iniciado o tombamento por órgão municipal de São Paulo (Conselho Municipal de Preservação do Patrimônio Histórico, Cultural e Ambiental da Cidade de São Paulo – CONPRESP).

Não obstante o fato de que o empréstimo solicitado objetivava tão somente as réplicas dos quatro *Profetas* do autor Aleijadinho para fins de exposições em outros Estados, o simples acolhimento de seu pleito encontraria vedação no artigo 22 da Lei n. 10.032, de 27 de dezembro de 1985, com a alteração da Lei n. 10.236, de 16 de dezembro de 1986 (leis municipais da cidade de São Paulo), por preceituar que bens tombados (leia-se, mesmo tendo apenas sido iniciado o processo de tombamento) somente poderão sair do Município para fins de intercâmbio cultural, em havendo autorização do Secretário Municipal de Cultura, com anuência do Conselho, e com prévia solicitação, a saber:

> "Art. 22. O bem tombado somente poderá sair do Município para efeito de intercâmbio cultural, e, mesmo nesta hipótese, por prazo reduzido, mediante autorização do Secretário Municipal de Cultura, com anuência do Conselho, que deverá ser solicitada por escrito e com pelo menos 30 (trinta) dias de antecedência pelo responsável pelo bem".

Além disso, normalmente para evitar extravios, riscos à segurança, descontrole etc. não se recomenda a constante remoção do distrito da culpa de bens apreendidos, sequestrados ou arrestados, até o trânsito em julgado de eventual sentença condenatória, por pulverizar sobremaneira a localização das peças apreendidas (quando há grande quantidade), além de ter de ser cumprida legislação de regência acerca de bens "tombados".

Estando os bens constritos no juízo processante, é recomendável valer-se da determinação de que as obras de arte devam permanecer em museu estadual local, se as condições permitirem, desde que possua finalidade similar à do Museu Histórico Nacional e do Museu Nacional de Belas Artes, ambos sediados fora do distrito da culpa (artigo 24 do Decreto-Lei n. 25/37).

6.8 POSTURAS MUNICIPAIS E IMÓVEIS CULTURAIS (TRIBUTOS E LEGISLAÇÃO SOBRE OCUPAÇÃO DO SOLO)

A Lei Orgânica do Município de São Paulo, ao tratar da Tributação no Capítulo I, revela no artigo 131, § 6º, que "qualquer subsídio ou isenção, redução de bens de cálculo, concessão de crédito presumido, anistia ou remissão, relativos a impostos, taxas ou contribuições, só poderá ser concedido mediante lei específica municipal que regula exclusivamente as matérias acima enumeradas ou o correspondente tributo ou contribuição" (Emenda n. 24, de 2001).

Tal disposição é, sem dúvida, fruto do próprio diploma mencionado, que, no Capítulo VI (Da Cultura e do Patrimônio Histórico Cultural) do Título V (Do Desenvolvimento do Município), revela que "o Município de São Paulo garantirá a todos o exercício dos direitos culturais e o acesso às fontes de cultura, observado o princípio da descentralização, apoiando e incentivando a valorização e a difusão das manifestações culturais" (art. 191).

Nos termos do que dispôs o artigo 131, § 6º, acima mencionado, a Lei Municipal n. 13.672, de 1º de dezembro de 2003 (p. 02.12.2003), concedeu isenção e remissão do Imposto Predial e Territorial Urbano (IPTU) incidente sobre imóveis cedidos em comodato a entidades culturais sem fins lucrativos, a pessoas jurídicas de direito público interno, suas autarquias e fundações, desde que utilizados na consecução de atividades culturais.

A propósito, o artigo 1º trata da *isenção* e o 2º, da *remissão*, sendo de nota o inteiro teor deste último, como segue:

> "Art. 2º Fica concedida remissão do IPTU incidente sobre imóveis cedidos em comodato, por documento público ou documento particular devidamente registrado, a entidades culturais sem fins lucrati-

> vos, à União, aos Estados, aos Municípios, a autarquias e fundações públicas, desde que sejam utilizados efetiva e comprovadamente na consecução de atividades culturais, durante o prazo de comodato".

O artigo 3º cuida dos seguintes requisitos: não redistribuição de parcela patrimonial, aplicação de recursos no País e escrituração adequada.

O artigo 4º ainda pontua o seguinte:

> "Art. 4º A remissão a que se refere o artigo 2º abrangerá créditos tributários já constituídos, inscritos ou não na dívida ativa do Município, vedada a restituição de importâncias já pagas a título de IPTU incidente sobre mencionados imóveis.
> Parágrafo único. A remissão somente terá efeitos sobre os créditos tributários decorrentes de fato gerador ocorrido na vigência do comodato".

Nesta senda, impende rememorar que a Constituição Federal, no artigo 150, inciso VI, "a", reconhece a imunidade recíproca de impostos entre a União, Estados, Distrito Federal e Municípios, o mesmo fazendo o Código Tributário Nacional no artigo 9º, inciso IV, "a".

Ora, tais dispositivos livram de ônus tributários bens recebidos em nome da Justiça para guarda ou depósito judiciais, notadamente imóveis de grande valor artístico intrínseco, por vezes concebidos em processo de musealização.

Tal concepção resta mais evidente se for possível constatar que as obras de arte que o adornam, ou parte delas, encontram-se no imóvel de forma definitiva, porquanto agregada, o que se pode inferir por laudos periciais. Tudo isto sem contar, até mesmo, eventual valor puramente arquitetônico, que por vezes também é considerável.

Assim, imóveis com feição universal, devido ao seu valor cultural, artístico, estético, paisagístico e histórico, possuindo bens, por exemplo, incrustados na parede da sala de jantar, consistente em pintura aplicada diretamente sobre o revestimento da parede de *hall* de circulação, azulejos históricos e/ou especiais que revestem piscina ou outros cômodos, luminárias assinadas, portais históricos, esculturas importantes no jardim, além de fontes assinadas, devem merecer adequado tratamento pelo juízo criminal para sua proteção, mormente quando há suspeita de obtenção ilícita.

Tratar-se-ia de residência que não pode ser tida como um imóvel comum diante das eventuais obras de arte nela incorporadas, em verdadeira hipótese de acessão (artigo 1.248 e seguintes do Código Civil), de tal forma que não é possível vislumbrar apenas o aspecto econômico.

Muitas vezes, tais imóveis situam-se em zonas exclusivamente residenciais, mas mesmo assim nada impediria a sua destinação para órgão público cultural e permitir o acesso público, mediante, por exemplo, agendamento.

O fato de um imóvel, *ad exemplum,* ocupar uma Zona Exclusivamente Residencial de Baixa Densidade (ZER 1), antiga Zona Residencial (Z 1), não significa ofensa às posturas governamentais.

Como exemplo, a permissão de acesso público ocorreu no caso da Fundação Maria Luisa e Oscar Americano, com endereço à avenida Morumbi, 4.077, Morumbi, e do Instituto Lina Bo e Pietro Maria Bardi, com endereço à rua Bandeirante Sampaio Soares, 420, Morumbi, que recebem visitação pública: o primeiro, de 3ª a 6ª feiras, das 11:00 às 17:00 horas, e aos sábados e domingos, das 10 às 17:00 horas, enquanto o segundo, de 2ª a 6ª feiras, das 9:30 às 17:00 horas; portanto, visitação pública em local considerado ZER 1, antiga Z 1.

Em idêntico diapasão, cabe citar: a) Capela do Morumbi e Polo Cultural Casa da Fazenda do Morumbi (este último sede da Academia Brasileira de Artes, Cultura e História), localizados, respectivamente, à avenida Morumbi ns. 5387 e 5594, exemplares da arquitetura do século XIX, com local e administração distintos, ambos servindo não somente de espaço cultural e de exposições, mas o último contendo ainda um restaurante, com visitação pública de 3ª a domingo, das 11:00 às 18:00 horas; b) Sítio Morrinhos, tombado pelo Instituto do Patrimônio Histórico e Artístico Nacional (IPHAN), pelo Conselho de Defesa do Patrimônio Histórico, Arqueológico, Artístico e Turístico do Estado de São Paulo (CONDEPHAAT) e pelo Conselho Municipal de Preservação do Patrimônio Histórico, Cultural e Ambiental da Cidade de São Paulo (CONPRESP), devido ao seu evidente exemplar histórico e cultural, localizado à rua Santo Anselmo, 102, Jardim São Bento, Santana, com visitação pública de 3ª a domingo, das 9:00 às 17:00 horas; c) Casa do Bandeirante, localizada na Praça Monteiro Lobato, Butantã, com visitação pública de 3ª a domingo, das 9:00 às 17:00 horas; d) Casa do Sertanista, atualmente ocupada pelo Museu do Folclore, localizado na Praça Ennio

Barbato, s/n, Caxingui, com visitação pública de 3ª a domingo, das 9:00 às 17:00 horas; e) Museu da Casa Brasileira, localizado na Av. Faria Lima, 2.705, Pinheiros, com visitação de 3ª a domingo, das 10:00 às 18:00 horas; f) Museu da Imagem e do Som (MIS), localizado à Av. Europa, 158, Jardim Europa, com visitação de 3ª a domingo, das 12:00 às 20:00 horas; g) Museu Brasileiro de Escultura (MUBE), situado à Av. Europa, 218, Jardim Europa, com visitação de 3ª a domingo das 10:00 às 19:00 horas. Todos estão localizados em Zona Exclusivamente Residencial 1 (ZER 1), antiga Z 1.

Além disso, nas grandes cidades, em particular em São Paulo, eventos como a "Casa Cor" têm ocorrido em imóveis localizados em zonas residenciais, também em ZER 1 (Z 1), com lastro em parecer da Câmara Técnica de Legislação Urbanística (CLTU) e autorização das Subprefeituras.

Com efeito, em local exclusivamente residencial não pode a administração pública municipal, por exemplo, aprovar projeto para a construção de um museu ou de um espaço cultural, não se vedando a adaptação de edificações residenciais para uso cultural, em função do seu valor artístico, histórico, estético etc., bem como pela qualidade do acervo existente no local, com possibilidade de acesso público, que pode, se for o caso, ser restrito ou limitado.

A Lei Municipal n. 13.885, de 25 de agosto de 2004[1], estabeleceu normas complementares ao Plano Diretor Estratégico, instituindo os Planos Regionais Estratégicos das Subprefeituras, e dispôs sobre o parcelamento, disciplinamento e ordenação do uso e ocupação do solo do Município de São Paulo.

O seu artigo 108 estabelece o seguinte:

> "Art. 108. Para fins de uso e ocupação do solo, a Macrozona de Estruturação e Qualificação Urbana, fica subdividida nas seguintes zonas de uso:

---

1 *Vide* Lei n. 13.885, de 25.08.2004, que estabeleceu normas complementares ao Plano Diretor Estratégico, notadamente sobre Macrozona de Estruturação e Qualificação Urbana, subdividida em Zonas Exclusivamente Residenciais – ZERs, Zonas Mistas – ZMs, Zonas de Centralidade Polar – ZCP, Zona de Transição Linear da ZER – ZTLz, Zonas de Ocupação Especial – ZOE, Zonas Especiais de Preservação Ambiental – ZEPAM e Zonas Especiais de Preservação Cultural – ZEPECs (artigos 107 a 115). Importante realçar que, pelo novo Plano Diretor Estratégico (Projeto de Lei n. 01 – 00688/2013 do Executivo), a Lei n. 13.885/2004 permanece inalterada, à exceção dos artigos 136 a 144, 240 e 241, que ficam revogados expressamente.

> I. zonas exclusivamente residenciais – ZER: porções do território destinadas exclusivamente ao uso residencial, classificadas como:
>
> *a)* ZER 1: zona exclusivamente residencial de densidade demográfica baixa, com número máximo de habitações/m² igual a 0,0042, com coeficiente de aproveitamento mínimo igual a 0,05, básico igual a 1,0 e máximo igual a 1,0 e gabarito máximo de até 10 metros;
> *b)* ZER 2: zona exclusivamente residencial de densidade demográfica média, com número máximo de habitações/m² igual a 0,0100, com coeficiente de aproveitamento mínimo igual a 0,05, básico igual a 1,0 e máximo igual a 1,0 e gabarito máximo de até 10 metros;
> *c)* ZER 3: zona exclusivamente residencial de densidade demográfica alta, com número máximo de habitações/m² igual a 0,0125, com coeficiente de aproveitamento mínimo igual a 0,05, básico igual a 1,0 e máximo igual a 1,0 e gabarito máximo de até 15 metros;
>
> (...)"

Doutra parte, as Zonas de Centralidade Linear Lindeira ou Interna, chamadas de ZER-ZCLz, I ou II, permitem a localização de atividades não residenciais não incômodas (cf. artigo 108, inciso VI, "a" e "b"), e aqui enquadram-se, tão somente, os edifícios acima apontados, localizados nas avenidas Europa, Morumbi e Brigadeiro Faria Lima.

Acrescente-se que o artigo 114 do mesmo diploma legal consagra ainda as Zonas de Preservação Cultural (ZEPECs), assim entendidas não apenas as áreas do território destinadas à preservação, recuperação e manutenção do patrimônio histórico, artístico, arqueológico mas também os edifícios, restando nessa qualidade enquadrados, nos termos do artigo 115, os imóveis ou áreas tombados ou preservados por órgão municipal, estadual ou federal.

Finalmente, aduza-se que demolições, reformas, reparos, pintura interna e externa, nos imóveis enquadrados como ZEPEC, ficam sujeitos à prévia autorização de órgão municipal (artigo 127).

O novo Plano Diretor Estratégico (Projeto de Lei n. 01 – 00688/2013 do Executivo), quanto às ZEPECs, estabelece que os objetivos pretendidos para elas são a promoção e o incentivo da preservação, da conservação, do restauro e da valorização do patrimônio cultural no âmbito do Município, a preservação da identidade dos bairros e das áreas de interesse histórico-cultural, o estímulo da fruição e do uso público do patrimônio cultural e a possibilidade do desenvolvimento ordenado e sustentável das áreas de interesse histórico e cultural, tendo como premissa a preservação do patrimônio cultural[2].

Assim, apresenta-se juridicamente possível dar-se destinação cultural a imóveis apreendidos, ainda que situados em zonas residenciais, diante da sua natureza e beleza, permitindo à sociedade brasileira acesso regular e controlado, preservando-o de interesses puramente particulares.

6.9 LAUDOS PERICIAIS

Não é incomum alegar-se nulidade dos feitos porque ausentes ou tidos por incompletos, insuficientes ou contraditórios.

Laudos periciais em obras de arte dependem da indicação de técnicos adequados que, normalmente, não existem nos quadros técnicos das polícias em geral.

O exame técnico tem se revelado essencial para a perfeita caracterização do bem, até para fins de sequestro ou arresto no exterior e futura repatriação.

Não se restringe, por vezes, a exames econômico-financeiros e contábeis, bem como de constatação da origem, estado de uso e avaliação direta ou indireta de mercadorias (laudos financeiros), sem contar a necessidade imperiosa de exames de informações armazenadas em sistemas computacionais, como *compact disks, hard disks, pendrives* e *e-mails* (laudos cibernéticos).

É essencial sua correta realização para propiciar o melhor destino às obras de arte apreendidas, levando-se em consideração a sua natureza e a propriedade dos acervos a cargo de museus e instituições culturais.

Na Polícia Federal, os peritos criminais têm se especializado, por exemplo, em química, física, engenharias civil, elétrica, mecânica, química, florestal, agronômica e de minas, ciências contábeis, econômicas, biológicas, geologia, farmácia, medicinas humana e veterinária, bioquímica e computação científica, mas não existem especialistas em bens culturais.

---

2 *Vide* Plano Diretor. Entenda o PL n. 688/2013, Zonas Especiais de Preservação Cultural (endereço eletrônico da Prefeitura do Município de São Paulo – http://gestaourbana.prefeitura.sp.gov.br/a-preservacao-do-patrimonio-cultural-da-cidade. Acesso em 20 jul. 2014).

Diante da complexidade de tais bens, recomendam-se laudos que sejam ao mesmo tempo concisos e abrangentes, mas contemplem uma descrição mínima que os particularize para que, no futuro, e se for o caso, seja possibilitada sua repatriação, quando se encontrar fora do País.

Ora, a realização de exame pericial mostra-se absolutamente conveniente e necessária para o conhecimento do juízo e até propicia, se for o caso, sua imediata conservação.

Assim, diante da inexistência de peritos oficiais, impõe-se ao magistrado a nomeação de peritos privados, no mínimo dois, tarefa normalmente árdua até pelo fato de o Estado não prever fixação de honorários periciais em casos de réus abonados.

Em um determinado feito, os peritos especializados em obras de arte, nomeados pelo juízo, após exaustivo trabalho de individualização, investigação histórica e realização de detalhado inventário de bens culturais apreendidos e constantes em locais diversos, com registro fotográfico, solicitaram, cada qual, o total de R$ 45.000,00 (quarenta e cinco mil reais).

A Resolução n. 558, de 22 de maio de 2007, do Conselho da Justiça Federal, que trata de casos de assistência judiciária gratuita e dispõe sobre o pagamento de honorários de advogados dativos, peritos, tradutores e intérpretes, no artigo 3º, § 1º, dispõe que é permitido ultrapassar em até três vezes o limite máximo constante da Tabela II, que, no caso de engenharia, apresenta o valor de R$ 352,20 (trezentos e cinquenta e dois reais e vinte centavos) e, nas outras áreas, a quantia de R$ 234,80 (duzentos e trinta e quatro reais e oitenta centavos). A 6ª Vara Federal Criminal entendeu, pois, que não seria possível amoldar-se à Resolução citada porquanto não se cuidava de caso de assistência judiciária gratuita.

Entretanto, uma solução deveria ser dada.

Não se poderia deixar de considerar os trabalhos desenvolvidos pelos peritos designados, que, por sua especificidade, não couberam aos técnicos da polícia, por total falta de pessoal adequado (especializado em obras de arte), dando-se aplicação ao artigo 159 e seus parágrafos do Código de Processo Penal, que permitem a sua realização por dois peritos não oficiais, mediante compromisso.

Também, haveria de se levar em consideração que o exame realizado tinha sido extremamente exaustivo, na medida em que demandou várias visitas durante meses (130 horas de trabalho) e a utilização de equipamentos e sistemas de informática e de fotografia, havendo dispêndio de tempo e material. Por exemplo, o laudo referente às obras localizadas num determinado lugar exigiu a análise de aproximadamente trezentas obras, enquanto que o da residência do acusado, cerca de seiscentos e cinquenta, e, por fim, com relação a um acervo especial, representou a produção de mais de quatrocentos documentos e peças.

Dessa forma, decidiu-se que não seria possível a aplicação da Resolução mencionada, que restringiria o arbitramento judicial, de um lado, mas, de outro, estaria consagrado perfeito desrespeito e quebra de confiança com as pessoas que bem executaram sua função, em colaboração com a Justiça Federal, caso não fossem minimamente ressarcidas.

Na ocasião, considerou-se que os valores sugeridos eram muito elevados para os padrões da Justiça de modo que não foi possível acatá-los.

Com base no valor máximo da tabela, multiplicado por três, chegava-se ao total de R$ 1.056,60 (mil e cinquenta e seis reais e sessenta centavos), valor totalmente incompatível com o trabalho desenvolvido, e, uma vez dessa forma arbitrado, não poderia mais a Justiça valer-se de profissionais gabaritados.

Assim, atendendo ao zelo com que procederam aos trabalhos, à quantidade de peças (que requereu, inclusive, profunda pesquisa histórica para individualização), à variedade delas (quadros, fotografias, mobiliários, etnografias, esculturas, mapas etc.) e ao tempo gasto, foi arbitrado, por perito, o valor total de R$ 11.000,00 (onze mil reais).

O custo dos exames periciais realizados não poderia ser tido por expressivo porquanto, além de equivaler a R$ 84,61 por hora de trabalho, integraria o valor das custas a ser pago pelo vencido em caso de condenação (artigo 804 do Código de Processo Penal), e as obras de arte poderiam reverter à União, possuindo valor incomensurável.

Entretanto, apesar da decisão judicial, é de lamentar o fato de que até o momento tais peritos não foram ressarcidos, porquanto a Justiça Federal de São Paulo entendeu que não teria condições de realizar tais pagamentos.

Por vezes, o magistrado deve se adequar à realidade fática e tomar atitudes corajosas, mas com muita responsabilidade e bem embasadas. Faz-se premente, pois, a flexibilização de certas posturas, quando não exista previsão normativa específica.

VII

RESTITUIÇÃO DE BENS

7.1 RESTITUIÇÃO DE BENS

Vimos que, uma vez realizada a apreensão, sequestro ou arresto de bens do acusado ou do terceiro de boa-fé, é possível o oferecimento por ambos os embargos, atendendo o disposto nos artigos 129 e 130, ambos do CPP.

O Código ainda possibilita a impetração do pedido de restituição de bens, no artigo 120, a qual pode ser até mesmo, quando induvidosa a propriedade da coisa, ou seja, extreme de qualquer dúvida, ser apreciado pela autoridade policial. Sendo duvidosa, o procedimento tem seu curso em apartado, ouve-se o Ministério Público e se, mesmo assim, a prova for de difícil elucidação, o juiz remeterá, nos termos do artigo 120, § 4º, do CPP, o feito ao juízo cível.

O recurso cabível da decisão sobre a restituição de bens é o da apelação, atendendo o que dispõe o artigo 593, inciso II, do CPP, vale dizer, da decisão com força de definitiva.

O ônus da prova da origem lícita cabe ao investigado, quando se apura a lavagem de dinheiro, na esteira do que consideraram a Convenção da ONU (Viena) sobre o Tráfico Ilícito de Entorpecentes e de Substâncias Psicotrópicas (artigo 5º, item 7), Convenção da ONU (Palermo) contra o Crime Organizado Transnacional (artigo 12, item 7), Convenção da ONU (Mérida) contra a Corrupção (artigo 30, item 8), Convenção do

Conselho da Europa (Varsóvia) sobre Apreensão, Perda e Confisco das Vantagens do Crime e Financiamento do Terrorismo (artigo 3º, itens 1 e 2) e Recomendação n. 3 do Grupo de Ação Financeira Internacional sobre Lavagem de Dinheiro e Financiamento ao Terrorismo (GAFI/FATF).

Dessa forma, a manutenção de bens em poder da Justiça até a eventual perda definitiva, consolidada com a pena transitada em julgado, tende a perdurar já que não é incomum a apresentação de documentação insuficiente.

Interessante notar a ênfase dada à questão do ônus da prova quando da apreciação do pedido de restituição pelo juiz, determinando a Lei de Lavagem de Dinheiro sua inversão, a saber:

> "*Art.* 4º (...)
> § 1º (...)
> § 2º O juiz determinará a *liberação dos bens, direitos e valores* apreendidos ou sequestrados, quando *comprovada a licitude* de sua origem.
> § 3º Nenhum pedido de restituição será conhecido sem o comparecimento pessoal do acusado, podendo o juiz determinar a prática de atos necessários à conservação de bens, direitos ou valores, nos casos do art. 366 do Código de Processo Penal.
> (...)" (grifo nosso)

Com a redação conferida pela nova legislação (Lei n. 12.683, de 09.07.2012), a questão restou definida da seguinte forma:

> "Art. 4º O juiz, de ofício, a requerimento do Ministério Público ou mediante representação da autoridade policial, ouvido o Ministério Público em vinte e quatro horas, havendo indícios suficientes de infração penal, poderá decretar, no curso da investigação ou da ação penal, medidas assecuratórias de bens, direitos ou valores do investigado ou acusado, ou existentes em nome de interpostas pessoas, que sejam instrumento, produto ou proveito dos crimes previstos nesta lei ou das infrações penais antecedentes.
> § 1º Proceder-se-á à alienação antecipada para preservação do valor dos bens sempre que estiverem sujeitos a qualquer grau de deterioração ou depreciação, ou quando houver dificuldade para sua manutenção.
> § 2º O juiz determinará *a liberação total ou parcial dos bens, direitos e valores cuja licitude da origem for devidamente comprovada*, mantendo-se a constrição dos bens, direitos e valores necessários e suficientes à

> reparação dos danos e ao pagamento de prestações pecuniárias, multas e custas decorrentes da infração penal.
> (...)" (grifo nosso)

Disposição semelhante contempla a Lei de Drogas, Lei n. 11.343, de 23.08.2006, que prevê, nos §§ 1º e 2º do artigo 60, a determinação de prova da origem lícita dos bens apreendidos, sequestrados ou arrestados, estabelecendo ainda o § 3º o dever de comparecimento pessoal para o conhecimento do pedido de restituição.

Como se vê, redação semelhante contemplam as alterações da Lei de Lavagem (Lei n. 12.683/2012), valendo destacar o teor do artigo 4º (acima citado) e do artigo 4º-A, sendo de nota o § 10, inciso III, este último, a saber:

> "Art. 4º-A. A alienação antecipada para preservação do valor de bens sob constrição será decretada de ofício pelo juiz, requerida pelo Ministério Público ou por solicitação da parte interessada, mediante petição autônoma, que será autuada em apartado e cujos autos terão tramitação em separado em relação ao processo principal.
> § 1º O requerimento de alienação deverá conter a relação de todos os demais bens, com a descrição e a especificação de cada um deles, e informações sobre quem os detém e local onde se encontram.
> § 2º O juiz determinará a avaliação de bens, nos autos apartados, e intimará o Ministério Público.
> § 3º Feita a avaliação e dirimidas eventuais divergências sobre o respectivo laudo, o juiz, por setença, homologará o valor atribuído aos bens e determinará sejam alienados em leilão ou pregão, preferencialmente eletrônico, por valor não inferior a 75% (setenta e cinco por cento) da avaliação.
> § 4º Realizado o leilão, a quantia apurada será depositada em conta judicial remunerada, adotando-se a seguinte disciplina:
> I – nos processos de competência da Justiça Federal e da Justiça do Distrito Federal:
> *a*) Os depósitos serão efetuados na Caixa Econômica Federal ou em instituição financeira pública, mediante documento adequado para essa finalidade;
> *b*) Os depósitos serão repassados pela Caixa Econômica Federal ou por outra instituição pública para a Conta Única do Tesouro Nacional, independentemente de qualquer formalidade, no prazo de 24 (vinte e quatro) horas; e

c) Os valores devolvidos pela Caixa Econômica Federal ou por instituição financeira pública serão debitados à Conta Única do Tesouro Nacional, em subconta de restituição;

II – nos processos de competência da Justiça dos Estados:

a) Os depósitos serão efetuados em instituição financeira designada em lei, preferencialmente pública, de cada Estado ou, na sua ausência, em instituição financeira pública da União;

b) Os depósitos serão repassados para a conta única de cada Estado, na forma da respectiva legislação.

§ 5º Mediante ordem da autoridade judicial, o valor do depósito, após o trânsito em julgado da sentença proferida na ação penal, será:

I – em caso de sentença condenatória, nos processos de competência da Justiça Federal e da Justiça do Distrito Federal, incorporado definitivamente ao patrimônio da União, e, nos processos de competência da Justiça Estadual, incorporado ao patrimônio do Estado respectivo;

II – em caso de sentença absolutória extintiva de punibilidade, colocado à disposição do réu pela instituição financeira, acrescido da remuneração da conta judicial.

§ 6º A instituição financeira depositária manterá controle dos valores depositados ou devolvidos.

§ 7º Serão deduzidos da quantia apurada no leilão todos os tributos e multas incidentes sobre o bem alienado, sem prejuízo de iniciativas que, no âmbito da competência de cada ente da Federação, venham a desonerar bens sob constrição judicial daqueles ônus.

§ 8º Feito o depósito a que se refere o § 4º deste artigo os autos da alienação serão apensados aos do processo principal.

§ 9º Terão apenas efeito devolutivo os recursos interpostos contra as decisões proferidas no curso do procedimento previsto neste artigo.

§ 10. Sobrevindo o trânsito em julgado de sentença penal condenatória, o juiz decretará, em favor, conforme o caso, da União ou do Estado:

I – a perda dos valores depositados na conta remunerada e da fiança;

II – a perda dos bens não alienados antecipadamente e daqueles aos quais não foi dada destinação prévia; e

III – a perda dos bens não reclamados no prazo de 90 (noventa) dias após o trânsito em julgado da sentença condenatória, ressalvado o direito de lesado ou terceiro de boa-fé.

§ 11. Os bens a que se referem os incisos II e III do § 10 deste artigo serão adjudicados ou levados a leilão, depositando-se o saldo na conta única do respectivo ente.

> § 12. O juiz determinará ao registro público competente que emita documento de habilitação à circulação e utilização dos bens colocados sob o uso e custódia das entidades a que se refere o *caput* deste artigo.
> § 13. Os recursos decorrentes da alienação antecipada de bens, direitos e valores oriundos do crime de tráfico ilícito de drogas e que tenham sido objeto de dissimulação e ocultação nos termos desta Lei permanecem submetidos à disciplina definida em lei específica".

Prevalece, portanto, a inversão do ônus da prova e a obrigação do comparecimento pessoal do acusado ou "*da interposta pessoa*" (*vide* § 3º do artigo 4º), mas apenas no caso de pedido de restituição, uma vez que a perda definitiva deve obedecer à regra geral de que o ônus da prova cabe a quem acusar.

Importante mencionar, por derradeiro, que as medidas assecuratórias de bens, direitos ou valores poderão ser suspensas pelo juiz, ouvido o Ministério Público, quando a sua execução imediata puder comprometer as investigações (artigo 4º-B da Lei n. 9.613/98, com a redação da Lei n. 12.683/2012).

7.2 MEAÇÃO E DOAÇÕES

Muitos bens apreendidos por vezes foram adquiridos na constância da sociedade conjugal ou são objetos de doação a parentes do acusado.

A jurisprudência historicamente tem considerado que, no caso de oposição de embargos de terceiro por parte do cônjuge do executado nas execuções cíveis, aliás muito utilizados para a defesa daquele, com o escopo de resguardar a sua meação, o ônus da prova de que o produto do ato não reverteu em proveito da família seria do credor.

Entende-se que, se a dívida for pessoal de um dos cônjuges, haja vista que o ato ilícito do qual derivou o título executivo judicial tenha sido praticado somente pelo marido, não revertendo em benefício da sociedade conjugal, somente o patrimônio dele garantiria a execução. Tem-se entendido, ainda, que, mesmo que reconhecido direito de preservação da meação, a venda judicial pode ter seu curso, mas o produto deverá ser dividido posteriormente.

A propósito, cabe ilustrar com as seguintes decisões da lavra do Superior Tribunal de Justiça, devidamente grafadas:

> "*EMENTA*. PROCESSUAL CIVIL E TRIBUTÁRIO. EXECUÇÃO FISCAL. EMBARGOS DE TERCEIRO. MULHER CASADA. EXCLUSÃO

DA MEAÇÃO. BENEFÍCIO FAMILIAR. NECESSIDADE DE PROVA. ÔNUS PROBATÓRIO DO CREDOR.

1. Tratando-se de execução fiscal oriunda de ato ilícito e, havendo oposição de embargos de terceiro por parte do cônjuge do executado, com o fito de resguardar a sua meação, o ônus da prova de que o produto do ato não reverteu em proveito da família é do credor e não do embargante. Precedentes: REsp 107017/MG, Min. Castro Meira, *DJ* 22.08.2005; REsp 260642/PR; Min. Franciulli Netto, *DJ* 14.03.2005; REsp 641400/PB, Min. José Delgado, *DJ* 01.02.2005; Resp n. 302.644/MG, 2ª T., rel. Min. Francisco Peçanha Martins, *DJ* de 05.04.2004.

2. Impossibilidade de realização da prova na instância especial, ante o óbice da Súmula 7 desta Corte: 'a pretensão de simples reexame de prova não enseja recurso especial'.

3. Ainda que assim não bastasse, a instância *a quo*, com ampla cognição fático-probatória concluiu que: (...) o bem imóvel sobre o qual recaiu a penhora em execução contra a firma da qual o esposo da embargante é sócio fora adquirido após o casamento, o que determina a meação e faz incidir o disposto no art. 3º da Lei 4.121/62, em combinação com o art. 1.658 do Código Civil, ainda que se trate de comunhão parcial (fls. 96). Considerando-se que a *embargada não comprovou a alegação de que a sonegação do imposto devido pela sociedade representada pelo executado teria revertido em benefício da família deste, não merece prosperar o pedido do INSS, devendo ser resguardado o direito da embargante à meação do bem penhorado* (fls. 57/58).

4. Recuso especial desprovido." (REsp n. 701.170/RN, 2004/0158860-3, rel. Min. Luix Fux, 1ª T., *DJ* 18.09.2006, p. 269)

"*EMENTA*. RECURSO ESPECIAL. EMBARGOS DE TERCEIRO. PENHORA DE BEM IMÓVEL. MULHER CASADA. DEFESA DA MEAÇÃO. EXCLUSÃO EM CADA BEM. HASTA PÚBLICA. POSSIBILIDADE. RESERVA DE METADE DO VALOR AFERIDO NA ALIENAÇÃO JUDICIAL.

1. *Sendo a dívida pessoal de um dos cônjuges, haja vista que o ato ilícito do qual derivou o título executivo judicial foi praticado somente pelo marido e não reverteu em benefício da sociedade conjugal, somente o patrimônio deste garante a execução. Assim, cuidando-se de devedor casado e havendo bens comuns a garantia fica reduzida ao limite da sua meação*, nos termos do art. 3º da Lei 4.121/62.

2. A execução não é ação divisória, pelo que inviável proceder à partilha de todo o patrimônio do casal de modo a atribuir a cada qual os

bens que lhe cabem por inteiro. Deste modo, a proteção da meação da mulher casada deve ser aferida sobre cada bem de forma individualizada e não sobre a totalidade do patrimônio do casal.

3. Não se pode olvidar que embora a execução seja regida pelo princípio da menor onerosidade ao devedor, reveste-se de natureza satisfativa e deve levar a cabo o litígio. Destarte, *com o fito de evitar a eternização do procedimento executório, decorrente da inevitável desestimulação da arrematação à vista da imposição de um condomínio forçado na hipótese de se levar à praça apenas a fração ideal do bem penhorado que não comporte cômoda divisão, assentou-se a orientação doutrinária e jurisprudencial no sentido de que, em casos tais, há de ser o bem alienado em sua totalidade, assegurando-se, todavia, ao cônjuge não executado a metade do produto da arrematação,* protegendo-se, deste modo, a sua meação.

4. Conquanto seja legítima a pretensão da recorrente de ver assegurada a proteção de sua meação sobre cada bem de forma individualizada, importante garantir a efetividade do procedimento executório, pelo que, considerando-se que, *in casu,* recaiu a penhora sobre imóvel que não comporta cômoda divisão, há de se proceder à alienação do bem em hasta pública por inteiro reservando-se à mulher a metade do preço alcançado.

5. Recurso especial parcialmente provido." (REsp n. 708.143/MA, 2004/0172506-3, rel. Min. Jorge Scartezzini, 4ª T., v. u., *DJ* 26.02.2007, p. 596)

"*EMENTA.* EMBARGOS DE TERCEIRO. MULHER CASADA. ATO ILÍCITO. MEAÇÃO. RECURSO ESPECIAL. INADMISSIBILIDADE.

I. Decorrendo a dívida de ato ilícito, praticado pelo marido, *exclui-se da penhora a meação da mulher se não há comprovação de que esta se beneficiou do ato.* Ofensa ao art. 1.521, III, do Código Civil não caracterizada.

II. A divergência de julgamentos apta à admissibilidade do presente recurso pressupõe a semelhança entre as hipóteses que as ensejaram tal como apuradas pelas decisões confrontadas. Inexistência, *in casu.*

III. Recurso especial não conhecido". (REsp n. 208.322/MG, 1999/0023682-3, rel. Min. Antônio de Pádua Ribeiro, 3ª T., v. u., *DJ* 30.06.2006, p. 236)

Ora, existe inegável tendência a se preservar a meação do cônjuge que não se beneficia dos eventuais atos ilícitos praticados por seu consorte.

Todavia, o juiz criminal, ao verificar a aquisição de bens com o proveito auferido com o delito, deve ter a preocupação de dar cumprimento às disposições legais (Código de Processo Penal, Lei de Lavagem de Dinheiro, Lei de Drogas, além das Convenções Internacionais) das quais o País afigura-se signatário e, portanto, possuem plena validade internamente.

Como foi visto no Capítulo "Bens ilícitos misturados a lícitos, convenções internacionais e *confisco alargado*", a legislação criminal vem avançando para também tocar os bens em nome de terceiros, cônjuge ou filhos do réu, evitando que o Estado seja objeto de toda sorte de fraudes e subterfúgios.

Seria possível, assim, na esteira dos itens 2, 3 e 4 do artigo 12 da Convenção de Palermo das Nações Unidas sobre o Crime Organizado Transnacional (adotada em Nova Iorque aos 15.11.2000, aprovada no Brasil por meio do Decreto Legislativo n. 231, de 29.05.2003, e promulgada pelo Decreto n. 5.015, de 12.03.2004), a apreensão para fins de confisco quando "o produto do crime tiver sido convertido, total ou parcialmente, noutros bens", "estes últimos podem ser objeto das medidas previstas no presente Artigo, em substituição do referido produto", e, "se o produto do crime tiver sido misturado com bens adquiridos legalmente, estes bens poderão, sem prejuízo das competências de embargo ou apreensão, ser confiscados até ao valor calculado do produto com que foram misturados".

Semelhantes disposições constam da Convenção da ONU sobre o Tráfico de Entorpecentes (Viena, 1988, artigo 5º – confisco do equivalente ao produto derivado do delito) e Convenção da ONU contra Corrupção (Mérida, 2003, artigo 31, item 5 – apreensão e confisco de dinheiro no montante equivalente ao produto do ilícito), também adotadas pelo Brasil.

Tais previsões dão a exata dimensão da nova ordem mundial sobre o enfrentamento da criminalidade organizada ou mesmo do tráfico de entorpecentes e corrupção, sendo, por vezes, de difícil tratamento ou análise a alegação por terceiros de que os bens apreendidos nenhum vínculo possuem com o crime.

Nestas hipóteses deve o magistrado ser cauteloso e estimar bem o eventual montante decorrente do proveito do suposto crime imputado tendo em vista a necessidade de dar cumprimento ao que estabelecem as Convenções citadas para viabilizar o confisco, ou seja, a perda em definitivo desse valor, bem ainda a quantia devida ao ofendido e, na sua ausência, ao Estado, a título de indenização pelos danos causados com a prática delitiva.

Na Europa, como se viu, fala-se em *confisco alargado* (Decisão-quadro n. 2005/212/JAI), relativa à perda de produtos, instrumentos e bens relacionados com o crime, visando não somente ao *confisco* de bens de todos os condenados mas *daqueles adquiridos pelos seus cônjuges ou companheiros e cuja propriedade tivesse sido transferida para uma pessoa jurídica sob influência ou controle do condenado*, no caso de crime praticado no âmbito de *uma organização criminosa, moeda falsa, tráfico de pessoas, auxílio à imigração ilegal, exploração sexual de crianças e pornografia infantil, tráfico de entorpecentes, terrorismo, organização terrorista e Lavagem de Dinheiro*, desde que sejam puníveis com pena máxima de 5 a 10 anos de prisão, ou, tratando-se de lavagem, *com pena máxima não inferior a 04 anos de prisão e tendo por natureza a de gerar proventos financeiros* (artigo 3º, números 1 a 3).

O cotejo dos artigos que abordam a apreensão de bens do Código de Processo Penal (artigos 125 a 144) possibilita verificar que bens adquiridos com proveito do crime são passíveis de sequestro ou de arresto (artigos 125 e 132), com vistas ao confisco, sem prejuízo da hipoteca legal (artigo 135) e do arresto (artigo 137) dos bens licitamente adquiridos visando à reparação do dano.

Veja-se que possíveis também se verificam medidas assecuratórias incidentes sobre bens lícitos e ilícitos, particularmente agora que o teor do artigo 387, inciso IV, determina ao juiz criminal na sentença condenatória a fixação da reparação do dano causado pelo delito (fixação do "valor mínimo para reparação dos danos causados pela infração, considerando os prejuízos sofridos pelo ofendido"). Ora, a legislação brasileira, de certa forma, possibilita a tomada de diversas medidas assecuratórias incidentes tanto sobre bens lícitos quanto sobre bens ilícitos.

Observa-se, assim, ser possível a apreensão e consequente perda de bens de pessoas vinculadas aos condenados quando estiverem sob a titularidade de pessoa jurídica controlada por estes, razão pela qual na análise sobre o direito de preservação da meação e da doação a terceiros, o juiz deverá se aprofundar sobre a verdadeira qualidade do demandante (cônjuge, parente ou terceiro de boa-fé).

O artigo 91, II, do Código Penal, e o artigo 4º-A, § 10, III, da Lei n. 9.613/98, com a redação da Lei n. 12.683/2012, protegem o lesado ou o terceiro de boa-fé, mas tal qualidade deve ser reconhecida de forma categórica para que sejam merecedores da proteção legal.

7.3 BEM DE FAMÍLIA

Por vezes, decorrida a medida assecuratória de apreensão ou sequestro, há alegação de que os bens objeto da diligência configurariam verdadeiro *bem de família*, o que impediria qualquer ação da Justiça criminal em face desses imóveis.

O instituto citado veda a arrecadação de imóvel em face de *dívida civil, comercial, fiscal, previdenciária ou de outra natureza*, contraída pelos cônjuges ou pelos pais ou filhos que sejam seus proprietários e nele residam, salvo nas hipóteses legais, *nada dispondo quanto à dívida social decorrente da prática delitiva*.

Inicialmente, cabe ao juiz verificar se o imóvel está registrado em nome do acusado, dele e ou de sua esposa ou de empresas jurídicas ou *offshores* controladas apenas, direta ou indiretamente, pelo primeiro, o que incidiria na tese do *confisco alargado* ou no caso da despersonificação do ente coletivo.

Sendo objeto de sequestro, quer nos termos do artigo 4º da Lei n. 9.613/98, quer dos artigos 125 a 144, todos do Código de Processo Penal, por ter se reputado supostamente que sua aquisição, bem como os valores nele investidos, foi proveniente de lavagem de dinheiro, visando dissimular o proveito de delitos diversos, *impõe-se sua perda em favor do Estado*, na forma do artigo 91, inciso II, "b", do Código Penal, e artigo 7º, inciso I, da Lei n. 9.613/98, que deverá ocorrer após o trânsito em julgado.

Em relação a este bem devem ser tecidas considerações acerca da admissibilidade ou inadmissibilidade do instituto do *bem de família*.

Cuidando-se de *constrição no âmbito criminal*, na qual fique pontificado tratar-se de produto do crime, *não há de ter aplicação o instituto de direito civil* em questão porque o legislador, ao criá-lo, evidentemente não pretendeu contemplar a situação em análise, mas os laços familiares e a tranquilidade destes, colocados em risco quando o domicílio, único, ou praticamente único, fosse objeto de penhora ou, quiçá, alienação em execução civil.

Por outro lado, a instituição ou a definição legal do *bem de família*, assegurando a impenhorabilidade de bens, leva especialmente em conta a precária situação financeira do devedor em confronto com o princípio da preservação de bem de maior valor (proteção da família), obviamente não cuidando da hipótese da posse ilícita de bens decorrente de práticas de crimes graves, como os econômico-financeiros e de lavagem de dinheiro.

Ora, ninguém pode invocar garantias extrapenais para a prática de infrações criminais.

O *bem de família*, conceituado no artigo 1.711 do Código Civil, possui a seguinte acepção:

> "Podem os cônjuges, ou a entidade familiar, mediante escritura pública ou testamento, destinar parte de seu patrimônio para instituir bem de família, desde que não ultrapasse um terço do patrimônio líquido existente ao tempo da instituição, mantidas as regras sobre a impenhorabilidade do imóvel residencial estabelecida em lei especial".

A Lei n. 8.009, de 29.03.1990, cuja vigência foi ressalvada pelas últimas alterações do Código Civil, dispõe, em seu artigo 1º, que "o imóvel residencial próprio do casal, ou da entidade familiar, é impenhorável e não responderá por qualquer tipo de dívida civil, comercial, fiscal, previdenciária ou de outra natureza, contraída pelos cônjuges ou pelos pais ou filhos que sejam seus proprietários e nele residam, salvo nas hipóteses previstas nesta Lei".

Seu artigo 5º prescreve que, "para os efeitos de impenhorabilidade, de que trata esta Lei, *considera-se residência um único imóvel utilizado pelo casal ou pela entidade familiar para moradia permanente*". Seu parágrafo único, de sua vez, assim está redigido "*na hipótese de o casal, ou entidade familiar, ser possuidor de vários imóveis utilizados como residência, a impenhorabilidade recairá sobre o de menor valor, salvo se outro tiver sido registrado*, para esse fim, no Registro de Imóveis e na forma do art. 70 do Código Civil".

Portanto, visou o legislador conceder proteção legal *à família do devedor* "garantindo as condições mínimas de sobrevivência digna, a salvo das execuções por dívidas, avolumadas, em grande parte, não pela voracidade consumista do devedor, mas pelos tormentos e desacertos de uma economia cronicamente conturbada como é a do nosso país"[1].

Normalmente, esta não é a hipótese retratada num feito penal porque, embora nele residam o acusado, sua esposa e eventualmente filhos, o primeiro possui, normalmente nos delitos econômico-financeiros, renda suficiente ao seu sustento e ao de sua família, tendo, inclusive, outros

---

1 Czajkowski citado por Sílvio de Salvo Venosa in *Direito civil:* parte geral. 3. ed. São Paulo: Atlas, 2003. v. I, p. 350.

imóveis registrados em seu ou em nome de pessoas (físicas ou jurídicas/ *offshores*) a ele vinculadas.

Urge verificar se tais empresas, inclusive as *offshores*, foram fomentadas com o único objetivo de propiciar a ocultação de valores decorrentes de crimes imputados e para permitir a sua circulação ilegal em benefício seu e da família, com ciência desta.

Caio Mário da Silva Pereira predica a inaptidão para se constituir *bem de família* na falta de domínio, prosseguindo o eminente autor, para afirmar que "declara expressamente o art. 1.715 que o bem de família isenta de execução por dívidas posteriores à sua criação, sejam elas voluntárias ou não. Não poderá ser pretexto para fraudar credores"[2].

Como bem acentuou Sílvio de Salvo Venosa, o legislador, na redação do parágrafo único do artigo 1º da lei excogitada, excluiu de penhorabilidade as plantações, benfeitorias e equipamentos de uso profissional e móveis que guarnecem a casa, desde que quitados.

O artigo 2º, de seu turno, *exclui, por exemplo, as obras de arte e adornos suntuosos* que guarnecem o imóvel[3].

Há que se anotar que não podem desejar a proteção legal de *bem de família* acusados que vivem só, ou apenas com sua esposa, ou com filhos maiores, ou em pequena parte de imóveis grandiosos ou que possua valor artístico intrínseco.

Cabe ao juiz, para suas conclusões, analisar as Declarações de Imposto de Renda do acusado, de sua esposa e de seus filhos para constatar se a residência figura no rol de seus bens e se existem outros.

Assim, *no âmbito criminal,* no qual fique pontificado tratar-se de proveito de crimes, *não há de ter aplicação o instituto de direito civil "bem de família"*, porquanto ao ter sido criado o instituto extrapenal não se pretendeu contemplar a situação de uma pessoa penalmente imputada, mas proteger os laços familiares e a tranquilidade destes, colocados em risco quando a residência, única ou praticamente única, fosse objeto de penhora ou execução cível. Ainda que se faça interpretação divergente, isto é, a de que caberia a invocação do instituto também no campo penal, o juiz deve acautelar-se e verificar o espectro fático de forma aprofundada.

---

2 *Instituições de Direito Civil – Volume V – Direito de família.* 14. ed., revista e atualizada por Tânia da Silva Pereira. Forense: Rio de Janeiro, 2004, p. 561.

3 *Ob. cit.*, p. 351.

VIII

EQUACIONAMENTO CIVIL/ADMINISTRATIVO

8.1 AÇÃO CIVIL DE EXTINÇÃO DE DOMÍNIO

Diante da pertinência e ineditismo, cabe insistir em tema bastante relevante que constou de obra do autor[1] e que diz respeito ao confisco extrapenal de bens sem prévia condenação penal.

Na versão atualizada das *Recomendações* do Grupo de Ação Financeira Internacional sobre Lavagem de Dinheiro e Financiamento ao Terrorismo (GAFI/FATF) (notadamente da *Recomendação* n. 4), bem ainda na esteira da Convenção das Nações Unidas sobre o Tráfico Ilícito de Entorpecentes e Substâncias Psicotrópicas, conhecida por *Convenção de Viena*, de 20 de dezembro 1988 (artigo 5º), da Convenção das Nações Unidas contra a Criminalidade Organizada Transnacional, *Convenção de Palermo*, de 2000 (artigo 12, item 7), da Convenção das Nações Unidas contra a Corrupção, *Convenção de Mérida*, de 2003 (artigos 20; 30, item 8; e 47), e da Convenção do Conselho da Europa relativa à Lavagem, Apreensão, Perda e Confisco das Vantagens do Crime e ao Financiamento ao Terrorismo, *Convenção de Varsóvia*, de 2005 (artigo 2º), recomenda-se aos países a possibilidade de considerar a adoção de medidas de confisco sem uma prévia condenação penal, ou

---

1 In *Lavagem de dinheiro. Teoria e prática.* Campinas: Millennium, 2008, p. 163-173.

medidas que ponham a cargo do acusado o ônus de provar a licitude da origem dos bens.

Visando potencializar a capacidade de recuperação de ativos de origem criminosa, a ENCLA de 2005 estabeleceu, na Meta n. 14, a obrigação por parte do Gabinete de Gestão Integrada de Prevenção e Combate à Lavagem de Dinheiro (GGI-LD) de elaboração de projeto de lei instituindo a "ação civil de perdimento de bens de origem ilícita". Visa combater o delito de Lavagem de Dinheiro por meio da interrupção do gozo de produtos do crime.

De início, coube ao Departamento de Recuperação de Ativos e Cooperação Jurídica Internacional (DRCI) do Ministério da Justiça a tarefa de elaboração do projeto para discussão do GGI-LD para posterior encaminhamento à Casa Civil.

Nos dias 05 e 06 de setembro de 2005, autoridades judiciais, membros do Ministério Público Federal, do Ministério Público Estadual e do DRCI reuniram-se no Ministério da Justiça para discussão do projeto, sendo certo que houve a valiosa participação de Kimberly Prost, especialista da ONU para assuntos de Drogas e Crime. Posteriormente, referida reunião teve continuidade aos 07 de outubro do mesmo ano e em 20 de março de 2006, para finalização do projeto e continuidade das discussões.

O foco principal era o de estabelecer um meio ágil de recuperação de valores ilícitos que não demandasse um juízo de responsabilidade criminal do réu, mas uma cognição judicial restrita à prova da origem ilícita dos bens, à ausência de justo título para sua aquisição e à incompatibilidade entre o patrimônio adquirido e a renda.

O fato de se deixarem valores obtidos de maneira ilícita nas mãos de delinquentes, especialmente da criminalidade organizada, propicia que tais valores revertam ao delito, ao seu incremento, ou, então, às atividades empresariais ilegais realizadas antes, durante ou mesmo depois do cumprimento da condenação com sérios danos à sociedade.

A Meta n. 19 da ENCCLA 2008, antevendo a necessidade de apreensão de bens ilícitos, estabeleceu a importância de uma lei que viabilize medidas assecuratórias de urgência em processos administrativos, de tal forma que a Advocacia-Geral da União se comprometeu à elaboração de um projeto de lei, que uma vez concretizado, poderá ter aplicação nos procedimentos administrativos e nas ações de improbidade administrativa, independentemente da ação civil aqui tratada.

A ação civil representa um caminho novo para a obtenção de valores que em última análise acaba financiando a criminalidade organizada, uma vez que são originários dela. Permite ao Estado, pois, o manejo dos frutos do crime, devendo, entretanto, estar devidamente regrada para que não fira preceitos fundamentais individuais, de um lado, e, de outro, constitua um instrumento eficaz e ágil para a recuperação de bens ilícitos.

A excogitada ação civil revela-se, assim, como uma verdadeira *extensão dos poderes estatais quanto aos bens ilegais* pelo fato de permitir a sua perda definitiva sem que exista uma decisão condenatória transitada em julgado, obrigando que se faça adequado balizamento entre eles e o necessário respeito aos direitos humanos.

Não se pode, então, deixar de proteger o direito dos que receberam os bens de boa-fé, bem como de terceiros em mesma situação. Deve-se, pois, assegurar-lhes o poder de contestar a demanda civil e, até, assegurar-lhes o pagamento de pequenas despesas (*living expenses*) durante a discussão de sua situação. Pode-se provar, por exemplo, que alugou a casa e não sabia (boa-fé) que era usada para atividades ilegais (prostituição).

Descabe, porém, na contestação alegar-se usucapião, já que fácil seria burlar o objetivo da ação se, por exemplo, o proprietário pagasse a um "laranja" para que este afirme posse ininterrupta.

Importante mencionar que o peso da prova da origem ilegal dos bens e valores recai, em princípio, sobre o Estado e inclui não somente o produto do ilícito como também os seus instrumentos, como carros, barcos, casas e negócios. Explico: apenas na hipótese de figurarem na Declaração do Imposto de Renda, cabe ao Estado a prova; do contrário, ao proprietário, possuidor ou detentor.

Frise-se que o principal efeito de remover os benefícios do delito em favor do Estado reside na percepção de que muitas vezes a sanção penal definitiva é meramente considerada um acaso e temporária (mesmo na hipótese de elevada punição), enquanto que a retirada compulsória de bens valiosos, como carros, casas de luxo e vida nababesca, provocam maiores dissabores aos delinquentes diante de sua definitividade.

Não se deseja com a ação civil, entretanto, dotar o Estado de mais um instrumento punitivo, mas tal efeito acaba ocorrendo de forma aguda, na medida em que as pessoas, acostumadas a possuir bens ilegais, valorizam muito mais o ter, mesmo quando colocado em confronto com sua liberdade individual. Assim, a ação civil de extinção de domínio acaba se constituindo em valioso instrumento de retenção de delitos, além de ser mais eficaz na recuperação de ativos ilícitos.

Constatando-se ser muito mais difícil obter um resultado satisfatório em crimes graves e complexos, mormente o de lavagem de dinheiro, porquanto a criminalidade tem se valido de profissionais capacitados que lhe permitem se distanciar do crime, a ação civil afigura-se bastante útil porque o juízo de valor envolvido é diverso. O que se provará é o vínculo, não num juízo de mérito semelhante ao do processo penal, mas nas probabilidades dos valores serem fruto de atividade ilícita.

Com efeito, o custo envolvido para a reunião de evidências e provas de um crime como o de lavagem e a dificuldade de obtenção de resultado favorável, mesmo que exista forte suspeita de criminalidade, compeliram os Estados a repensar todo o sistema, a partir da adoção de medidas menos custosas, mas cercadas com as garantias necessárias, constituindo-se em forte aliado na recuperação de valores ilícitos.

Para o sucesso da demanda, importante que sejam realizados acordos específicos de cooperação entre os Estados, o que pode constituir-se num caminho relevante para a recuperação de valores ilícitos.

A ação excogitada pode ser intentada, dada a sua autonomia, concomitantemente com a persecução penal, mas desde que não prejudique a investigação criminal, que muitas vezes é sigilosa. Se no curso de uma ação civil verificar-se a viabilidade rápida de solucionamento da demanda penal, recomenda-se a suspensão da primeira, aguardando-se o resultado desta última.

Deve-se, contudo, reconhecer a autonomia absoluta da ação civil, já que hipóteses, por exemplo, de morte do investigado ou acusado, de prescrição, de prova insuficiente, de imunidades penais e de obtenção de provas no exterior dificultam, quando não impedem, a recuperação de valores ilegais.

Para maior eficácia da ação civil, deve-se permitir o uso das medidas preventivas de arresto ou sequestro antes da perda definitiva, possibilitando-se a nomeação de administrador dos bens, mas não cabe alienação antecipada, porquanto se apresentaria temerária, uma vez que o juízo de mérito difere daquele presente na ação penal, salvo na hipótese de deterioração.

No caso de acordo na ação civil, o efeito criminal será o de permitir a redução da pena, quer pelo reconhecimento do arrependimento posterior (artigo 16 do CP), quer pela atenuante, no caso de espontânea cooperação (artigo 65, inciso III, "b"), quer, finalmente, na hipótese de delação premiada[2].

A fim de evitar o manejo indevido dessa ação (apelos de caráter estritamente pessoal ou político), algumas condições de procedimento específicas deveriam ser estabelecidas, como, *ad exemplum*, seu descabimento após o decurso de 10 ou 15 anos da posse ou detenção; a realização de prévia análise do histórico patrimonial mediante perícia técnica, o que evitaria demandas temerárias e pouco embasadas, além de audiência prévia do réu.

A ação civil de extinção de domínio é atualmente aceita no Reino Unido, Islândia, Itália, Estados Unidos e Colômbia (este país latino editou a Lei n. 793, de 27 de dezembro de 2002), Austrália e África do Sul.

Das reuniões organizadas pelo Ministério da Justiça com diversas autoridades, frutificou a seguinte minuta de anteprojeto de lei, enviada pelo *Gabinete de Gestão Integrada de Prevenção e Combate à Lavagem de Dinheiro* (GGI-LD) aos juízes federais para análise e sugestões:

> "ANTEPROJETO
>
> Trata da extinção de domínio por atividade ilícita, cria a ação civil pública de extinção de domínio e dá outras providências.
>
> O Presidente da República:

---

[2] Prevista em vários instrumentos normativos, dentre os quais: Código Penal (artigo 159, § 4º, com a redação dada pela Lei n. 9.269, de 02.04.1996); Lei n. 7.492, de 16.06.1986 (artigo 25, § 2º, acrescentado pela Lei n. 9.080, de 19.07.1995); Lei n. 8.072, de 25.07.1990 (artigo 8º, parágrafo único); Lei n. 8.137, de 27.12.1990 (artigo 16, parágrafo único, acrescentado pela Lei n. 9.080/95); Lei n. 9.034, de 03.05.1995 (artigo 6º); Lei n. 9.613, de 03.03.1998 (artigo 1º, § 5º); Lei n. 9.807, de 13.07.1999 (artigos 13/15); Lei n. 11.343, de 23.08.2006 (artigo 41).

Faço saber que o Congresso Nacional decreta e eu sanciono a seguinte Lei:

Disposições Gerais

Art. 1º A extinção de domínio, para os fins desta lei, consiste na transferência da propriedade de bens e direitos em favor da União, dos Estados ou do Distrito Federal, sem direito à indenização.

Parágrafo único. A extinção de domínio abrange a propriedade ou a posse de coisas corpóreas e incorpóreas e outros direitos, reais ou pessoais, e seus frutos.

Art. 2º A extinção de domínio será declarada nas hipóteses em que o bem, direito, valor, patrimônio ou seu incremento:

I – proceda, direta ou indiretamente, de atividade ilícita;

II – seja utilizado como meio ou instrumento para a realização de atividade ilícita;

III – esteja relacionado ou destinado à prática de atividade ilícita;

IV – seja utilizado para ocultar, encobrir ou dificultar a identificação ou a localização de bens de procedência ilícita;

V – não tenha comprovação de origem lícita;

VI – proceda de alienação, permuta ou outra espécie de negócio jurídico com bens abrangidos por qualquer dos incisos anteriores.

§ 1º O patrimônio a que se refere este artigo não é passível de sucessão.

§ 2º O disposto neste artigo não se aplica àquele que, pelas circunstâncias ou pela natureza do negócio, por si ou por seu representante, não tinha condições de conhecer a procedência, utilização ou destinação ilícita do bem.

Art. 3º A extinção de domínio e as medidas assecuratórias, sobre bens, direitos ou valores situados no Brasil, caberão ainda quando a atividade ilícita houver sido praticada no estrangeiro.

Parágrafo único. Na falta de tratado, os bens, direitos ou valores objeto da extinção de domínio por solicitação de autoridade estrangeira competente, ou os recursos provenientes da sua alienação, serão repartidos entre o Estado requerente e o Brasil, na proporção de metade, ressalvado o direito do lesado ou de terceiro de boa-fé.

Da Apuração da Ilicitude dos Bens

Art. 4º A averiguação da origem ilícita ou injustificada do patrimônio poderá ser feita pelo Ministério Público ou por outro órgão público, no exercício de suas atribuições.

Art. 5º Sempre que um órgão público obtiver indícios de que os bens, direitos ou valores se encontrem em alguma das hipóteses de extinção de domínio, deverá comunicar o fato ao Ministério Público.

Do Processo

Art. 6º O processo e o julgamento da ação civil pública de extinção de domínio independem de outros processos.
§ 1º O processo não se suspenderá em razão de fatos processuais que suspendam ou extingam outros processos.
§ 2º No caso de bens relacionados com a prática de crime, a ação poderá ser ajuizada ainda que a punibilidade esteja extinta, aplicando-se, no que couber, o art. 935 do Código Civil (Lei 10.406, de 10 de janeiro de 2002).

Art. 7º A ação será proposta:
I – pelo Ministério Público Federal quando a atividade ilícita a que os bens estiverem ligados lesar o interesse, o patrimônio ou o serviço da União, de suas autarquias, fundações e empresas públicas; e
II – pelo Ministério Público dos Estados ou do Distrito Federal e Territórios nos demais casos.
§ 1º Havendo lesão ao patrimônio público, a União, os Estados e o Distrito Federal estarão concorrentemente legitimados à propositura da ação, e o Ministério Público intervirá obrigatoriamente como fiscal da lei e poderá aditar a petição inicial.
§ 2º Em caso de desistência ou abandono da ação por ente legitimado, o Ministério Público assumirá a titularidade ativa.

Art. 8º A ação será proposta contra o titular dos bens, direitos ou valores, no caso de sua não identificação, contra os detentores, possuidores ou administradores.

Art. 9º Se não for possível determinar o proprietário, o possuidor, o detentor ou o administrador dos bens, a ação poderá ser proposta contra réu incerto, que será citado por edital, do qual constará a descrição dos bens.

§ 1º Apresentando-se o titular dos bens, o processo prosseguirá contra ele, a partir da fase em que se encontrar.

§ 2º Ao réu incerto será nomeado curador especial, mesmo na hipótese do parágrafo anterior.

§ 3º Nos casos deste artigo, caberá ação rescisória por parte daquele que prove ser legítimo proprietário dos bens e que demonstre a origem lícita deles.

Art. 10. Não existindo ou não sendo localizado representante do réu no Brasil, a citação será feita por edital.

Art. 11. A extinção do domínio poderá recair subsidiariamente sobre bens, direitos ou valores equivalentes do réu, ressalvado o direito do terceiro de boa-fé.

Art. 12. O processo e o julgamento da ação de que trata esta lei competirão ao juízo cível de primeiro grau.

Art. 13. A ação poderá ser proposta, alternativamente, no local do fato ou dano, quando houver; no da situação dos bens ou no foro do domicílio do réu.

Art. 14. O rito processual será aquele estabelecido na Lei n. 7.347, de 24 de julho de 1985, com as disposições específicas previstas nesta Lei.

§ 1º A petição inicial será instruída com documentos ou justificação que contenham indícios suficientes da existência de uma das hipóteses do art. 2º.

§ 2º Estando a petição inicial em devida forma, o juiz mandará autuá-la e, se entender necessário, ordenará a notificação do requerido para oferecer manifestação por escrito, que poderá ser instruída com documentos e justificações, no prazo de quinze dias.

§ 3º Recebida a manifestação, o juiz, no prazo de quinze dias, indeferirá a petição inicial, se convencido da inexistência de indícios suficientes do fato sobre que se funda a ação ou da inadequação da via eleita.

§ 4º Recebida a petição inicial, será o réu citado para apresentar contestação.

Art. 15. A ação de que trata esta lei comportará, a qualquer tempo, a concessão de quaisquer medidas cautelares que se mostrem necessárias para garantir a eficácia do provimento final, mesmo que ainda não haja sido identificado o titular dos bens.

§ 1º As medidas cautelares serão levantadas se a ação não for distribuída no prazo de 120 (cento e vinte) dias, contados da data em que ficar concluída a diligência.

§ 2º O juiz determinará a liberação total ou parcial dos bens, direitos e valores cuja licitude for devidamente comprovada se ausentes as hipóteses previstas nos arts. 2º e 11 desta Lei.

§ 3º Nenhum pedido de liberação será conhecido sem o comparecimento pessoal do réu ou de seu representante, podendo o juiz determinar a prática de atos necessários à conservação de bens, direitos ou valores.

Art. 16. O juiz determinará a alienação antecipada para preservação do valor dos bens sempre que estiverem sujeitos a qualquer grau de deterioração ou depreciação, ou quando houver dificuldade para sua manutenção.

§ 1º A alienação antecipada para preservação do valor de bens sob constrição será decretada de ofício pelo juiz, requerida pelo Ministério Público ou pela parte interessada, mediante petição autônoma, que será autuada em apartado e cujos autos terão tramitação em separado em relação ao processo principal.

§ 2º Não serão submetidos à alienação antecipada os bens que a União, por intermédio do Ministério da Justiça, o Estado ou o Distrito Federal, por órgão que designar, indicarem para serem colocados sob uso e custódia de órgão público ou instituição privada, preferencialmente envolvidos nas operações de prevenção e repressão ao crime organizado.

§ 3º O juiz determinará a avaliação dos bens nos autos apartados e intimará:

I – o Ministério Público;

II – a União, o Estado ou o Distrito Federal, que terá o prazo de 10 (dez) dias para fazer a indicação a que se refere o § 2º deste artigo; e

III – o interessado, com prazo de 10 (dez) dias.

§ 4º Feita a avaliação e dirimidas eventuais divergências sobre o respectivo laudo, o juiz, por sentença, homologará o valor atribuído aos bens e determinará sejam alienados em leilão ou pregão, preferencialmente eletrônico, por valor não inferior a 75% (setenta e cinco por cento) da avaliação.

§ 5º Realizado o leilão, a quantia apurada será depositada em conta judicial remunerada, adotando-se a seguinte disciplina:

I – nos processos de competência da Justiça Federal:

a) os depósitos serão efetuados na Caixa Econômica Federal ou em outra instituição financeira oficial definida em lei, mediante Documento de Arrecadação de Receitas Federais (DARF), específico para essa finalidade;

b) os depósitos serão repassados pela Caixa Econômica Federal ou por outra instituição financeira oficial definida em lei para a Conta Única do Tesouro Nacional, independentemente de qualquer formalidade, no prazo de vinte e quatro horas;

c) mediante ordem da autoridade judicial, o valor do depósito, após o trânsito em julgado da sentença, será:

1. colocado à disposição do réu, no caso de sentença que reconheça a improcedência do pedido, acrescido de juros de 6% (seis por cento) ao ano; ou

2. incorporado definitivamente ao patrimônio da União, no caso de sentença que reconheça a procedência do pedido.

d) os valores devolvidos pela Caixa Econômica Federal ou por outra instituição financeira oficial definida em lei serão debitados à Conta Única do Tesouro Nacional, em subconta de restituição;

e) A Caixa Econômica Federal, ou outra instituição financeira oficial definida em lei, manterá controle dos valores depositados ou devolvidos;

II – nos processos de competência da Justiça dos Estados e do Distrito Federal:

a) os depósitos serão efetuados em estabelecimento oficial do ente da Federação ou, na sua ausência, em instituição financeira oficial da União;

b) os depósitos serão repassados para a conta única do ente da Federação, na forma da respectiva legislação;

c) mediante ordem da autoridade judicial, o valor do depósito, após o trânsito em julgado da sentença, será:

1. colocado à disposição do réu pela instituição financeira, no caso de sentença que reconheça a improcedência do pedido, acrescido de juros de 6% (seis por cento) ao ano; ou

2. incorporado definitivamente ao patrimônio do ente da Federação, no caso de sentença que reconheça a procedência do pedido.
d) A instituição financeira manterá controle dos valores depositados ou devolvidos.
§ 6º Serão deduzidos da quantia apurada no leilão todos os tributos e multas incidentes sobre o bem alienado, sem prejuízo de iniciativas que, no âmbito da competência de cada um dos entes da Federação, venham a desonerar bens sob constrição judicial daqueles ônus.
§ 7º Os bens a serem colocados sob uso e custódia das entidades a que se refere o § 2º deste artigo serão igualmente avaliados.
§ 8º O juiz determinará ao registro público competente que emita documento de habilitação à circulação e utilização dos bens colocados sob o uso e custódia das entidades a que se refere o § 2º deste artigo.
§ 9º Terão apenas efeito devolutivo os recursos interpostos contra as decisões proferidas no curso do procedimento previsto neste artigo.

Art. 17. O juiz, quando necessário e após ouvir o Ministério Público, nomeará pessoa física ou jurídica qualificada para a administração dos bens, direitos ou valores sujeitos a medidas assecuratórias, mediante termo de compromisso.

Art. 18. A pessoa responsável pela administração dos bens:
I – fará jus a remuneração, fixada pelo juiz, que será satisfeita, preferencialmente, com os frutos dos bens objeto da administração;
II – prestará ao juízo informações periódicas da situação dos bens sob sua administração, bem como explicações sobre investimentos, do que se dará ciência às partes:
III – realizará todos os atos inerentes à manutenção dos bens, aplicando-se, no que couber, as disposições do art. 991 e seguintes do Código de Processo Civil.

Art. 19. Julgado procedente o pedido, o juiz determinará as medidas necessárias à transferência definitiva dos bens, direitos ou valores.

Disposições Finais
Art. 20. Caberá penhora no rosto dos autos de bens atingidos por esta lei, na hipótese de existir vítima e dano patrimonial identificados, de acordo com a sistemática do Código de Processo Civil.

Art. 21. Não haverá pagamento de emolumentos registrais nas ações e atos decorrentes desta lei.

Art. 22. Sem prejuízo de outras sanções previstas em lei, o retardamento indevido e o descumprimento de ordens judiciais expedidas no curso do processo poderão ser punidos com multa, a ser fixada pelo juiz da causa, em até o triplo do valor dos bens objeto da ação.

Art. 23. A União, os Estados e o Distrito Federal, no âmbito de sua competência, regulamentarão, mediante decreto, a forma de destinação dos bens, direitos e valores cuja perda houver sido declarada.
§ 1º As pessoas jurídicas de direito público aplicarão, preferencialmente, os recursos a que se refere o *caput* nos órgãos encarregados da prevenção e do combate ao crime, podendo celebrar convênios para destinação dos bens, direitos ou valores.
§ 2º Os recursos decorrentes da alienação de bens, direitos e valores oriundos do crime de tráfico ilícito de entorpecentes permanecem submetidos à disciplina definida em lei específica.

Art. 24. O terceiro que espontaneamente prestar informações de maneira eficaz ou que contribua para a obtenção de provas para a ação de que trata esta lei ou ainda que contribua para a localização dos bens fará jus a retribuição de até 5% do produto obtido com a liquidação desses bens.
Parágrafo único. A retribuição de que trata este artigo será fixada na sentença.

Art. 25. Aplica-se subsidiariamente o Código de Processo Civil.

Art. 26. Esta lei entra em vigor noventa dias após a data de sua publicação".

O anteprojeto encontra-se na Secretaria de Assuntos Legislativos (SAL), no Ministério da Justiça, havendo resistências à sua aceitação.

Importante mencionar que a referida Ação não impedirá a melhor destinação dos bens objeto da medida, devendo, *s.m.j.*, ser encaminhados ao uso (depósito judicial ou guarda provisória), à venda antecipada ou, então, dependendo de sua natureza, a museus ou entidades culturais.

8.2 RESOLUÇÃO CNJ N. 63/2008

O Conselho Nacional de Justiça editou a Resolução n. 63, em 16.12.2008, desejando concentrar dados estatísticos sobre bens apreendidos, sequestrados e arrestados pela Justiça criminal, conforme segue:

Conselho Nacional de Justiça

RESOLUÇÃO Nº 63, de 16 de dezembro de 2008

Institui o Sistema Nacional de Bens Apreendidos – SNBA e dá outras providências.

O PRESIDENTE DO CONSELHO NACIONAL DE JUSTIÇA, no uso de suas atribuições constitucionais e regimentais, e

CONSIDERANDO que a Emenda Constitucional nº 45/2004 conferiu ao Conselho Nacional de Justiça a função de planejamento estratégico do Poder Judiciário;

CONSIDERANDO a necessidade de se consolidar as informações sobre os bens apreendidos em procedimentos criminais, inclusive para possibilitar a extração de dados estatísticos e a adoção de políticas de conservação e administração desses bens, até a sua destinação final;

CONSIDERANDO o teor da Meta 17 da Estratégia Nacional de Combate à Corrupção e Lavagem de Dinheiro de 2006 – ENCLLA 2006[1].

[1] Meta nº 17 do ENCLLA 2006: "*Implantar sistema unificado e nacional de cadastramento e alienação de bens, direitos e valores sujeitos a constrição judicial, até sua final destinação*".

CONSIDERANDO o trabalho realizado pelo Conselho Nacional de Justiça, em conjunto com o Conselho da Justiça Federal, o Ministério da Justiça e o Departamento da Polícia Federal;

R E S O L V E:

Art. 1º Fica instituído o Sistema Nacional de Bens Apreendidos - SNBA, com o objetivo de consolidar as informações sobre os bens apreendidos em procedimentos criminais no âmbito do Poder Judiciário.

Art. 2º Os órgãos do Poder Judiciário descritos nos itens II, III, VI e VII do Art. 92 da Constituição Federal deverão alimentar o Sistema Nacional de Bens Apreendidos por meio de sistema eletrônico hospedado no Conselho Nacional de Justiça, mediante senha pessoal e intransferível, com as seguintes informações, entre outras:

I – tribunal, comarca/subseção judiciária, órgão judiciário e número do processo;

II – número do inquérito/procedimento;

III – órgão instaurador do inquérito/procedimento;

IV – unidade do órgão instaurador;

V – classe processual;

VI – assunto do processo;

VII – descrição do bem apreendido;

VIII – qualificação do detentor e do proprietário, se identificados;

X – qualificação do depositário;

XI - data da apreensão;

XII – destinação final do bem, se houver; e

XIII – valor estimado do bem ou resultante de avaliação.

§ 1° O Conselho Nacional de Justiça elaborará manual de utilização do Sistema Nacional de Bens Apreendidos com o objetivo de orientar a sua utilização e sanar eventuais dúvidas dos usuários.

§ 2° É obrigatória a indicação do valor estimado ou resultante de avaliação dos bens imóveis, veículos automotores, aeronaves, embarcações e moedas em espécie.

§ 3° Os juízos poderão fazer constar, nos mandados de busca e apreensão, determinação ao executante para que avaliem ou estimem o valor dos bens apreendidos.

Art. 3° O cadastramento dos bens apreendidos deverá ser realizado por magistrado ou servidor designado, até o último dia útil do mês seguinte ao da distribuição do processo ou do procedimento criminal em que houve a apreensão.

§ 1° O primeiro cadastramento deverá ocorrer até 28 de fevereiro de 2009, referente aos processos ou procedimentos criminais distribuídos no mês de janeiro de 2009.

§ 2° Até 31 de julho de 2009 deverão ser cadastrados os bens apreendidos nos processos ou procedimentos criminais distribuídos até 31 de dezembro de 2008, ainda em tramitação, e que possuam valor econômico (bens imóveis, veículos automotores, aeronaves, embarcações e moedas em espécie), além das armas e substâncias entorpecentes e de uso proscrito, facultado o cadastramento dos demais bens.

§ 3º O Sistema Nacional de Bens Apreendidos - SNBA deverá ser atualizado sempre que as informações nele contidas forem alteradas nos autos do processo ou do procedimento criminal em tramitação.

§ 4º Os tribunais poderão adequar os seus sistemas internos de modo a possibilitar a migração automática das informações ao Sistema Nacional dos Bens Apreendidos - SNBA.

§ 5º O Conselho Nacional de Justiça poderá celebrar convênio no intuito do cadastramento dos bens ser realizado diretamente pelo órgão responsável pela apreensão ou pela instauração do inquérito.

Art. 4º As Presidências e as Corregedorias dos órgãos do Poder Judiciário descritos no artigo 2º, assim como os usuários cadastrados no sistema, terão acesso, para consulta, aos dados do Sistema Nacional de Bens Apreendidos - SNBA.

Parágrafo único. O Conselho Nacional de Justiça poderá, mediante convênio, autorizar que órgãos de outros Poderes consultem os dados do Sistema Nacional de Bens Apreendidos – SNBA.

Art. 5º A administração e a gerência do Sistema Nacional de Bens Apreendidos - SNBA caberão ao Comitê Gestor a ser instituído e regulamentado pela Presidência do Conselho Nacional de Justiça.

Art. 6º As Corregedorias funcionarão como administradoras do Sistema Nacional de Bens Apreendidos – SNBA no âmbito dos seus tribunais, devendo adotar todas as providências necessárias ao cumprimento do seu objetivo e à correta alimentação dos dados no sistema.

Parágrafo único. As Corregedorias deverão orientar os juízos e adotar medidas administrativas no sentido de impedir que os autos dos processos ou procedimentos criminais sejam baixados definitivamente sem prévia destinação final dos bens neles apreendidos.

Art. 7º Esta Resolução entra em vigor na data de sua publicação.

Ministro Gilmar Mendes
Presidente

Importante frisar que, a pretexto de imprimir celeridade ou de bem administrar bens sob diligências judiciais, não se pode tolher aos magistrados de primeiro grau, até diante das peculiaridades nacionais (dimensão e necessidades específicas), o poder de destinar bens para uso de órgãos públicos, entidades assistenciais e culturais, uma vez que os bens devem ser, prioritariamente, mantidos no distrito da culpa, até pelo fato de o juiz frequentemente ser instado a decidir pedidos de restituição ou embargos do acusado ou de terceiros.

Cabe ao juiz natural, sempre com o conhecimento ou provocação do Ministério Público, dar a melhor destinação aos objetos apreendidos, de forma a atender o interesse dos investigados ou acusados, de um lado, e o interesse público, de outro.

Válida a iniciativa de quantificar em âmbito nacional os bens objeto de decisões judiciais ou de operações policiais, mas, para tanto, é preciso dar condições efetivas para a execução de bom trabalho da Justiça criminal de primeira instância, esta, sim, que detém condições efetivas de avaliar as entidades pleiteantes, exigir prestação de contas dos bens recebidos e, enfim, proceder a administração judicial do feito, na sua integralidade, incluindo, por óbvio, a iniciativa, até, de determinar a venda antecipada, se for o caso.

IX

COLABORAÇÃO OU DELAÇÃO PREMIADA

9.1 LEGISLAÇÃO E BUSCA DA VERDADE

Prevista em vários instrumentos normativos, dentre os quais: Código Penal (artigo 159, § 4º, com a redação dada pela Lei n. 9.269, de 02.04.1996); Lei n. 7.492, de 16.06.1986 (artigo 25, § 2º, acrescentado pela Lei n. 9.080, de 19.07.1995); Lei n. 8.072, de 25.07.1990 (artigo 8º, parágrafo único); Lei n. 8.137, de 27.12.1990 (artigo 16, parágrafo único, acrescentado pela Lei n. 9.080/95); Lei n. 9.034, de 03.05.1995 (artigo 6º), já revogada; Lei n. 9.613, de 03.03.1998, com a nova redação da Lei n. 12.683, de 09.07.2012 (artigo 1º, § 5º); Lei n. 9.807, de 13.07.1999 (artigos 13/15); Lei n. 11.343, de 23.08.2006 (artigo 41) e Lei n. 12.850, de 02.08.2013 (artigo 3º, I, c.c. os artigos 4º a 7º), a colaboração ou a delação premiada constitui, hoje, um instituto processual importante para a apuração da verdade real quando a crença geral da total ineficácia da jurisdição penal para o combate da criminalidade organizada (certeza da impunidade) começa a ser arranhada com a coordenação das instituições de repressão e o consequente aumento do número de prisões, investigações e condenações.

Letícia Gimenez revela que, "enquanto a legislação brasileira ainda engatinha no uso da delação premiada, países como Itália e Espanha usam a ferramenta jurídica como instrumento na investigação de crimes relacionados ao terrorismo, tráfico de drogas e também para desvendar organizações mafiosas. Juristas da Espanha, Itália e Portugal explicam que o depoimento de arrependidos é usado como forma de se iniciar uma investigação, mas nunca como prova para um julgamento"[1].

A Convenção da ONU de Mérida contra a Corrupção expressamente recomenda a "... mitigação de pena de toda pessoa acusada que preste cooperação substancial à investigação ou ao indiciamento..." (artigo 37, 2).

Verifica-se que o espectro normativo é amplo e autorizativo de tal forma que é possível hoje concretizar um "acordo" entre o suspeito/acusado e o Ministério Público, com a participação do magistrado, embora a legislação, quanto a este último aspecto, não seja clara. Entretanto, seria letra morta garantir às partes a delação premiada e não lhe conferir eficácia, dada a ausência de participação do Judiciário. A participação do Judiciário não pode, porém, comprometer a necessária independência deste, que deve estar livre para decidir quanto à conveniência de aplicação do instituto excogitado diante do que for verificado durante o procedimento autorizativo da delação premiada.

O prêmio punitivo que se concede ao suspeito/acusado visa a uma eficaz busca da verdade. A delação premiada, existente no Brasil desde as Ordenações Filipinas, é ética, útil e estratégica. Ética porque atende às finalidades político-criminais e à proteção do bem jurídico. Quando se ataca esse instituto, alegando-o não ético, na verdade está se invocando a "ética" do criminoso, que não aceita ser apontado por um comparsa. Útil pelo fato de permitir a descoberta precoce de crimes e seus autores ou partícipes, facilitando o trabalho de todos. Por fim, estratégica para as partes, inclusive à defesa, já que o cliente se vê beneficiado com uma pena relativizada sem o custo do processo. O advogado que estimula o cliente à delação presta serviço útil e valioso para a Justiça, porquanto a ele está vedado expor fatos, falseando deliberadamente a verdade ou estribando-se na má-fé, conforme estabelece o Código de Ética da OAB. Esse é o sentido real de se compreender a função advocatícia como essencial à Justiça.

---

[1] In GIMENEZ, Letícia. Delação premiada combate máfia, terrorismo e tráfico na Europa. *Última Instância*: revista jurídica. Disponível em: <www.ultimainstancia.com.br>. Acesso em: 25 ago. 2005.

A nova lei sobre organização criminosa (Lei n. 12.850, de 02.08.2013) disciplina não somente a delação premiada, que, na lei, leva o nome de colaboração premiada, como também a ação controlada e a infiltração de agentes, a interceptação ambiental, as comunicações telefônicas, acesso a dados cadastrais, documentos e informações fiscais, bancárias, financeiras, telefônicas, comerciais, desde que não abranjam aquelas preservadas pelo sigilo constitucional.

Num caso concreto, o juízo da 6ª Vara Federal Criminal de São Paulo teceu considerações acerca da proposta das partes numa tentativa de delação premiada, além de refletir sobre a razão de ser desse importante instituto, a saber:

> "Com efeito, quando de sua primeira alusão ao reconhecimento da Delação Premiada considerou suficiente a intenção de colaborar na investigação da conduta supostamente ilícita de policiais civis e a entrega de US$ 1.400.000,00 ocultados, em tese, em Campinas. Posteriormente, após decisão judicial às fls. 2588/2629, que entendeu inadequada a formulação diante da forma e modo, alegou que desejava entregar a quantia de US$ 40.000.000,00, fruto do tráfico internacional de drogas, e fornecer informações valiosas deste delito, mantendo contato com integrantes de sua organização criminosa que estariam em zona de guerrilha na Colômbia (...). Já, perante o Superintendente Regional da Polícia Federal de São Paulo, alterando sua posição anterior, afirmou que desejava entregar US$ 35.000.000,00, provenientes do tráfico internacional de drogas, que revelaria o nome de três integrantes de seu cartel, todos com mandado de prisão por tráfico internacional exarado pelos Estados Unidos, bem como rotas e um brasileiro envolvido também por tal crime (fls. 10/11 dos autos Pedido/Delação). Na audiência realizada em 16 de janeiro deste ano para verificação de sua real intenção em colaborar, o acusado manifestou desejo de realizar uma 'troca', entregando entre US$ 30.000.000,00 e US$ 40.000.000,00, que, segundo o pedido, não mais seria fruto do tráfico, mas de 'valores recuperados' (?!), além de informações sobre rotas do narcotráfico da Venezuela à América Central (não mais do Brasil, que desconhece), do nome de um brasileiro que adquiria aviões de um piloto 'seu' (do acusado...) para que ele, o brasileiro, fizesse o tráfico entre Venezuela e América Central, além de revelar o nome de seu 'pessoal' na Colômbia que estaria se entregando à Justiça do Panamá (...).

Em contrapartida, pleiteou a extinção de sua pena e de sua mulher, a coacusada (...), ou mesmo a sua absolvição, a manifestação favorável à sua extradição, além de transferência ao Presídio de Itaí, alterando posteriormente para redução de pena em 2/3, além da entrega de valores, mas desde que 'prévio acordo' seja firmado com o Juízo.

Atribuiu à Justiça Federal o fato de não se concretizar a Delação Premiada, afirmando que este Juízo 'preferiu' determinar a entrega de valores, além de asseverar que 'já cooperou', não havendo qualquer reconhecimento jurisdicional neste sentido.

Na tentativa de ver seu pleito reconhecido, ingressou com *Habeas Corpus* perante o Eg. Tribunal Regional Federal da 3ª Região (...), quando então o Desembargador Federal (...) ao indeferir a liminar em 15.02.2008 consignou: *'Impossível seria justamente aquilo que o réu desejava: emparedar o Juiz (...), exigindo que o ínclito magistrado desde logo se comprometesse com a concessão de benefícios em escala determinada pela defesa – que nem de longe pode 'marionetar' o Juiz – mesmo porque um Juiz jamais poderia se vincular dessa maneira, pois futuramente o magistrado em questão poderia nem mesmo estar mais no exercício da jurisdição quando do sentenciamento do* feito' (fls. 116/129 do Pedido/Delação).

O acusado de 'lavar' altas somas provenientes do tráfico internacional no Brasil vem se manifestando como se vítima fosse de uma situação jurídica injusta desfavorável, chegando a condicionar sua nova 'colaboração' à garantia 'apenas' da redução em 2/3 de sua pena. Os valores ora 'recuperados' (?!) e a revelação tão somente daquilo que ele deseja seriam, sob a sua ótica, suficientes à obtenção da pena reduzida no montante pleiteado.

Mais recentemente, em nova tentativa de ver suas reinvidicações atendidas, manifestou desejo em 'contribuir' para esclarecimentos de algo que seria relevante (mais uma vez de nenhuma consistência), mas, para tanto, solicitou gestões de uma determinada autoridade judiciária federal junto a este magistrado para que obtivesse mudança da decisão deste Juízo, o que foi prontamente repudiado, e a transferência de sua esposa para a Superintendência da Polícia Federal em São Paulo.

Novamente utiliza-se de métodos negociais próprios de um comerciante, nada condizente com o comportamento esperado pela lei. Em outras palavras, acua o magistrado sentenciante acenando com informações importantes, envolvendo outras autoridades federais brasileiras sempre na tentativa de ver sua mulher e sua pessoa em posição tranquila para seguir seu destino nos Estados Unidos da América, onde poderá, em tese, obter, mediante o *plea bargaining*, benefícios em acordo com a acusação.

Importante mencionar, nesse passo, que o instituto pleiteado também se submete ao controle dos juízes federais americanos, que devem, quando haja violação dos princípios que norteiam a política do Departamento de Justiça *(Guidelines Principles or DOJ Policy)*, cujos parâmetros encontram-se no *Federal Rules of Criminal Procedure n. 11 ('Fed.R.Crim.P.11')*, rejeitá-lo. Por exemplo, quando um *plea agreement* contempla a dispensa de acusações ou o comprometimento de não investigar determinado fato, o juiz somente o aceitará se as acusações que remanescerem correspondem adequadamente à seriedade do comportamento ilícito e que a aceitação do acordo não enfraqueça os propósitos da Sentença ou vá em direção oposta às diretrizes definidas para esta última[2].

Quisera o acusado citado realmente colaborar, não poderia, conforme explanações deste magistrado em audiência e em diversas decisões, alegar que este 'juízo' preferiu determinar a entrega do dinheiro e não aceitar a cooperação, 'que já teria havido', que os valores a serem entregues não mais são fruto do tráfico, afirmações que colocam em séria dúvida acerca de sua real intenção. Caso este Juízo não lhe 'garantisse' a redução de sua pena, não haveria disposição em entregar valores, muito menos em colaborar, comportamento totalmente inapropriado de alguém que deseja uma Delação Premiada.

A incompreensão chegou ao ponto de invocar-se direito a não autoincriminação e direito ao silêncio, já anteriormente garantidos, mas totalmente inaplicáveis ao instituto.

Esquece-se que este Juízo designou data especial, transferindo-o a São Paulo, justamente para verificar sua real disposição em colaborar, ou seja, em revelar o crime, a organização criminosa, algo que agregasse, acrescesse à Justiça Criminal, tudo isto após meses de seu interrogatório judicial.

A garantia da Delação Premiada é fornecida pela lei, ou seja, a real possibilidade de ver a pena extinta ou diminuída decorre da conduta de alguém que

---

2 Cf. O'SULLIVAN, Julie R. *Federal white collar crime.* Cases and materials. American casebook series. 2. ed. St. Paul/MN: Thompson/West, 2003, p. 1312/1313.

deseja, sem afirmações dúbias ou inconsistentes, auxiliar os trabalhos da Justiça. O pressuposto, do qual não se pode afastar, é a confiança na Justiça Criminal, com possibilidade de seu direito vir a ser reconhecido até em Corte Superior, caso considere inadequada decisão que eventualmente não a reconheça ou que reduza a pena de forma insuficiente.

Por outro lado, adotando-se a mesma linha de raciocínio do acusado, questionável também seria a garantia da Justiça no que tange à relevância das informações prestadas quanto ao tráfico internacional, uma vez que a efetividade e consistência delas somente poderiam ser aferidas após confronto com outros elementos de prova, não bastando, assim, a simples afirmação do increpado.

Há necessidade da entrega de valores a título de indenização ou mesmo como recuperação do produto do crime, já sequestrado por este Juízo, mas, mais do que isso e da entrega de patrimônio de origem espúria, a Delação Premiada pressupõe o esclarecimento dos fatos, da trama criminosa, da organização criminosa, de todos os auxiliares do delito, não cabendo limitar o universo do que deseja esclarecer.

Quisera colaborar, bem poderia ter feito de espírito aberto, sendo verdadeiro, revelando fatos de interesse da Justiça Federal (claro, não limitando o que quer desvendar) e entregando o dinheiro ilícito (consoante anteriormente afirmado) em seu poder, e aí teria a garantia da lei em ver o seu direito ao benefício pleiteado reconhecido.

Ora, o que realmente se observou nestes autos foi, tão somente, a admissão parcial dos fatos, no sentido de ter trazido ao país moeda lícita e ilícita (esta proveniente do tráfico internacional de drogas) e a utilização de terceiros para manutenção deste patrimônio no Brasil à revelia das autoridades e dos canais competentes, bem ainda autorização para que um comparsa entregasse parte do dinheiro escondido em Campinas. Momento algum revelou: a existência de atividade lícita no exterior que justificasse possuir grande soma de dinheiro; a razão deste trafegar também pelo mesmo caminho do ilícito, com os riscos naturais deste; a utilização, também para aquilo que alega de regular, de moeda em espécie; muito menos atribui-se a terceiros ciência do que faziam. Não indica qualquer membro de sua organização criminosa.

(...) também argumentam que estariam colaborando com as investigações do presente feito, assim como teriam apontado a prática de crimes conexos, inclusive, indicando os seus autores. Em acréscimo, alegam que em razão de suas denúncias formaram-se procedimentos investigatórios no Ministério Público Estadual e na Corregedoria da Polícia Civil de São Paulo.

Com relação à recuperação do produto do crime ou pagamento de uma indenização, decorrente da Delação, levou-se em conta por ocasião do primeiro pedido de reconhecimento da Delação, diante do universo econômico que supostamente permeou os fatos e, *in casu*, como apontado na denúncia, a movimentação do elevado fluxo de capital pelas vias anormais, sempre em espécie, com pagamento à vista de bens móveis e imóveis.

Além disso, considerou-se o bloqueio de contas determinado no Uruguai, a apreensão de vasto numerário no Brasil (em reais e em moeda estrangeira) e de veículos diversos (nacionais e importados), bem ainda os bens sequestrados, dentre eles, as residências em Aldeia da Serra, em Angra dos Reis, em Florianópolis e o sítio em Pouso Alegre no interior de Minas Gerais.

Os depoimentos em Juízo prestados por (...) (fls. 1956/2013, 2014/2034, 2085/2148 e 2218/2260) fizeram abordagem sobre os valores apreendidos ou que teriam sido utilizados para aquisição dos bens de (...) que, somados, atingiriam, segundo suas palavras, a ordem de R$ 9.411.407,80 (nove milhões, quatrocentos e onze mil e quatrocentos e sete reais e oitenta centavos) a R$ 9.461.407,80 (nove milhões, quatrocentos e sessenta e um mil e quatrocentos e sete reais e oitenta centavos).

Neste sentido, confiram-se as transcrições (...):

1) Depoimento (...)

1.1) Casa em Aldeia da Serra

(...)

1.2) Lancha

(...)

1.3) Casa em Angra dos Reis

(...)

1.4) Sítio em Pouso Alegre

(...)

2) Depoimento (...)

2.1) Fazenda Finca

(...)

3) Depoimento de (...)

3.1) Casa em Jurerê Internacional

(...)

4) Depoimento de (...)

4.1) Valores guardados (...)

(...)

Em resumo, os valores mencionados podem ser assim discriminados:

(...)	
Bem adquirido ou valores apreendidos	**Valor**
Casa em Aldeia da Serra	750 mil reais
Lancha	1,1 milhões de dólares (equivalente a 1,98 milhões de reais[3])
Casa em Angra dos Reis	750 mil reais
Sítio em Pouso Alegre	200 a 250 mil reais
Fazenda Finca	590 mil reais[4]
Casa em Jurerê	1,4 milhões de reais[5]
Valor apreendido com Jaime	1,4 milhões de dólares (equivalente a 2,52 milhões de reais)
Reais apreendidos em Aldeia da Serra	R$ 206.203,00
Dólares apreendidos em Aldeia da Serra	US$ 300.126,00 (equivalente a R$ 540.226,80)
Euros apreendidos em Aldeia da Serra	€184.100,00 (equivalente a R$ 474.978,00[6])
Total	**R$ 9.411.407,80 a R$ 9.461.407,80**

(...), marido da corré (...), em seu interrogatório em Juízo declarou que recebia pagamentos mensais, na ordem de US$ 3.000,00 (três mil dólares) de (...) como contraprestação pelo gerenciamento de funcionários de sua casa, da manutenção da residência de Angra dos Reis, do sítio em Pouso Alegre e da lancha. Revelou ainda ter recebido comissões daquele acusado pela aquisição da residência de Aldeia da Serra, do imóvel em Angra dos Reis, do Sítio em Pouso Alegre, da lancha apreendida, bem ainda pela reforma da residência em que vivia Juan Carlos.

---

3 US$ 1,00 equivalente a R$ 1,80.

4 Cf. teor deste *decisum* na parte que analisa a questão da Fazenda Finca quando aborda a conduta de (...).

5 (...) afirma que comprou a casa para investimento e somente deu R$ 140.000,00 de entrada.

6 €1,00 equivalente a R$ 2,58.

Estes valores auferidos, direta ou indiretamente, perfazem o montante de R$ 347.400,00 (trezentos e quarenta e sete mil e quatrocentos reais) a R$ 372.400,00 (trezentos e setenta e dois mil e quatrocentos reais).

Também aqui, valho-me das transcrições do interrogatório judicial deste acusado, a seguir declinadas:

1) Casa do (...) em Aldeia da Serra

(...)

2) Lancha

(...)

3) Casa em Angra dos Reis

(...)

4) Sítio em Pouso Alegre

(...)	
Bem adquirido ou serviço prestado	**Valor**
Casa em Aldeia da Serra	100 ou 120 mil reais
Lancha	80 mil reais
Casa em Angra dos Reis	100 mil reais
Sítio em Pouso Alegre	15 a 20 mil reais
Reforma da casa do Abadia em Aldeia da Serra	20 mil reais
Pagamentos mensais (3 mil dólares por mês durante 6 meses)	32,4 mil reais (US$ 1,00 equivalente a R$ 1,80)
Total auferido (direta ou indiretamente)	**347,4 mil a 372,4 mil reais**

(...)

5) Reforma da casa do (...) em Aldeia da Serra

(...)

6) Pagamentos mensais

(...)

A seguir, discriminam-se os valores mencionados supostamente auferidos, segundo o próprio increpado, beneficiando sua mulher (...), já que o destino seria para o lazer comum:

(...) e (...) desejam quanto ao valor da recuperação do produto do crime ou valor de indenização, fixados quando da primeira decisão (fl. 2602) sobre o pedido de reconhecimento de Delação Premiada no montante de R$ 200.000,00 (duzentos mil reais), para cada qual, que seja compensado com os bens apreendidos.

Por força de recente solicitação de reconhecimento, agora da lavra do Ministério Público Federal, na qual deseja a indicação de pessoas que poderiam contribuir à elucidação do crime organizado, com entrega de outros documentos pertinentes (...), os réus afirmaram que já tinham dito tudo o que sabiam, ratificando os interrogatórios judiciais anteriores no sentido de nunca desconfiarem do acusado (...) (para quem adquiriram bens móveis e imóveis, em nome de terceiros a eles vinculados, quando não em seu próprio nome), nada revelando quanto ao patrimônio deste, inclusive aquele ainda ocultado. Sequer admitiram que 'lavavam' dinheiro do narcotráfico.

O Ministério Público Federal concordou com a redução da pena (1/3 para... e 2/3 para...), a ser cumprida em regime aberto e com a fixação da pena de multa no valor de R$ 100.000,00, que deveria ser paga com os bens pessoais apreendidos, bem como com a sua imediata colocação em liberdade (...).

Ao contrário do que repetidamente foi dito em Juízo pelos acusados (...), a prova dos autos demonstra que efetivamente sabiam das atividades ilegais de (...). Não é só. Tinham conhecimento de que ele era narcotraficante, fato afirmado, por exemplo, pela própria mãe de (...), em diálogo de 09.08.2007, pelo qual demonstra intensa preocupação.

A própria atuação do casal acusado revela o conhecimento e, apesar disto, não recuaram, o que lhes permitiu usufruírem bens de luxo e valores provenientes do narcotráfico.

Ora, se tinham conhecimento da traficância, ao menos poderiam esclarecer mais detalhadamente a 'lavagem' no Brasil a cargo de Abadia e os seus auxiliares, bem ainda a consciente contribuição destes. E mais: o patrimônio ainda ocultado no país e as pessoas que permitem sua ocultação. Não fizeram e não estão dispostos a fazer novas revelações, como, aliás, deveriam ter feito tendo em vista a decisão judicial constante à fl. 118 dos autos (...).

A Delação Premiada requer a vinda de informações úteis ao feito, a partir da qual pode-se reconhecer o direito sujetivo e dosá-lo adequadamente. Caso contrário, implicaria na irrelevância e descrença no instituto, tão útil para o descobrimento e o aprofundamento do crime organizado.

Por outro lado, o casal teria contribuído para a revelação dos fatos circunscritos a eventual extorsão de maus policiais civis, admitindo de forma parcial a imputação da denúncia, no sentido de adquirir para Juan bens que foram colocados em nome próprio ou de terceiros.

Como se observa, estes réus, da mesma forma que (...), desejam reconhecimento de benefício legal apenas colaborando dentro do universo

> de seu interesse de revelação, longe, porém, do foco do Estado na colheita de importantes informações de repressão à 'lavagem' de valores e do tráfico internacional de entorpecentes.
>
> Não se pode esquecer que tais increpados recepcionaram de maneira inusual o corréu (...), em razão da 'amizade' antiga (desde 2001) de (...) com a viúva de (...), que, além de ser condenado por tráfico na Colômbia em 1996, foi assassinado em 2002.
>
> Assim, NÃO QUALIFICO as pontuais colaborações dos increpados na figura da Delação Premiada.
>
> Contudo, não se pode deixar de reconhecer tais comportamentos, por ocasião da dosimetria da pena, como ATENUANTE prevista no artigo 65, III, 'b', primeira parte, do Código Penal, ou seja, *'ter o agente procurado, por sua espontânea vontade e com eficiência, logo após o crime, evitar-lhe ou minorar-lhe as consequências'*, apesar de não restar cristalina a espontaneidade, porquanto foi facilitada a recuperação do produto do crime, embora tal fato já ter sido praticamente desvendado pela Polícia Federal.
>
> Quanto a (...), não há nenhum dado consistente de sua colaboração para o desenrolar da trama criminosa, negando os fatos, nada contribuindo para sua revelação. As informações quanto aos crimes de corrupção ativa e passiva por ele passadas já haviam sido apuradas pela autoridade policial, e não agregaram ao que já se sabia." (grifo nosso)

9.2 DOAÇÕES E INDENIZAÇÕES VOLUNTÁRIAS

As entregas ou indenizações voluntárias nos casos de delação premiada têm sido fator de evidente concretização de ato de responsabilidade social, ou mesmo de justiça social, quando os recursos são destinados diretamente a entidades filantrópicas e/ou culturais.

Por exemplo, em um determinado feito, o juízo da 6ª Vara Federal Criminal decidiu:

> "Vistos em decisão.
>
> Chamo o feito à conclusão.
>
> Os acusados (...), bem como o Ministério Público Federal requereram instauração do procedimento de DELAÇÃO PREMIADA, com amparo no artigo 1º, § 5º, da Lei n. 9.613, de 03.03.1998 (fls. 02/05).

Na ocasião foi proposto, a título de fixação de pena pecuniária, o pagamento da quantia de R$ 150.000,00 (cento e cinquenta mil reais) para cada um dos acusados, tendo o Ministério Público Federal manifestado concordância.

Em audiência efetivada em 15.07.2008 este juízo deixou assentado que havia concordância das partes para o procedimento que possibilita o início da Delação Premiada. Ressaltou-se que a obtenção das consequências benéficas com as quais está de acordo a Acusação e a Defesa dependerá exclusivamente da efetiva colaboração dos acusados no esclarecimento dos fatos, na revelação de atividades ilegais exercidas por terceiros ou corréus, agentes públicos ou políticos, doleiros, mediante detalhamento que dê consistência devida (fls. 08/10).

Os acusados comprometeram-se a prestar todos os esclarecimentos solicitados pela autoridade policial e Ministério Público Federal, especialmente na condução de trabalhos para apurar infrações penais e respectiva autoria, localização de bens, objetos e valores, todos relacionados com o objeto da investigação. Comprometeram-se também a prestar outras informações de que teriam conhecimento sobre pessoas físicas ou jurídicas envolvidas nas supostas práticas de crimes financeiros, especialmente sobre as atividades dos denominados escritórios Private Banking de bancos estrangeiros no país com representação e filial no Brasil, como por exemplo (...).

Deu-se, então, início ao procedimento de delação premiada, ficando estipulado que a obtenção das consequências benéficas do mencionado instituto dependeria exclusivamente da efetiva colaboração dos acusados no esclarecimento dos fatos, mediante detalhamentos consistentes de ações delituosas, de modo a revelar toda a trama criminosa com o nome das pessoas envolvidas (fls. 08/10).

A autoridade policial encaminhou a este juízo Termo de Declarações de (...), prestadas na DELEFIN/SR/DPF/SP, na presença dos Delegados de Polícia Federal (...), ocasião em que apresentaram planilha com relação de clientes, números de contas, valores depositados e nome da instituição financeira (fls. 84/236).

Novas declarações foram prestadas, apresentando também extrato de toda a movimentação financeira realizada na conta denominada (...), mantida no banco (...), em cotitularidade com o corréu (...) (fls. 239/457).

Em manifestação, o Ministério Público Federal opinou no sentido de aguardar deliberação deste juízo sobre o valor da multa pecuniária e sua destinação para que posteriormente possa apresentar memoriais nos autos principais (n. 2008.61.81.010818-5).

É o relatório.

Decido.

Verifica-se, dos elementos encaminhados pela autoridade policial, que (...) teriam prestado esclarecimentos às investigações em andamento com vistas ao reconhecimento da figura de 'réus colaboradores'.

A quantia oferecida na exordial reputa-se razoável diante da participação dos acusados na atuação de supostas práticas de delitos contra o Sistema Financeiro Nacional e em 'lavagem' de valores. Tal valor está apto para condicionar e possibilitar o início do procedimento de Delação Premiada.

Os fatos teriam ocorrido junto ao banco (...), por intermédio das empresas (...).

A garantia da Delação Premiada é fornecida pela Lei, ou seja, a real possibilidade de os réus colaboradores verem suas penas extintas ou diminuídas decorre da conduta por eles almejada, sem afirmações dúbias ou inconsistentes, no sentido de auxiliar os trabalhos da Justiça, cuja efetividade e consistência, porém, somente poderão ser aferidas pelo julgador após confronto com outros elementos de prova.

O pressuposto, do qual não se pode afastar, é a confiança na Justiça Criminal, com possibilidade de seus direitos virem a ser reconhecidos até em Cortes Superiores, caso considerem inadequada decisão que eventualmente não a reconheça ou que reduza a pena de forma insuficiente após o transcurso de toda a instrução processual.

In casu, as partes anuíram inicialmente às condições impostas, sendo que o *quantum* da indenização ainda pende de homologação por este juízo.

Frise-se que mais importante que o pagamento da indenização é o compromisso de sempre colaborar com a justiça, Ministério Público Federal ou Polícia Federal sempre que solicitado.

Pelo exposto, HOMOLOGO o valor de R$ 150.000,00 (cento e cinquenta mil reais) para cada um dos réus colaboradores (...), totalizando-se em R$ 300.000,00 (trezentos mil reais) a título de indenização ou doação voluntária.

O valor acima deverá ser liquidado em uma única parcela, no prazo de 24:00 horas.

O valor arrecadado deverá ser destinado a ações sociais consoante este juízo tem permeado suas decisões nestas hipóteses, se possível, mediante a apresentação de projetos específicos.
A destinação dos valores obedecerá aos seguintes critérios: *a)* localização prioritária em periferia, já que nestes locais as contribuições voluntárias usualmente são mais difíceis de serem oferecidas; *b)* dificuldades evidentes de manutenção; *c)* atendimento a crianças, pessoas idosas ou portadoras de problemas crônicos e/ou dependentes exclusivamente de ajuda humanitária; *d)* possuir documentação oficial regular, ou em vias de regularização, junto aos órgãos federais ou locais; *e)* constatação das condições acima por parte dos Oficiais de Justiça deste juízo.
Deve-se pontuar, outrossim, que a dotação dos valores, atentando-se aos critérios acima eleitos, observa primordialmente a carência de recursos, a necessidade imediata de percepção de valores e a destinação para fins específicos, conforme dados colhidos por este juízo que, dentro da aferição de oportunidade e conveniência, conferem validade à presente determinação.
Em consequência, passo a DELIBERAR sobre a destinação do valor correspondente a R$ 200.000,00 (duzentos mil reais) da seguinte forma:

1. A entidade (...) necessita realizar o projeto de obra destinada à separação, educação e transformação de resíduo de lixo – denominado (...). A importância da obra destina-se à preservação ambiental, desenvolver a formação educacional das crianças da associação para as questões ambientais. Além disso, com a construção da obra será possível a geração de emprego e recursos para a instituição, constituindo, pois, mais um importante projeto social a ser desenvolvido pela entidade citada, localizado em bairro periférico desta Capital (Itaquera).
Para a construção de galpão com área de cobertura de 300 metros quadrados, foi apresentado orçamento no valor de R$ 160.000,00 (cento e sessenta mil reais), conforme se verifica à fl. 13 dos autos n. (...). Assim, destino-lhe a quantia citada. Saliente-se que esta entidade consta do rol de instituições assistenciais cadastradas nesta Vara e está devidamente regularizada junto aos órgãos estatais competentes.

2. Será também destinada a quantia de R$ 36.289,20 (trinta e seis mil, duzentos e oitenta e nove reais e vinte centavos), para o (...). Conforme projetos apresentados pela referida entidade a sua sede necessita de manutenção na parede interna e reforma de alguns banheiros do térreo

e sala de diretoria, o que completaria, de forma efetiva, as necessidades estruturais da sede (cf. fls. 46 e 50 dos autos n. 2008.61.81.008995-6). As entidades devem ficar cientes que a presente destinação refere-se aos projetos apresentados e não aos orçamentos e/ou custos e despesas, que serão de sua exclusiva responsabilidade, devendo empregar a verba concebida de forma criteriosa. O valor concedido deve ser totalmente empregado nos projetos apresentados, a iniciar-se no prazo de 30 (trinta) dias, a partir do recebimento do numerário, sendo que, a prestação de contas dar-se-á no prazo de 60 (sessenta) dias da efetivação dos gastos. Deverão ser apresentadas notas fiscais e comprovantes dos materiais e mão de obra expendidos na execução dos projetos, devendo, ainda, ser registrados por meio fotográfico.

3. Destino a quantia correspondente a R$ 3.710,80 (três mil setecentos e dez reais e oitenta centavos) para (...). Referido valor deverá contribuir com as suas despesas na execução de trabalhos sociais que envolvem crianças com doenças graves e portadoras de deficiências físicas. *A entidade deverá prestar contas das despesas efetuadas, apresentando notas fiscais e recibos a este juízo.*

(...)

Intime-se a Defesa para que os depósitos sejam efetuados em no máximo 24 HORAS.

Assim, após análise dos demais desdobramentos e por ocasião da prolação da sentença, será procedida decisão final, dependendo apenas da satisfação dos compromissos assumidos pelos delatores – dos quais se mostraram plenamente acordes, vale dizer, do resultado da efetiva colaboração no esclarecimento dos fatos, na revelação de outras atividades ilegais eventualmente exercidas por terceiros, 'doleiros' etc., mediante detalhamento que dê consistência devida, além de apresentação de documentação pertinente, na forma do artigo 1º, § 5º, da Lei n. 9.613/1998.

Dê-se ciência ao Ministério Público Federal.

Intime-se".

9.3 PROCEDIMENTO

A experiência mostra que quanto melhor for o trabalho inicial de investigação mais fácil será a difusão de seu uso, porquanto a robutez da prova colhida inicialmente permitirá à defesa buscar mecanismo de redução ou extinção da punição.

Ora, somente com um sistema judicial que tenha um resultado no tempo razoavelmente adequado, que garanta um feito sigiloso e o engajamento de todos os incumbidos da persecução penal, a delação se constituirá em mecanismo vital para a revelação da trama criminosa.

A colaboração ou a delação pode, pois, constituir, já no início das investigações, eficiente instrumento para o combate ao crime organizado, contudo, deve, na esteira do que preleciona Marcelo Batlouni Mendroni[7], "ser utilizado com cautela e critério para que não se transforme em 'joguete' entre os próprios criminosos e em prejuízo da administração da Justiça".

A legislação sobre a lavagem de dinheiro, mesmo com as alterações recentes (Lei n. 9.613, de 03.03.1998, c.c. a Lei n. 12.683, de 09.07.2012), não previu um procedimento específico. Apenas o Código de Processo Penal divide os ritos processuais em ordinário, sumário, sumaríssimo e do Júri, prevendo agora, diante das recentes alterações, a audiência dos acusados após a instrução, no final de todos os procedimentos, o que, como se verá no próximo item, representou um complicador quando se pensa em delação premiada.

Este autor sempre adotou um procedimento distinto do de outras Varas Federais especializadas, como a Justiça Federal de Curitiba/PR, que costumava firmar um verdadeiro contrato com o increpado, prevendo até mesmo renúncia a recursos em um documento assinado inclusive pelo juízo responsável pelo feito, além das polícias e dos ministérios públicos (Estadual e Federal) e, é claro, pelo próprio investigado ou acusado.

Cabe, inicialmente, reproduzir abaixo modelo paranaense:

> *"MODELO DE ACORDO DE DELAÇÃO PREMIADA*[8]
>
> O Ministério Público Federal – MPF, por intermédio dos Procuradores da República abaixo assinados, nos autos da ação penal pública n._____, que tramita perante a_____ Vara Criminal Federal_____,

---

[7] Cf. MENDRONI, Marcelo Batlouni. Delação premiada. *Última Instância*: revista jurídica. Disponível em: <www.ultimainstancia.com.br>. Acesso em: 28 ago. 2005.

[8] Cf. A delação premiada. Cássio M. M. Granzinoli (in *Lavagem de dinheiro. Comentários à lei pelos juízes das varas especializadas em homenagem ao Ministro Gilson Dipp.* Autoria coletiva, Baltazar Júnior e outros, fls. 162-167).

vem propor ao réu_____ a formalização de acordo de delação premiada nos termos que se seguem.

I – Base Jurídica

1. O presente acordo funda-se no artigo 129, inciso I, da Constituição Federal, nos artigos 13 a 15 da Lei n. 9.807/99, bem como no artigo 32, §§ 2º e 3º, e no artigo 37, inciso IV, da Lei n. 10.409/2002, e no artigo 265, inciso II, do CPC, estes aplicados analogicamente, à luz do artigo 3º do CPP. Tais dispositivos conferem ao Ministério Público o poder discricionário de propor ao indiciado ou ao réu acordo de redução da pena privativa de liberdade de 1/3 a 2/3, ou o perdão judicial.

2. O interesse público é atendido com a presente proposta tendo em vista a necessidade de conferir efetividade à persecução criminal de outros suspeitos e réus e ampliar e aprofundar, em todo o País, as investigações em torno de crimes... (por exemplo: crimes contra a Administração Pública, contra o Sistema Financeiro Nacional, contra a ordem tributária, crimes de lavagem de dinheiro...), inclusive no que diz respeito à repercussão desses ilícitos penais na esfera cível (atos de improbidade administrativa), tributária e disciplinar.

II – Proposta do Ministério Público Federal

1. Fulano de Tal, brasileiro... identidade n...., CPF n...., doravante denominado acusado, responde perante à... Vara Federal Criminal de... à(s) ação(ões) penal(is) de n.... O acusado está ainda sendo investigado em diversos inquéritos policiais em trâmite na referida Vara (ou nas Varas...), como os n....

2. Esses inquéritos estão relacionados à atividade do acusado como... (ou visam à apuração dos crimes, em tese cometidos, de...)

3. Em vista disto, salvaguardada a necessidade de homologação judicial deste acordo, o Ministério Público Federal (MPF) oferece ao acusado os seguintes benefícios legais:

a) fixação da pena privativa de liberdade que vier a ser aplicada nos autos da ação penal de n...., de forma a que seja outorgado ao acusado direito a regime inicial de cumprimento da pena semiaberto (ou, sendo o caso, desde logo o regime aberto) e com recomendação para progressão a partir do cumprimento de um sexto da pena;

b) fixação de pena de multa no valor de..., que deverá ser paga parceladamente e voluntariamente pelo acusado;

c) suspensão dos inquéritos policiais em relação ao acusado pelo prazo prescricional com posterior concessão de perdão judicial ou extinção da punibilidade.
§ 1º Os benefícios não abrangem fatos ilícitos posteriores à data do acordo nem fatos anteriores que sejam estranhos aos crimes acima citados aos quais o acusado responde ou sob apuração nos inquéritos mencionados.
§ 2º Os benefícios propostos não eximem o acusado de obrigações ou penalidades de cunho administrativo e tributário, eventualmente exigíveis.
§ 3º A eventual sanção privativa de liberdade aplicada ao acusado na ação penal n. _____ será executada em estabelecimento prisional que ofereça segurança à incolumidade física do acusado, com direito de permanecer preferencialmente em compartimento isolado de outros presos, ouvidos o acusado e o MPF.
§ 4º Caso a pena mencionada seja aplicada sem qualquer redução, ficará entendido que os benefícios legais foram concentrados nos outros processos, ações penais ou inquéritos, aos quais responde o acusado.
§ 5º Se o acusado, por si ou por seu procurador, solicitar medidas para garantia de sua segurança, a Polícia Federal, o MPF e o Juízo Federal adotarão as providências necessárias para sua inclusão imediata no programa federal de proteção ao depoente especial, com as garantias dos artigos 8º e 15 da Lei n. 9.807/99.

III – Condições da Proposta
Para que do acordo proposto pelo MPF possam derivar os benefícios elencados na cláusula II, a colaboração do acusado... deve ser voluntária, ampla, efetiva, eficaz e conducente:
a) à identificação de todos os coautores ou partícipes das ações criminosas sob investigação no caso 'X' (ou nos processos e inquéritos ns....) e fatos conexos ou similares, que sejam ou que venham a ser do seu conhecimento;
b) a recuperação total ou parcial dos produtos e/ou proveitos desses crimes, tanto no Brasil, quanto no exterior.
Para tanto, o acusado obriga-se, sem malícia ou reservas mentais, e imediatamente, a:

a) falar a verdade, incondicionalmente, em todas as ações penais, inclusive na de n.... acima mencionada, e nos inquéritos policiais, inquéritos civis e ações cíveis e processos administrativos disciplinares, em que doravante venha a ser chamado a depor na condição de testemunha ou interrogado, nos limites deste acordo;

b) indicar pessoas que possam prestar depoimento sobre os fatos em investigação, nos limites deste acordo, propiciando as informações necessárias à localização de tais depoentes;

c) cooperar sempre que solicitado, mediante comparecimento pessoal a qualquer das sedes do MPF ou da Polícia Federal, para analisar documentos e provas, reconhecer pessoas, prestar depoimentos, e auxiliar peritos do INC na análise pericial;

d) entregar todos os documentos, papéis, escritos, fotografias, bancos de dados, arquivos eletrônicos etc., de que disponha, estejam em seu poder ou sob a guarda de terceiros, e que possam contribuir, a juízo do MPF, para a elucidação de crimes contra a...;

e) cooperar com o MPF e com outras autoridades públicas por este apontadas para detalhar o(s) crime(s) 'X' (ou o fato ou operação 'Y'), especificamente... (detalhar o caso e o tipo de cooperação);

f) renunciar expressamente ao uso da instância recursal nos autos da ação penal n...., a partir da homologação judicial do acordo de delação, deixando de impugnar, por qualquer forma, a sentença prolatada nos referidos autos, desde que sejam observados os parâmetros de pena aqui acertados;

g) não impugnar, por qualquer meio, o acordo de delação, em qualquer dos inquéritos policiais ou ações penais nos quais esteja envolvido, no Brasil ou no exterior, salvo por fato superveniente à homologação judicial, em função de descumprimento do acordo pelo MPF ou pelo Juízo Federal;

h) colaborar amplamente com o MPF e com outras autoridades públicas por este apontadas em tudo mais que diga respeito ao(s) caso(s) 'X' ('Y', 'Z'...); e

i) afastar-se de suas atividades em tese criminosas, especificamente...;

j) pagar voluntariamente e parceladamente a multa que for fixada na ação penal, oferecendo ainda garantia idônea ao cumprimento desta obrigação.

Parágrafo único. A enumeração de casos específicos nos quais se reclama a colaboração do acusado não tem caráter exaustivo, tendo ele o dever genérico de cooperar, nas formas acima relacionadas, com o MPF ou com outras autoridades públicas por este apontadas, para o esclarecimento de quaisquer fatos relacionados às suas atividades ou de quaisquer fatos de que tenha conhecimento em decorrência de tais atividades.

IV – Validade da Prova
A prova obtida mediante a presente avença de delação premiada poderá ser utilizada, validamente, para a instrução de inquéritos policiais, procedimentos administrativos criminais, ações penais, ações cíveis e de improbidade administrativa e inquéritos civis, podendo ser emprestada também ao Ministério Público dos Estados e à Receita Federal e à Procuradoria da Fazenda Nacional para a instrução de procedimentos e ações fiscais, bem como a qualquer outro órgão público para a instauração de processo administrativo disciplinar.

V – Garantia Contra a Autoincriminação
Ao assinar o acordo de delação premiada, o acusado... está ciente do direito constitucional ao silêncio e da garantia contra a autoincriminação, renunciando expressamente a ambos, estritamente no que tange aos depoimentos, comparecimentos e atos necessários ao alcance dos fins da presente avença.

VI – Imprescindibilidade da Defesa Técnica
O acordo de delação somente terá validade se aceito, integralmente, sem ressalvas, pelo acusado... e por seu defensor, Dr..., inscrito na OAB/XX sob o n....

VII – Cláusula de Sigilo
1. Nos termos do artigo 5º, inciso XXXIII, e artigo 93, inciso IX, da Constituição Federal, combinados com o artigo 7º, inciso VIII, da Lei n. 9.807/99, e com o artigo 20 do CPP, as partes comprometem-se a preservar o sigilo sobre a presente proposta e o acordo dela decorrente.
2. O acordo não será juntado em nenhum dos inquéritos civis, inquéritos policiais, ações penais, ações civis ou processos disciplinares em que... for chamado a depor ou colaborar.
3. Terceiros incriminados em virtude da cooperação de... que vierem a solicitar acesso ao teor do presente acordo poderão ter vista deste

documento em cartório, sem direito a cópia, mediante autorização judicial fundamentada, com prévio pronunciamento do MPF.

VIII – Homologação Judicial

1. Para ter eficácia, a proposta será submetida a homologação judicial, cabendo à autoridade judiciária preservar o sigilo do acordo.
2. A avença será submetida a homologação tão logo seja assinada pelas partes.
3. O Ministério Público Estadual apresentará o presente acordo para homologação nos Juízos estaduais competentes (sendo o caso).

IX – Controle Judicial

1. O presente acordo de delação premiada tramitará perante a... Vara Criminal Federal de... como procedimento criminal diverso (PCD) sigiloso, não apenso, sem referência explícita nos autos principais e sem menção de tema e partes no sistema informatizado.
2. O controle da efetividade da colaboração será feito mediante a apresentação de relatórios circunstanciados e periódicos à autoridade judicial, com prévio pronunciamento do MPF, ouvido o acusado.
3. Os relatórios deverão ser apresentados ao juízo pelo Ministério Público ou pela Polícia Federal e serão encartados no PCD.
4. A eficácia do acordo poderá ser sustada a qualquer tempo, com prévia ouvida das partes, mediante ato judicial fundamentado, atendido o interesse público.

X – Rescisão

1. O acordo perderá efeito, considerando-se rescindido, *ipso facto*:

a) se o acusado descumprir, sem justificativa, qualquer das cláusulas em relação às quais se obrigou;

b) se o acusado sonegar a verdade ou mentir em relação a fatos em apuração, em relação aos quais se obrigou a cooperar;

c) se vier a recusar-se a prestar qualquer informação de que tenha conhecimento;

d) se recusar-se a entregar documento ou prova que tenha em seu poder ou sob a guarda de pessoa de suas relações ou sujeita a sua autoridade ou influência;

e) se ficar provado que o acusado sonegou, adulterou, destruiu ou suprimiu provas que tinha em seu poder ou sob sua disponibilidade;

> f) se o acusado vier a praticar qualquer outro crime, após a homologação judicial da avença;
> g) se o acusado fugir ou tentar furtar-se à ação da Justiça Criminal;
> h) se o MPF vier a oferecer denúncia contra o acusado tendo por base fatos abrangidos pelo presente acordo;
> i) se, nos autos da ação penal n.... for proferida sentença condenatória ou lavrado acórdão que desconsidere o acordo homologado;
> j) se o sigilo a respeito deste acordo for quebrado por parte do acusado e da Defesa; e
> k) se o acusado, direta ou indiretamente, impugnar os termos deste acordo ou a sentença que for exarada nos limites acertados neste acordo.
> 2. Em caso de rescisão do acordo, o acusado... perderá automaticamente direito aos benefícios que lhe forem concedidos em virtude da cooperação com o Ministério Público Federal (e/ou Ministério Público Estadual).
> 3. Se a rescisão for imputável ao MPF, ao MPE, ou ao Juízo Federal, o acusado poderá, a seu critério, cessar a cooperação, com a manutenção dos benefícios já concedidos e validade das provas já produzidas.
> E, por estarem concordes, firmam as partes o presente acordo de delação premiada, em três vias, de igual teor e forma.
>
> Cidade, Estado e data.
>
> Pelo MPF:
> Procurador(es) da República
>
> Pelo MPE:
> Promotor(es) de Justiça
>
> Pela defesa:
> Advogado(s)
> Acusado
>
> Homologação judicial:
> *Juiz Federal"*

Nos Estados Unidos da América, por exemplo, onde o instituto tem sido aplicado com bastante frequência mediante o *plea bargaining*, não se cogita, entretanto, em contrato firmado por juízes federais.

Lá, a *delação premiada* ou *plea bargaining* também se submete ao controle dos magistrados federais americanos, que devem, quando haja violação dos princípios que norteiam a política do Departamento de Justiça (*Guidelines Principles or DOJ Policy*), cujos parâmetros encontram-se no *Federal Rules of Criminal Procedure* n. 11 ("Fed.R.Crim.P.11"), rejeitá-la.

Quando um *plea agreement* contempla a dispensa de acusações ou o comprometimento de não investigar determinado fato, o juiz somente o aceitará se as acusações que remanescerem corresponderem adequadamente à seriedade do comportamento ilícito e se a aceitação do acordo não enfraquecer os propósitos da sentença ou for em direção oposta às diretrizes definidas para esta última[9]. Existe hipótese de ser acordada pelas partes uma pena de 05 anos e, no final, o juiz aplicar uma de 15.

Tal entendimento foi adotado pela 6ª Vara Federal Criminal paulista, antes mesmo de tomar conhecimento do modelo americano, pois entendeu-se que não se pode, no momento da prolação da sentença, limitar a independência judicial que confere ao magistrado poderes para melhor avaliar todos os elementos probatórios a fim de entregar a tutela jurisdicional mais adequada no caso concreto.

Doutra parte, contratos iniciais firmados pelo delator transferem a este o poder de decidir o que vai falar, até onde pode ir com a *delação* já no início, enquanto que a postura do magistrado de apenas homologar o procedimento com vistas a aplicar o melhor direito obriga o increpado a dar tudo de si para demonstrar, de forma efetiva, que faz e fez toda colaboração possível para desvendar a trama criminosa e todos os integrantes da organização criminosa.

Não cabe ao magistrado, previamente, "garantir" o perdão judicial, a redução da pena ou a sua substituição sem avaliar, com cautela, o que será e foi desvendado e isso somente é possível por ocasião da sentença penal.

Por esse sistema, inicialmente as partes apresentam pedido em juízo e este é autuado e distribuído de forma sigilosa ao feito em curso. Cabe ao juiz designar audiência específica, presentes o Ministério Público

---

9 Cf. O'SULLIVAN, Julie R. *Federal white collar crime*. Cases and materials. American casebook series. 2. ed. St. Paul/MN: Thompson/West, 2003, p. 1312/1313.

e a defesa, para demonstrarem o que desejam com a delação, ambos comprometendo-se a concretizar o que se propõem: a defesa, geralmente a revelação do que sabe, e o órgão acusatório, o que considera adequado, nos memoriais, diante das informações.

Nestas hipóteses, o magistrado não firma um contrato, mas homologa o procedimento para os fins almejados, saindo o delator com o compromisso de revelar os fatos e outros eventuais existentes e que sejam de seu conhecimento, perante a polícia e o Ministério Público, tantas vezes quantas forem necessárias.

O sistema paranaense, *s.m.j.*, apresenta-se mais interessante para o increpado do que para a busca da verdade, porquanto, sabedor de antemão do teor de sua condenação, ele fica à vontade para revelar apenas o que pretende. Já o sistema paulista exige que o acusado convença o juízo da sua efetiva colaboração, respaldada por outros elementos de prova (como documentais etc.), e, por vezes, se não os possuir, mostre o caminho que as autoridades devem perseguir para o esclarecimento do que é revelado. A busca da verdade é possível de ser obtida por este último.

Não se pode invocar direito a não autoincriminação e direito ao silêncio, totalmente inaplicáveis ao instituto. Ou colabora, confessando e delatando, ou silencia e não se cogita de pleitear direito a *delação* ou o reconhecimento da confissão.

É importante o juiz verificar sua real disposição em colaborar, ou seja, em revelar o crime, a organização criminosa, enfim, algo que agregue, acresça à Justiça criminal.

A crítica que tem sido feita ao sistema paulista de que haveria insegurança para o delator não se sustenta. A garantia da delação premiada é fornecida pela lei, ou seja, a real possibilidade de ver a pena extinta ou diminuída decorre da conduta de alguém que deseja, sem afirmações dúbias ou inconsistentes, auxiliar os trabalhos da Justiça. O pressuposto, do qual não se pode afastar, é a confiança na Justiça criminal, com possibilidade de seu direito vir a ser reconhecido até em Corte Superior, caso considere inadequada decisão que eventualmente não o reconheça ou que reduza a pena de forma insuficiente. Existe, pois, direito a recorrer da sentença condenatória para ver atendidas as expectativas geradas com a *delação*.

Por outro lado, questionável também seria a garantia da Justiça no que tange à relevância das informações prestadas, uma vez que a efetividade e consistência delas somente podem ser aferidas após confronto com outros elementos de prova, não bastando, assim, a simples afirmação do delator.

Há quase sempre necessidade da entrega de valores a título de indenização ou doação voluntária, ou mesmo recuperação do produto do crime.

A colaboração ou a delação premiada, pois, pressupõe o esclarecimento dos fatos, da trama criminosa, da organização criminosa, de todos os auxiliares do delito, não cabendo limitar o universo do que se deseja esclarecer. Deve ser realizada de espírito aberto, denotando ser verdadeira e revelando fatos de interesse da Justiça, jamais limitando o que se deseja desvendar. Se houver em poder do delator valores ilícitos, obviamente deve entregá-los e, com isto, terá a garantia da lei em ver o seu direito ao benefício pleiteado reconhecido.

A colaboração ou a delação premiada requer a vinda de informações úteis ao feito, a partir das quais pode-se reconhecer o direito sujetivo e dosá-lo adequadamente. Caso contrário, implicar-se-ia a irrelevância e descrença no instituto, tão útil para o descobrimento e o aprofundamento do crime organizado.

Se parte das informações for revelada e houver admissão parcial da acusação, não se poderá atender aos reclamos do delator, a menos que ele convença o juízo de que na verdade era tudo o que sabia. Por essa razão, o deslocamento da audiência do acusado para o final da instrução revelou-se um elemento perturbador, já que no procedimento anterior havia mais tempo (o curso de todo o procedimento criminal) para realizar checagens do que foi afirmado pelo delator. Todavia, a audiência de *delação* pode ocorrer antes mesmo do recebimento da denúncia perante o juízo para estimular o investigado a já obter a homologação do procedimento com vistas a futuro reconhecimento, o que o deixa numa situação mais confortável.

Não reconhecida eventualmente a *delação*, pode o magistrado, porém, se o caso, reconhecer, por ocasião da dosimetria da pena, uma atenuante do artigo 65, inciso III, "b", primeira parte, do Código Penal, ou seja, *"ter o agente procurado, por sua espontânea vontade e com eficiência, logo após o crime, evitar-lhe ou minorar-lhe as consequências"*.

Importante registrar que afirmações de fatos já descobertos pela polícia não podem produzir os efeitos almejados pelos delatores.

Abaixo reproduzo modelo de Termo de Deliberação em Procedimento de Delação Premiada realizado junto à 6ª Vara Federal Criminal:

"Termo de deliberação em procedimento de *Delação Premiada*

Autos n. (...)

Aos 12 de junho de 2008, na Sala de Audiências da Sexta Vara Criminal Federal Especializada em Crimes Contra o Sistema Financeiro Nacional e em Lavagem de Valores, situada no Fórum Ministro Jarbas Nobre, localizada na Alameda Ministro Rocha Azevedo, 25, 6º andar, Cerqueira César, nesta cidade de São Paulo/SP, presente o MM. Juiz Federal DR. FAUSTO MARTIN DE SANCTIS, comigo Secretário de Audiências, adiante nomeado, foi feito o pregão da audiência referente ao processo em epígrafe. Aberta a audiência e apregoadas as partes estava presente a Procuradora da República DRa. (...). Presentes o acusado (...) e seus defensores (...). Dada a palavra ao Dr. (...), por ele foi dito que: '*Tendo o acusado por sincero desejo em colaborar com a Justiça trazendo informações relevantes sobre os fatos objeto de acusação na ação penal contra si promovida, bem como trazendo outros elementos e pessoas relacionados com sua atividade de câmbio, vem requerer seja formalizado o procedimento de delação premiada, desde logo se comprometendo, como já o fez perante o Ministério Público a colaborar incondicionalmente e realizar o pagamento a título de doação ou de recuperação de valores obtidos ilicitamente no valor equivalente a um milhão de reais, na expectativa de que, em caso de eventual condenação não lhe seja aplicada pena privativa de liberdade ou, se o for, que a referida reprimenda seja substituída por pena restritiva de direitos nas modalidades de pena pecuniária e de prestação de serviços à comunidade com efetivo cumprimento em período não superior a um ano. Desde logo, pleiteia que o valor eventual da pena pecuniária não exceda a duzentos mil reais, valor compatível com a dimensão do ilícito eventualmente praticado pelo requerente.*'. Dada a palavra à Procuradora da República, por ela foi dito que: '*Tendo em vista o teor do depoimento prestado pelo réu na data de ontem, o qual gerou novos questionamentos a este MPF em relação à verdade dos fatos e antes que seja fixado o valor definitivo da multa pecuniária como forma de recuperação do produto do crime, requer o MPF que a Defesa apresente prova da real movimentação do valor das atividades do câmbio paralelo junto ao (...), bem assim como prova da atual e real situação do réu. Quanto à concessão do benefício da delação, entende o MPF que esta está inteiramente condicionada à integral colaboração do réu para apuração da verdade, que somente poderá ser aferida após o término da correspondente colaboração.'* Em seguida, pelo MM. Juiz foi dito que: '*1. Há concordância das partes para o início do procedimento que possibilita a delação premiada.* ***A obtenção das consequências benéficas com as quais está de acordo a Acusação e a Defesa dependerá exclusivamente da efetiva colaboração do acusado no esclarecimento dos fatos, na revelação de atividades ilegais exercidas por terceiros ou corréus, agentes públicos ou políticos, 'doleiros', mediante detalhamento que dê consistência devida. Espera este Juízo a eficácia do benefício pleiteado, o que ensejará a aplicação da pena conforme desejado. Entretanto, isso só será possível com a afirmação de fatos efetivamente ocorridos e que devem revelar toda a trama criminosa com o nome das pessoas envolvidas.*** *Na data de ontem, em (...), como forma de início de colaboração, o acusado foi interrogado e admitiu a acusação. Porém, há necessidade de se dar sequência ao que foi dito, de forma que o instituto de delação não se transforme em confissão. Por outro lado, a oferta de um milhão de reais como recuperação do produto do crime aparentemente não condiz com os ganhos ilícitos ocorridos no escritório que serviria ao câmbio não oficial, já que o spread cobrado de 0,7% sobre a movimentação existente demonstraria obtenção de ganho em valor superior ao oferecido. Isto sem levar em consideração os ganhos decorrentes de atividade ilegal exercida anteriormente. Assim, deverá haver esclarecimento melhor dessa questão com a juntada da sua Declaração de Imposto de Renda dos últimos três anos, bem ainda informações fiscais da empresa (...). No prazo de cinco dias, deverá o interessado fazer a juntada da documentação pertinente e os esclarecimentos necessários. 2. Qualquer viagem ao exterior deverá ter a anuência do Juízo, bem ainda no caso de ausência por mais de dez dias, devendo ser juntado aos autos os passaportes. 3. Fica autorizado o início do procedimento de delação, ficando o acusado à disposição da Polícia Federal e do Ministério Público para os esclarecimentos devidos o mais rápido possível. Oficie-se à Polícia Federal. Oficie-se ao Banco Central para informar a movimentação de câmbio realizada pela (...). 4. Este Juízo aplicará o teor do art. 13 a 15, da Lei 9.807, de 13/07/1999, no tempo devido, e esperando, caso reconhecida a eficácia do instituto, a aplicação da pena conforme desejado pelas partes. 5. Reforço o sigilo já decretado, podendo ter acesso apenas os réus, sua Defensora e o Ministério Público Federal, agora com fundamento no art. 7º e 8º, da Lei citada. 6. Os acusados deverão entregar a este Juízo seus passaportes brasileiros, uma vez que alegam neste ato não possuir cidadania estrangeira.*

7. O pagamento da indenização inicial proposta será determinado no momento oportuno, com a devida intimação dos réus (...). 8. Qualquer mudança de endereço ou viagem empreendida por período superior a oito dias deverá ter a ciência e a concordância do Juízo, quando em liberdade provisória. 9. Fica então deferido que se inicie o processo de delação, podendo as partes se reunirem para o colhimento da prova necessária e mesmo os esclarecimentos devidos com redução em termos assinados por elas. 10. As informações trazidas poderão servir de prova para a instauração de outros procedimentos criminais ou inquéritos policiais. 11. Ficam os réus cientes que deverão ficar à disposição da Autoridade Policial quanto a eventuais procedimentos existentes na Polícia Federal, bem como do Ministério Público Federal. 12. Oficie-se à (...) Vara Criminal Federal de (...).' NADA MAIS. São Paulo, (...). Lido e achado conforme, vai devidamente assinado. Eu, , Téc. Jud., digitei.

JUIZ FEDERAL

PROCURADORA DA REPÚBLICA

DR.

DR.

ACUSADO"

Importante afirmar que já ocorreram delações premiadas com sucesso junto à Vara Federal paulista.

Com a Lei n. 12.850, de 02 de agosto de 2013, que trata das organizações criminosas, a situação se alterou, porquanto o seu artigo 4º estabeleceu o rito pelo qual deve ocorrer a colaboração ou a delação premiada. Importante aqui mencionar que a legislação revelou que ela pode ser realizada a qualquer tempo, o que pode gerar desnecessária insegurança jurídica já que a todo instante independentemente da instância poderá o colaborador ou delator se valer do instituto "a qualquer tempo" (artigo 4º, § 5º), mesmo após uma sentença desfavorável. Aqui o instituto passa a se deturpar e a constituir em elemento de alteração ou manipulação de situação jurídica já definida (uma sentença desfavorável) por aquele que não confiou na justiça de primeiro grau, a que verdadeiramente possui contato direto com as provas e é, por isso, a que mais condições possui de melhor conferir o resultado da demanda criminal.

A lei ainda estabelece que o juiz não participará das negociações (artigo 4º, § 6º), mas deverá homologá-lo (artigo 4º, § 7º), como, aliás, já se fazia na 6ª Vara Federal Criminal. A exigência de homologação significa, como bem alertou o legislador (artigo 4º, § 8º), que o juiz pode não concordar com a proposta, daí por que se mostra essencial e recomendável uma audiência específica para a discussão das negociações, com a participação do magistrado. O juiz, na sentença, apreciará os termos do acordo e sua eficácia (artigo 4º, § 11), o que não significa vínculo obrigatório com ele, mas, evidentemente, um norte que orientará as partes e, provavelmente, o juiz.

A lei ainda revela que o termo de acordo deverá ser feito por escrito, assinado pelas partes, e não pelo juiz, além de ser sigiloso (até o recebimento da denúncia), com acesso restrito, ou seja, ao defensor mediante autorização judicial e desde que não comprometam diligências em andamento (artigos 6º e 7º), o que, aliás, já vinha sendo realizado pelo autor na 6ª Vara Federal Criminal.

9.4 ALTERAÇÕES DOS RITOS PROCESSUAIS

O Código de Processo Penal sofreu alterações (Leis ns. 11.689, de 09.06.2008, e 11.719, de 20.06.2008), notadamente quanto aos ritos processuais ordinário (cuja sanção máxima cominada for igual ou superior a 04 anos de pena privativa de liberdade) e sumário (inferior a 04 anos) e nos processos de competência do Tribunal do Júri, nos termos dos artigos 400, 473, 474 e 531.

A propósito, cabe mencioná-los:

> "*Art. 400.* Na audiência de instrução e julgamento, a ser realizada no prazo máximo de 60 (sessenta) dias, proceder-se-á à tomada de declarações do ofendido, à inquirição das testemunhas arroladas pela acusação e pela defesa, nesta ordem, ressalvado o disposto no art. 222 deste Código, bem como aos esclarecimentos dos peritos, às acareações e ao reconhecimento de pessoas e coisas, interrogando-se, em seguida, o acusado.
> § 1º As provas serão produzidas numa só audiência, podendo o juiz indeferir as consideradas irrelevantes, impertinentes ou protelatórias.
> § 2º Os esclarecimentos dos peritos dependerão de prévio requerimento das partes." (NR)

> "Art. 473. Prestado o compromisso pelos jurados, será iniciada a instrução plenária quando o juiz presidente, o Ministério Público, o assistente,

o querelante e o defensor do acusado tomarão, sucessiva e diretamente, as declarações do ofendido, se possível, e inquirirão as testemunhas arroladas pela acusação. *(Redação dada pela Lei n. 11.689, de 2008)*

§ 1º Para a inquirição das testemunhas arroladas pela defesa, o defensor do acusado formulará as perguntas antes do Ministério Público e do assistente, mantidos no mais a ordem e os critérios estabelecidos neste artigo. *(Incluído pela Lei n. 11.689, de 2008)*

§ 2º Os jurados poderão formular perguntas ao ofendido e às testemunhas, por intermédio do juiz presidente. *(Incluído pela Lei n. 11.689, de 2008)*

§ 3º As partes e os jurados poderão requerer acareações, reconhecimento de pessoas e coisas e esclarecimento dos peritos, bem como a leitura de peças que se refiram, exclusivamente, às provas colhidas por carta precatória e às provas cautelares, antecipadas ou não repetíveis. *(Incluído pela Lei n. 11.689, de 2008)"*

"Art. 474. A seguir será o acusado interrogado, se estiver presente, na forma estabelecida no Capítulo III do Título VII do Livro I deste Código, com as alterações introduzidas nesta Seção. *(Redação dada pela Lei n. 11.689, de 2008)*

§ 1º O Ministério Público, o assistente, o querelante e o defensor, nessa ordem, poderão formular, diretamente, perguntas ao acusado. *(Redação dada pela Lei n. 11.689, de 2008)*

§ 2º Os jurados formularão perguntas por intermédio do juiz presidente. *(Redação dada pela Lei n. 11.689, de 2008)*

§ 3º Não se permitirá o uso de algemas no acusado durante o período em que permanecer no plenário do júri, salvo se absolutamente necessário à ordem dos trabalhos, à segurança das testemunhas ou à garantia da integridade física dos presentes. *(Incluído pela Lei n. 11.689, de 2008)"*

"DO PROCESSO SUMÁRIO

Art. 531. Na audiência de instrução e julgamento, a ser realizada no prazo máximo de 30 (trinta) dias, proceder-se-á à tomada de declarações do ofendido, se possível, à inquirição das testemunhas arroladas pela acusação e pela defesa, nesta ordem, ressalvado o disposto no art. 222 deste Código, bem como aos esclarecimentos dos peritos, às acareações e ao reconhecimento de pessoas e coisas, interrogando-se, em seguida, o acusado e procedendo-se, finalmente, ao debate. *(Redação dada pela Lei n. 11.719, de 2008)."*

A mudança que nos interessa neste título é a que determina seja o réu ou os réus ouvidos após a audiência das testemunhas arroladas pela acusação e pela defesa, antes dos debates finais.

Ora, apresentava-se bastante útil à busca da verdade a audiência inicial do increpado, já que este em contato direto e imediato com o juiz e sem ter prévio conhecimento das provas judiciais que ainda teriam que ser produzidas tinha estímulo maior para cooperar com a Justiça e ver atendidas suas expectativas depositadas no feito criminal. Além disso, a Polícia, o Ministério Público e a própria Justiça tinham tempo razoável para verificar o grau de colaboração do delatante, porquanto era comum, no curso do processo, o acusado ser chamado para prestar esclarecimentos junto aos órgãos investigatórios e acusatórios, que acabavam por fornecer um relatório ao juízo informando a real situação daquele que tinha se colocado à disposição para dizer toda a verdade, ou seja, esclarecer toda a trama criminosa e os seus autores.

Tanto a Polícia quanto o Ministério Público tinham período razoável para confirmarem as informações trazidas, na busca de elementos probatórios documentais, de molde que podiam bem avaliar e analisar os fatos e não serem objeto de manipulação daquele que desejava delatar.

Com a mudança, não se impediu a delação, mas, além de dificultá-la, propiciou aos réus, a partir do que existe em juízo, orquestrar fatos, deturpar os imputados ou silenciar (ao constatar o teor probatório), ou seja, mais uma alteração que vai ao encontro do puro interesse da defesa, em detrimento do interesse público da busca da verdade. Em evidente prejuízo, é claro, da sociedade.

X

JUSTIÇA SOCIAL CONCRETIZADA

10.1 CONSIDERAÇÕES

Na relação jurídico-processual deve o magistrado promover um equacionamento racional a ponto de reconhecer todas as necessidades das partes e compreender o feito de forma plena, maximizando todas as ações judiciais para um processo socialmente justo.

Não bastaria, pois, vislumbrar o feito como algo que interesse apenas às partes. Cabe, sem descuidar dos preceitos básicos do processo criminal que garantem a elas determinadas expectativas legais, enxergar o que de melhor é preciso fazer para atendê-las, de um lado, e, de outro, que satisfaça o interesse social legítimo. Vale dizer: o processo passa a se constituir num todo, num *sistema total ou sistema totalizador*, cujos efeitos devem beneficiar, dentro do possível, a sociedade, revertendo a ela o que lhe foi confiscado com a prática delitiva.

Nessa visão, não se pode beneficiar simplesmente uma ou outra entidade ou instituição social ou oficial. O juiz também deve ir a fundo e buscar informações claras da sua utilidade social e cobrar quando perceber que qualquer auxílio que se dê à Justiça criminal ou que seja recebido desta não reverte, a contento, em prol da comunidade. Não bastam, portanto, ações pouco efetivas.

Impõe-se ao magistrado uma preocupação que não existia até havia pouco tempo. Uma postura global que atenda a preceitos éticos perenes e estabilizadores, ou seja, não uma ética individualista, mas social, baseada normalmente em princípios universais, que busque o melhor dos Direitos Penal ou Processual Penal.

Em outras palavras, cabe questionar como racionalizar o Direito de tal forma a maximizar os efeitos da função judicial, ainda que não exista, por exemplo, trânsito em julgado da sentença criminal (processo de *sistema total* ou *totalizador*).

Certamente, a administração de bens apreendidos, sequestrados ou arrestados é função da mais alta relevância para a busca desse preceito, que requer um equacionamento racional visando à justiça integral de um feito, notadamente de um processo criminal.

Trata-se de nova leitura da atribuição judicial, segundo uma perspectiva positiva concreta, que leva em consideração o *ser humano em sua plenitude* para atender, dentro do possível, suas necessidades. Aliás, tal postura global exigida do juiz deve valer a todos, dentro do universo individual, ou seja, de cada pessoa. O que cada um pode fazer para melhorar o mundo, suas injustiças e inocuidades.

A chamada *responsabilidade social*, isto é, ações voltadas a interesses sociais, não pode, entretanto, desassociar-se das funções originais.

Os Estados, que não estão se extinguindo, antes se fortalecendo, tornam-se cooperativos. Essa cooperação deve existir no universo de atribuições de cada ser. O risco da tomada de ações sociais positivas é necessariamente minimizado se esta pautar-se em bases sociais e filosóficas, e não apenas econômicas e formais; daí sua legitimação.

A degradação subjetiva coletiva decorrente do mundo atual jamais pode nos constituir em um número a ponto de fazer nos envergonharmos de nós mesmos.

Valor de correção é essencial, mas não devemos partir de sentimentos econômicos, por exemplo, da globalização (não vale a máxima justificadora "*business was not built on the beautitudes*" ou "*business is business*"), cuja crise coloca em cheque até mesmo seus próprios preceitos.

Em outras palavras, ao contrário do que vinha acontecendo, não podemos mais deixar que nossas vidas sejam governadas pelos preceitos de um mundo econômico, ou mesmo meramente formal, o qual determina o que comemos, o que assistimos, o que vestimos, o que fazemos, glorificando a si mesmo. A visão econômica ou formal deita suas raízes em negligência/inércia, futilidade/comodismo e prodigalidade/irresponsabilidade.

Enrique Dussel entende que "o ser humano acede à realidade que enfrenta dia a dia a partir do âmbito de sua própria vida. A vida humana não é um fim nem um mero horizonte mundano-ontológico. A vida humana é o modo de realidade do sujeito ético (que não é o de uma pedra, de um animal irracional ou da 'alma' angélica de Descartes), que dá o conteúdo a todas as suas ações, que determina a ordem racional e também o nível das necessidades, pulsões e desejos, que constitui o marco dentro do qual se fixam fins. Os 'fins' (relativamente à razão instrumental formal weberiana) são 'colocados' a partir das exigências da vida humana"[1].

Não se pode deixar de agir, quando existem condições para tanto, sob pena de concretizarmos a irracionalidade e a inocuidade. O ser humano traz consigo valores baseados na justiça e na humildade (ou, se desejar, simplesmente na justiça ou simplesmente na humildade). Não se pode inverter a máxima em nome do valor jurídico do capital financeiro ou do cumprimento de um "dever" meramente formal. Não se trata de abraçar valores morais, mas de postura global do ser, voltado ao bem-estar comum, não bastando tomada de atitudes isoladas de amor ao próximo para justificação de sentimentos de culpa diante da lógica adotada da "nova natureza" não humana, ou seja, capital financeiro-necessidade econômica-satisfação formal.

Prudência, responsabilidade e espírito público. Estes devem se constituir no objetivo primeiro, cedendo, pois, políticas voltadas a interesses ideológicos que nada mais significam do que interesses individuais potencializados.

Assim, creio que o bem-estar constitui patrimônio a ser seguido por todos, cada qual com suas ações (jamais de forma isolada), ainda

---

1 Apud Artur César de Souza (in *A parcialidade positiva do juiz*. São Paulo: Revista dos Tribunais, 2008, p. 238).

que aparentemente insignificantes, notadamente aqueles que trazem consigo parcela de Poder.

Fábio Konder Comparato considera que a Justiça foi concebida *more geometricu,* como ente exclusivo da razão, sem qualquer vínculo com a sensibilidade valorativa. Aliás, sua representação simbólica insere-se numa personagem cega, neutra, implacável e impassível. Contudo, "verdadeira justiça, muito ao contrário, é sempre parcialíssima. Ela não se coaduna com equidistâncias formais nem se contenta com equilíbrio de circunstâncias"[2].

Deve, pois, o magistrado personalizar o processo-crime, não vislumbrá-lo como mais um número nas estatísticas oficiais e deixar de potencializá-lo a ponto de não merecer, quando possível, ares de solidariedade, não podendo fazer do exercício da atividade judicial uma simples questão de embate jurídico-dogmático da relação processual, sem que haja a indispensável visão humanitária.

Se a República Federativa do Brasil pauta-se pela *dignidade da pessoa humana* (artigo 1º da Constituição Federal), tendo por objetivos fundamentais a construção de uma *sociedade livre, justa e solidária,* mediante a *erradicação da pobreza e da marginalização,* isso significa dizer que não se pode ficar inerte quando é possível agir legitimamente, sem, é claro, ofender aos preceitos normativos e essenciais.

Artur César de Souza pontifica que "o Poder Judiciário, como instrumento dessa ética existencial, pois é uma instituição que também atua mediante princípios éticos, deve pautar sua *ação prática racional,* no momento de realizar sua atividade básica e essencial, segundo o princípio material universal de *produção, reprodução e desenvolvimento da vida humana.* Para tanto, deve (princípio ético) reconhecer as *desigualdades sociais, econômicas e culturais,* que possam existir no âmbito da relação jurídica processual. Em outras palavras, deve reconhecer o 'outro' vítima potencial de um sistema totalizado"[3].

Há, pois, uma ética a ser defendida por todos os que atuam na busca de uma sociedade justa, de molde que se deseja o comprometimento social, não somente na busca da verdade, isto é, a obrigação ou o

---

2 Cf. Papel do jurista num mundo em crise de valores, *RT*, São Paulo, v. 713, ano 84, mar. 1995, p. 283.

3 In *A parcialidade positiva do juiz.* São Paulo: Revista dos Tribunais, 2008, p. 240.

dever de retratar a realidade, enquanto atributo de alto valor social. Em outras palavras, a justiça social é decorrência de um sistema eficaz de distribuição da tutela jurisdicional de forma que todo aquele que viole as bases vitais traçadas pela comunidade há de merecer a devida consequência, sem a qual haverá generalização grave do sentimento de opressão social, devendo o processo-crime também ser meio de reparação comunitária[4].

Não é sem razão que o artigo 156 do Código de Processo Penal faculta ao magistrado, de ofício, a prova de diligências para dirimir dúvida a fim de arrimar sua decisão, enquanto que o artigo 157 do mesmo Estatuto, a livre apreciação da prova, uma vez que o processo penal não transige com a busca da verdade real.

Os juízes aplicam a lei a homens concretos e reais, e não a seres abstratos. No seu papel de intérpretes e distribuidores da Justiça, devem ter a permanente preocupação de bem dimensionar as desigualdades sociais, adotando código próprio de valores, para viabilizar uma desigual apreciação e propiciar interpretação correta e justa.

Sebastião Oscar Feltrin, a esse respeito, considera que: "... essa constatação e essa preocupação não estão imunes a angústias e desgastes, que o levam a um permanente estado de vigilância, sobretudo, quando começa a notar que suas emoções, suas crenças, seus preconceitos, seus idealismos e ideologias, aos quais se sente aprisionado, passam a agir como condicionantes de sua percepção e acabam por influenciar sua atividade funcional, em particular, na direção do processo e na obtenção da prova oral, onde emerge o seu primeiro momento de apreensão"[5].

Dentro do trabalho em série a que se submetem os juízes brasileiros diante do volume de serviço ("magistratura de massa"), pode-se falar em verdadeiros casos artesanais, isto é, de casos únicos e especiais, cujos pormenores exigem verificação passo a passo. A máxima "tudo vale para atingir a produção" somente possui sentido se significar trabalho, seriedade, honestidade e responsabilidade social.

---

4 Tal consideração decorre da eleição do Estado Democrático de Direito (artigo 1º da CF) como o único capaz de garantir a igualdade de todos perante a lei.

5 *Vide* FELTRIN, Sebastião Oscar. As ansiedades do juiz. *Revista dos Tribunais*, ano 77, v. 628, p. 275, fev. 1988.

Ética é, pois, um conceito, uma filosofia de vida. Iguala-se à humildade. O respeito aos preceitos religiosos já nos leva à condição de éticos. Para os crédulos, Deus, para os demais, o respeito ao próximo, sempre deve figurar no vértice da pirâmide.

Enfim, trata-se de postura e ação. A esse respeito, cabe consignar as palavras de Wagner Gonçalves, para quem ética se traduz na "coragem de ser verdadeiro, no dizer de Viktor Salis (autor do livro *Ócio criador, trabalho e saúde*, Ed. Claridade). É o que sobra, interiormente, depois da ruína de todas as regras legais. É a conduta do homem, na forma com que se conduz em um campo de batalha, à procura de si mesmo ou dos despojos da guerra. 'É o que fica, quando se esquece tudo o que se aprendeu. Ética dirige-se à vontade, ao âmago do ser humano, à consciência. Mais do que ciência, Ética é sabedoria', na feliz lição do Prof. Vitorino Félix Sanson, no artigo 'Ética estoica', publicado no livro *Ética e trabalho*"[6].

Ética significa, em síntese: fazer o bem, agir com moderação, saber sopesar adequadamente os valores, bem escolher e praticar as virtudes, a paz e a justiça.Valer-se, enfim, da razão, sendo fraterno e cultivando o amor.

Trata-se, pois, de um compromisso para o bem comum.

A condição humana e sua dignidade exigem de todos a defesa de certos padrões intransponíveis, previstos, inclusive, em diversos diplomas internacionais que servem de modelo ao mundo na defesa dos direitos humanos, sendo certo que o Estado que se diz democrático não pode recalcitrar[7].

---

6 Cf. Ética na justiça: atuação judicial da advocacia pública e privada. *Etical*: ética na América Latina. Disponível em: <http://www.etical.org.br>. Acesso em: 09 maio 2006.

7 Com efeito, a Declaração dos Direitos Humanos aprovada pela Resolução n. 217, na 3ª Sessão Ordinária da Assembleia Geral da ONU, em Paris, em 10 de dezembro de 1948, dispõe em seus artigos III e V o seguinte: "Art. III Toda pessoa tem direito à vida, à liberdade e à segurança pessoal."; "Art. V Ninguém será submetido a tortura, nem a tratamento ou castigo cruel, desumano ou degradante". Já a Convenção Americana sobre Direitos Humanos, conhecida por *Pacto de San José da Costa Rica*, aprovada no Brasil pelo Decreto Legislativo n. 27, de 25 de setembro de 1992, e promulgada pelo Decreto n. 678, de 06 de novembro de 1992, preceitua: "Art. 1º Obrigação de respeitar os direitos 1. Os Estados-partes nesta Convenção comprometem-se a respeitar os direitos e liberdades nela reconhecidos e *a garantir seu livre e pleno exercício a toda pessoa que esteja sujeita à sua jurisdição, sem discriminação alguma*, por motivo de raça, cor, sexo, idioma, religião, opiniões políticas ou de qualquer outra natureza, origem nacional ou social, posição econômica, nascimento ou qualquer outra condição social."; "Art. 5º *Direito à integridade pessoal 1. Toda pessoa tem direito a que se respeite sua integridade física, psíquica e moral*".

10.2 BAZAR E LEILÃO BENEFICENTES

Muitas vezes, diversos bens móveis (roupas, eletrodomésticos etc.) são apreendidos, normalmente porque guarnecem imóveis supostamente pertencentes a acusados por graves crimes e sofrem rápida deterioração ou depreciação com o passar do tempo.

Nestas hipóteses, é possível a tomada de soluções como uso e/ou venda antecipada ou leilão judicial. Dependendo da natureza dos bens constritos, recomendável que a venda antecipada ou o leilão judicial se realize, normalmente no caso de objetos de luxo, quando não se justifique deixá-los sob a posse da polícia ou de uma instituição pública, ou mesmo de entidades beneficentes ou culturais, sem comprometimento de suas imagens ou de suas verdadeiras atribuições ou funções. Muito menos cabe permitir, como regra, o depósito judicial em poder do increpado, pelo que foi afirmado em capítulo próprio no que tange ao uso de bens apreendidos.

Por outro lado, a venda antecipada pode se constituir em simples leilão eletrônico ou na realização de bazar e/ou leilão beneficentes.

Tal modalidade de alienação de bens apreendidos, sequestrados ou arrestados não se apresenta corriqueira e tem demandado esforços de voluntários para a realização de inventário de bens, além de grande trabalho para as Varas criminais, já tão sobrecarregadas.

A iniciativa deve ser realizada com muita responsabilidade e cautela, sendo bastante gratificante sua concretização caso se verifique reversão do proveito criminoso àqueles que possuem necessidades prementes.

A alienação mediante bazar e leilão beneficentes, visando à arrecadação de fundos que deverão, pelo menos em parte, ser destinados a entidades filantrópicas, requer cuidados especiais, determinação e exaustivo trabalho.

Inicialmente, deve o magistrado selecionar entidades com experiência na realização dessa modalidade de venda, já que existe necessidade de quantificar e precificar todos os bens móveis que normalmente se encontram acautelados no depósito da Justiça Federal, tudo neste próprio local e mediante registro e acompanhamento dos Oficiais de Justiça.

Realiza-se, pois, um inventário, em prazo assinalado, ficando sob a responsabilidade das entidades organizadoras, que têm também o dever de arcar com as despesas necessárias para a realização do evento, com a perspectiva de ressarcimento futuro.

Por vezes, não há condições de o juízo fixar, de antemão, percentual do total arrecadado que caberia à entidade ou às outras entidades escolhidas. Da mesma forma, não se recomenda estabelecer previamente o destino do remanescente dos produtos, se houver.

No tocante ao local do evento, o magistrado pode determinar que seja realizado, quando exista possibilidade, no próprio Fórum e, em caso de impossibilidade, em local apropriado, dependendo da quantidade e de eventual oferta de espaço. Aliás, também o evento pode ocorrer nas próprias entidades organizadoras ou em local por elas sugerido.

Não se pode esquecer da necessidade de contatar o Município local para obtenção de alvará de funcionamento, evitando o embargo administrativo do bazar ou do leilão.

Em fevereiro de 2008, o juízo da 6ª Vara Federal Criminal de São Paulo decidiu colocar a venda bens que pertenceriam a um megatraficante na modalidade ora em questão, porquanto ele próprio admitira que seus bens e os de sua esposa, inclusive pessoais, foram adquiridos com o produto do tráfico internacional de drogas, tendo interesse em sua extradição para os Estados Unidos da América, concretizada em agosto daquele ano.

O evento, ocorrido no *Jockey Club de São Paulo*, que graciosamente cedeu importante espaço (19 salas), se deu entre 08.04.2008 a 13.04.2008, mas, devido ao sucesso, seu encerramento teve que ser antecipado.

Vale reproduzir algumas decisões que ilustram as dificuldades e o trabalho realizado, já que demandou a colaboração de empresas de segurança, realização de seguro, contratação de empresa de limpeza, além da previsão de forma de pagamento e cautelas diversas, principalmente no que tange à segurança.

> "Vistos em despacho
>
> Diversos bens móveis (roupas, eletrodomésticos etc.) foram apreendidos em agosto de 2007 e guarneciam imóveis supostamente pertencentes a (...), atualmente sob a guarda da Justiça Federal. Há evidente risco de deterioração de forma a justificar a tomada da seguinte decisão.
>
> Assim, DETERMINO:
>
> a) seja iniciado procedimento para futura venda de bens, mediante Bazar Beneficente, visando à arrecadação de fundos que poderão, se o caso, serem destinados a entidades beneficentes cadastradas nesta Vara;

b) o mencionado Bazar deverá ser realizado pela Instituição (...), por sua grande experiência na organização de eventos desta natureza e diante dos relevantes serviços sociais que vem prestando (conforme documentação em Secretaria);
c) serão objeto do Bazar todos os bens móveis que se encontram acautelados no Depósito da Justiça Federal, sendo que a quantidade e a descrição serão conhecidas após a realização do inventário acima determinado e com a documentação produzida nos autos da ação penal n. (...), relacionados a tais bens;
d) para tanto, deverá a entidade citada realizar um inventário, no prazo de 20 dias, com a participação dos oficiais de justiça dessa Vara e/ou servidores da Diretoria do Foro, bem como da Fundação Julita, que também se mostrou interessada em colaborar, inclusive com a oferta de imóvel gratuito para a sua realização;
e) a montagem, classificação e preços ficarão a critério da entidade que também deverá arcar com as despesas necessárias para a realização do evento, que serão ressarcidas posteriormente;
f) não há como fixar, por ora, percentual que caberia a entidade ou a outras entidades escolhidas a critério do Juízo. Da mesma forma não há como estabelecer previamente o destino do remanescente dos produtos, se houver;
g) no tocante ao local do evento, esse Juízo aguarda as sugestões das entidades 'Ten Yad' e 'Fundação Julita', o mais rápido possível;
h) no mais, quanto aos bens móveis que ainda guarnecem os imóveis de Florianópolis/RS e Pouso Alegre/MG, oficie-se ao Departamento de Polícia Federal de São Paulo para que elabore auto de constatação, com descrição dos bens móveis existentes e passíveis de remoção; e, com relação ao de Aldeia da Serra, oficie-se ao Departamento de Polícia Federal para que proceda à retirada dos bens que ainda lá se encontram, bem como ao arrematante, dando ciência dessa decisão;
j) Remetam-se cópias à Diretoria do Foro, Instituição Israelita (...) e (...).
Por fim, remetam-se os autos ao SEDI para retificar a classe para 159 – Pedido de Medidas Assecuratórias, procedendo-se às anotações necessárias.
Após, voltem os autos conclusos.

São Paulo, 13 de fevereiro de 2008.
FAUSTO MARTIN DE SANCTIS
JUIZ FEDERAL"

Posteriormente, diante do interesse gerado e também para aproveitar a estrutura e os voluntários, decidiu-se pela realização de leilão judicial para venda basicamente dos objetos de maior valor, como relógios e TVs de LCD ou plasma.

> "Fls. 952 – Defiro a realização de Leilão Judicial.
>
> Designo o dia 09.04.2008, das 19:30 horas às 24:00 horas para a realização do leilão, no Jockey Club de São Paulo, em espaço reservado para este fim, com capacidade para 425 pessoas, sendo 225 convidados com senha e 200 convidados credenciados pelos organizadores como relojoeiros, colecionadores e etc, oportunidade na qual os bens serão vendidos pelo lance mínimo de 30% do valor da avaliação, considerando o dólar a R$ 1,70 (um real e setenta centavos).
>
> A forma de pagamento será através de pagamento à vista, mediante cheque caução, com depósito em 24 horas em conta judicial aberta.
>
> Fica nomeado como leiloeiro oficial, (...), registrado na JUCESP sob o n. (...).
>
> Deverá o arrematante pagar, no ato da arrematação, a comissão do Leiloeiro no importe de 5% sobre o valor da arrematação (art. 24 do Decreto n. 21.981, de 19.10.1932).
>
> A Imprensa poderá acompanhar o evento, não podendo, entretanto, registrar imagens ou fotos após o início dos trabalhos para proteção dos interessados.
>
> Deverão ser expedidos ofícios às seguintes empresas e órgãos públicos:
>
> a) à empresa (...) para auxiliar, se possível gratuitamente, na transferência dos bens do Depósito Judicial da Justiça Federal para o Jockey Club de São Paulo;
>
> b) à empresa (...) para auxiliar, se possível gratuitamente, na transferência dos bens do Depósito Judicial da Justiça Federal para o Jockey Club de São Paulo;
>
> c) ao JOCKEY CLUB DE SÃO PAULO para disponibilizar um local apropriado em suas dependências para a realização do referido BAZAR no período compreendido entre os dias 01.04.2008 a 14.04.2008;
>
> d) empresa (...) para disponibilizar serviços de segurança durante o período de 01.04.2008 a 14.04.2008, no BAZAR BENEFICENTE a ser realizado pelas Associações Beneficentes (...) dos bens apreendidos nos autos da Ação Penal n. (...);

e) à empresa (...), informando que fica AUTORIZADO o transporte dos bens que foram apreendidos nos autos da Ação Penal n. (...), os quais se encontram armazenados no Depósito da Justiça Federal, situado na Av. (...), comunicando-se à Diretoria do Foro;
f) À Superintendência da Polícia Federal para prestar segurança no Jockey Club São Paulo, nos dias 02 a 14 de abril de 2008, ocasião em que será realizado o BAZAR BENEFICENTE pelas Associações Beneficentes (...) referente aos bens que foram apreendidos nos autos da Ação Penal n. (...), bem ainda escolta no dia 02.04.2008, ocasião em que será realizado o transporte dos bens.
g) À Caixa Econômica Federal para proceder à abertura de conta para depósito de créditos referentes à venda de bens apreendidos nos autos da Ação Penal n. (...), no bazar supracitado.
Dê-se ciência ao Ministério Público Federal.

São Paulo, 26 de março de 2008.
FAUSTO MARTIN DE SANCTIS
JUIZ FEDERAL"

Em outras decisões, foi necessário fixar o valor de venda, já que se tratava de roupas e aparelhos eletrônicos usados (incluindo a chamada linha branca), sem manuais de instrução, sem garantia, no estado em que se encontravam, por vezes, sem seus controles remotos etc., além de prever a forma de pagamento e o transporte de valores durante o evento.

Com relação ao leilão judicial, que envolvia basicamente relógios de marca e de luxo, foi necessário antever, até mesmo, diante da limitação de pessoas, a quantidade que deveria ser reservada a colecionadores e ao público em geral, sendo que o juízo determinou que número maior de assentos fosse destinado para este último.

Também foi necessário estabelecer que a entrega dos bens somente se daria após constatação do depósito dos valores e agendamento prévio para comparecimento em Secretaria, evitando tumultos desnecessários.

A proibição de aquisição dos bens pelos voluntários também foi categoricamente repassada para não comprometer a seriedade e a lisura do evento.

"BAZAR BENEFICENTE:

Em complementação ao despacho proferido às fls. 918/926 que versou sobre as providências necessárias à concretização do Bazar Beneficente objeto da decisão encartada às fls. 668/670, determino que o preço de venda dos bens seja fixado em 30% (trinta por cento) do valor de mercado e, em se tratando de objetos seminovos, seja arbitrado em 50% (cinquenta por cento) do valor de mercado.

A forma de pagamento será à vista, em dinheiro ou cartão de débito ou crédito, ou a prazo. Neste caso, até o valor de R$ 1000,00 (hum mil reais), poderá ser parcelado em 03 (três) vezes, no cartão de crédito, e acima deste valor, em 05 (cinco) parcelas, também no cartão de crédito.

O valor fixado para o lance mínimo (30%) leva em consideração os seguintes pontos: os adquirentes serão responsáveis pela retirada dos bens, às suas expensas; os objetos serão adquiridos no estado em que se encontram (alguns aparelhos eletrônicos e eletrodomésticos estão danificados, por vezes, sem cabo ou controle remoto, não possuem garantia do fabricante, tampouco manual de instrução, disto devendo ser dada prévia ciência aos adquirentes); os itens importados, na sua grande maioria, não possuem assistência técnica no Brasil; os utensílios de cozinha, inclusive talheres, deverão ser vendidos em avulso, por não se encontrarem completos e, finalmente, o pagamento não se efetivará com as facilidades existentes no mercado varejista, isto é, mediante o parcelamento em diversas prestações.

Os valores pagos por meio de cartão de débito ou crédito deverão ser depositados em conta corrente da Instituição Beneficente Israelita Ten Yad, que, posteriormente, repassará o valor total obtido para conta da Justiça Federal, excluindo-se, em prol do evento, a taxa de administração no valor de 1,5% cobrada pelas administradoras dos cartões de crédito.

Isto se justifica visando atender o interesse e comodidade dos adquirentes, de um lado, e a garantia do recebimento dos valores, de outro, bem como a impossibilidade de realização de pagamento da forma eleita diretamente à Justiça Federal.

No Bazar determinado para os dias 08 a 13 de abril de 2008, deverá haver recolhimento do dinheiro antes do término de fechamento das agências bancárias, para que, se possível, haja tempo para o depósito no próprio dia da contagem. Nesta, deverão estar presentes um representante de cada entidade beneficente e pelo menos um Oficial de Justiça, que deverá conferir e lacrar os envelopes com os valores recolhidos. Estes devem seguir, mediante apoio da Justiça Federal, até a agência bancária. Os valores ao final do dia deverão ser encaminhados à Justiça Federal, também com o apoio da Polícia Federal, para guarda em cofre da Secretaria.

LEILÃO JUDICIAL:

Determino a realização de Leilão Judicial no dia 09.04.2008, a partir das 20:30 horas com previsão de encerramento às 24:00 horas, em espaço destinado para leilões de cavalos no Jockey Club de São Paulo, sito à Av. Lineu de Paula Machado, n. 1263, nesta capital, para os objetos de maior valor, aí compreendidos os veículos Jeep Willys Overland, placa BTK 5121, e Ford Rural Willis, placa DMC 3350, joias, relógios, canetas, 03 (três) TV's de grande porte e 03 (três) bicicletas.

O local possui capacidade para abrigar 425 (quatrocentas e vinte e cinco) pessoas e deverá ser observada a seguinte divisão: 225 (duzentos e vinte e cinco) lugares reservados para o público, mediante a emissão de senhas, e 200 (duzentos) lugares para convidados credenciados pelos organizadores do evento (...), tais como, relojoeiros, colecionadores etc.

Os bens serão vendidos pelo lance mínimo de 30% do valor da avaliação realizada pela Polícia Federal, considerando o dólar a R$ 1,70 (um real e setenta centavos). A forma de pagamento será à vista, mediante cheque caução, com depósito em 24 (vinte e quatro) horas, em conta judicial a ser aberta.

O valor fixado para o lance mínimo leva em consideração os mesmos fundamentos adotados em relação ao estabelecido nesta decisão para o Bazar Beneficente, no que couber.

Os adquirentes dos veículos ficam isentos de qualquer responsabilidade sobre tributos ou taxas pretéritas, eventualmente incidentes, devendo-se, oportunamente, oficiar ao DETRAN de São Paulo.

Os relógios, joias e canetas, arrematados ou não, deverão ao final do Leilão serem encaminhados a esta Sexta Vara Federal Criminal para guarda em cofre. Tais objetos deverão, por ora, lá permanecer acautelados para deliberação sobre novo Leilão ou depósito junto à Caixa Econômica Federal.

Os demais bens deverão retornar ao Depósito da Justiça Federal para lá permanecerem ou, na hipótese de arrematação, para serem retirados pelos adquirentes, após efetiva comprovação do pagamento.

Os arrematantes deverão agendar previamente na Secretaria deste Juízo data para retirada do Termo de Entrega do bem arrematado, isto após a confirmação do pagamento, para fins de recebimento do bem. É condição deste, a apresentação de documento de identificação que deverá ser xerocopiado para fins de registro.

Tendo sido observado que pende de avaliação o veículo Ford Rural Willis, placa DMC 3350, determino que se proceda à mesma por esta Secretaria através de meio eletrônico.

Fica nomeado como leiloeiro oficial, (...), registrado na JUCESP sob o n. (...), salientando-se, conforme noticiado no ofício de fl. 952, que se prontificou a abrir mão de sua comissão em prol das entidades. A comissão de 5% (cinco por cento) sobre o valor da arrematação, prevista no artigo 24 do Decreto n. 21.981, de 19.10.1932, reverterá, portanto, em favor das entidades beneficentes.

A Imprensa poderá acompanhar o evento, sendo vedado o registro de imagens ou fotos após o início dos trabalhos para proteção dos interessados.

Deverão ser adotadas as providências necessárias, já determinadas às fls. 918/926, para garantir a segurança do evento.

Dê-se ciência ao Ministério Público Federal e a Lucien Belmonte, representante da Fundação Julita.

São Paulo, 31 de março de 2008.

FAUSTO MARTIN DE SANCTIS

JUIZ FEDERAL"

Por fim, deliberou-se quanto ao encerramento prévio do bazar e do leilão beneficentes em face do interesse gerado na ocasião.

"Vistos,

1) Determino o encerramento nesta data, às 18:00 horas, do Bazar Beneficente. Os bens restantes deverão retornar ao Depósito da Justiça Federal.

> 2) Tendo em vista que dentre os bens constritos encaminhados ao Bazar Beneficente foram detectadas obras de arte com valor artístico intrínseco, fez-se necessária a sua separação dos demais bens com vistas ao oportuno encaminhamento a Museus públicos desta cidade, ainda a serem definidos por este Juízo.
> Dê-se ciência ao Oficial de Justiça André Luiz Maurer Costa para que, nesta data, retire as obras de arte lá detectadas e reservadas, encaminhando-as para esta Sexta Vara Federal Criminal.
> Dê-se ciência desta decisão a Lucien Belmonte, representante da Fundação Julita.
>
> São Paulo, data supra.
> FAUSTO MARTIN DE SANCTIS
> JUIZ FEDERAL"

Para encerrar, cabe aduzir que houve uma preocupação inicial sobre possível fracasso do bazar e do leilão mencionados, mas todos acreditaram na ideia, no princípio, e, com isso, quase a totalidade dos adquirentes estava ciente de que se tratava de uma ação judicial voltada ao resgate de valores sociais, melhor quando se concretiza ajudando a quem mais precisa: os assistidos.

A aquisição ocorrida pelos interessados foi de bem judicial, ou seja, legalmente fruto de diligência penal, e não deste ou daquele criminoso.

O bazar e o leilão beneficentes serviram de modelo e estímulo para outros eventos de mesma natureza e são, frequentemente, objetos de indagação por parte de magistrados desejosos de informação acerca de sua estruturação e organização.

A aceitação no seio jurídico foi tão grande que a alienação antecipada acabou incorporada pela legislação brasileira como a Lei sobre Drogas (Lei n. 11.343/2006, artigo 62), a Lei de Lavagem de Dinheiro (Leis ns. 9.613/98 e 12.683/2012, artigo 4ª-A) e o Código de Processo Penal (artigo 144-A).

10.3 CAUTELAS NECESSÁRIAS QUANTO À ESCOLHA DE MUSEUS E ENTIDADES FILANTRÓPICAS E PRESTAÇÃO DE CONTAS

Não se apresenta tarefa fácil a escolha de instituições e fundações, públicas ou privadas, notadamente Organizações Não Governamentais (ONGs) ou Organizações da Sociedade Civil de Interesse Público (OSCIPs).

A questão afigura-se mais delicada quando se trata de organismos privados ou socialmente pouco reconhecidos.

Independentemente disto, cabe ao juiz tomar sempre as cautelas não somente com relação à seleção mas quanto à futura prestação de contas que, necessariamente, deve ser exigida.

10.3.1 Museus e entidades culturais

No caso de obras de arte, quando haja colaboração de museus ou entidades culturais vinculadas a instituições reconhecidamente idôneas, o problema é minimizado.

Mesmo assim, não pode o juiz deixar de exigir que se firme, pelo responsável da instituição ou museu, termo de compromisso ou de depósito judicial, que garanta ao mesmo tempo o compromisso de zelar pelo bem recebido e a exposição pública em período de tempo razoável.

Obras de arte não foram concebidas para ficarem guardadas em reservas técnicas de tais instituições. Ao contrário, bastaria encaminhá-las aos depósitos judiciais. O entendimento deve ser o de permitir, conforme já afirmado em capítulo próprio, a difusão pública, aliás, compromisso assumido pelo Brasil, sendo dever de todos os Poderes da República.

Por outro lado, não tem sentido entregar obra que não guarde relação com o acervo e/ou propósito do museu ou entidade cultural. Se possível, deve existir a preocupação de complementação de acervo já existente de molde que este, em seu conjunto, ganhe em importância a partir do bem recebido.

Assim têm sido as decisões na Justiça Federal, razão pela qual foram contactados vários museus e entidades, prioritariamente localizados no distrito da culpa, evitando-se a dispersão e o descontrole e a elevação dos custos de remoção e seguro.

Num determinado feito e ocasião selecionou-se o Museu Paulista da Universidade de São Paulo (Museu do Ipiranga), o Museu de Arte Contemporânea e o Instituto de Estudos Brasileiros, todos pertencentes à Universidade de São Paulo, bem ainda o Museu de Arte Sacra, a Fundação Memorial da América Latina, o Centro Cultural da Marinha em São Paulo e, por fim, a Secretaria de Estado da Cultura de São Paulo.

Procurou-se também nesta situação dar atendimento à legislação de regência em face das disposições do artigo 24 do Decreto-Lei n. 25, de 30.11.1937.

Todo o acervo existente em poder da Justiça foi confiado, a título provisório, àquelas instituições públicas, sempre objetivando garantir a unicidade das obras e o propósito do acervo de cada entidade. Foi ainda determinado que o material bibliográfico lá existente, consistente em publicações das obras de arte, catálogos e livros, fosse destinado, diante do evidente interesse público e da deterioração em curso, às bibliotecas públicas de Estados diversos, preferencialmente situadas na periferia, enquanto parte desse material, relacionada à história amazônica e marajoara, também por determinação judicial, tivesse como destino bibliotecas públicas localizadas particularmente nos Estados do Amazonas e do Pará.

Os órgãos públicos que receberam, a título provisório, o mencionado acervo, destinaram recursos humanos e materiais para bem assumir o termo de depositário judicial. Todos eles, sem exceção, prestaram contas, detalhando os gastos públicos para o fiel cumprimento de seu mister, as despesas de transporte, as dificuldades experimentadas para a remoção das obras, os projetos realizados para o acondicionamento do acervo em local ideal, a disponibilização e contratação de pessoal especializado, a elaboração de laudo (apenas para detalhamento, não importando, diante de sua natureza, o valor econômico), o agendamento de exposições etc., a saber:

1) Centro Cultural da Marinha de São Paulo (CCMSP): informou que as pequenas restaurações, principalmente dos modelos navais, necessitariam de contratação de profissional habilitado e de recursos financeiros estimados em um total de R$ 6.000,00. Providenciou vitrines para proteção das obras mais frágeis, cujo valor unitário é, em média, R$ 500,00. No que tange à exposição do acervo recebido, este foi devidamente concretizado e de forma permanente;
2) Museu de Arqueologia e Etnologia da Universidade de São Paulo (MAE/USP): encaminhou ao juízo a prestação de contas referente aos exercícios orçamentários dos anos correspondentes e relatou a transferência dos itens arqueológicos; sua desembalagem e disposição transitória; primeira limpeza; classificação

e numeração; acondicionamento adequado; pagamento de despesas visando ao atendimento do laudo de peritagem arqueológica; conferência do acervo arrolado; aprofundamento das medidas de conservação e restauro; contratação de estagiários e de conservadora-restauradora; os correspondentes encargos sociais, de material de consumo, informática e equipamentos de segurança, além do reforço de 50% da vigilância contratada pela Administração da Universidade de São Paulo, num total, até então, de R$ 112.137,36. O museu comunicou que recomendaria à sua Comissão de Pesquisa que as coleções provenientes da Justiça Federal fossem usadas em projeto de pesquisa para teses de doutoramento, bem como a organização de mostra temporária no campo da USP/Leste, o que gerou novos investimentos em termos de recursos humanos e materiais para dar continuidade ao cumprimento dos preceitos acadêmicos de investigação científica, inclusão e devolução social convergentes para as coleções colocadas sob sua guarda e administração;

3) Museu Paulista da Universidade de São Paulo (Museu do Ipiranga): programou exposições do acervo com o material bibliográfico, numismático, iconográfico, textual e cartográfico e objetos recebidos. Os gastos para remoção e transporte do acervo, contratação de pessoal e material utilizado totalizaram a quantia de R$ 40.786,30;

4) Museu de Arte Contemporânea da Universidade de São Paulo (MAC/USP): a Reitoria da Universidade de São Paulo destinou ao Museu a importância de R$ 83.000,00, num primeiro momento, além de recursos humanos a fim de dar atendimento às necessidades físicas para receber e inventariar o acervo recebido. O trabalho foi desenvolvido por equipe multidisciplinar composta de pesquisadores, restauradores, catalogadores, fotógrafos, montadores, dentre outros técnicos, além de suporte administrativo e operacional. Por meio do ofício encartado aos autos competentes, o referido museu informou que até 15.02.2006 haviam sido gastos em despesas com custeio, instalação da obra de Frank Stella e recursos humanos (folha de pagamento de três meses, não contabilizadas obrigações patronais) a quantia de R$ 218.112,54. Por fim, o MAC informou ter inaugurado a Mostra

"Ciccillo – Acervo MAC USP", que contempla a exposição de duas obras apreendidas e sequestradas (Frank Stella e Leda Catunda), bem ainda que estaria organizando uma curadoria;

5) Instituto de Estudos Brasileiros da Universidade de São Paulo (IEB/USP): foram contratadas vinte e cinco pessoas, entre funcionários e estagiários bolsistas, no período de setembro a novembro de 2005, para atuar no acervo recebido, tendo sido, num primeiro momento, gastos R$ 15.000,00 para fazer frente aos custos de transporte, embalagem e funcionários. Após, foram estimados em R$ 37.660,00 os custos com conservação, restauro, catalogação, contratação de estagiários, conserto da câmara de fumigação e material de consumo;
6) Museu de Arte Sacra de São Paulo: foram efetuados gastos com deslocamento dos funcionários até o galpão, transporte das peças até o Museu (com a contratação de empresa especializada), desembalagem, aquisição de material de consumo e de escritório, material fotográfico utilizado na higienização, na conservação, registro fotográfico e elaboração de laudo técnico das referidas peças, que totalizaram inicialmente R$ 3.150,00;
7) Fundação Memorial da América Latina: informou ter gasto o montante de R$ 20.500,00 para o transporte das peças, trabalhos de fotografia e prestação de serviços por antropólogo para inventário do acervo recebido. Informou, ainda, projeto enviado em 18.02.2006, visando à obtenção de recursos necessários para a implantação de reserva técnica para abrigar a coleção de arte indígena a ser instalada na Galeria Marta Traba. Em julho de 2008, realizou exposição com o acervo recebido, merecendo elogios de setores diversos, inclusive das sociedades artística e cultural;
8) Secretaria de Estado da Cultura do Governo do Estado de São Paulo: esta recebeu oitenta toneladas de livros e catálogos referentes ao acervo constrito, que foram encaminhadas ao Departamento de Atividades Regionais da Cultura/Divisão de Bibliotecas. Esse órgão contratou uma empresa especializada que propiciou à Divisão de Bibliotecas o gerenciamento de recursos humanos necessários para a execução das atividades, que vão desde o recebimento, triagem de milhares de livros e preparação

> dos *kits* até as providências para o transporte para remessa do material aos respectivos destinos. Foram destinados R$ 152.000,00 para a realização das atividades, contando a Secretaria de Estado com a colaboração da Imprensa Oficial do Estado de São Paulo. A Secretaria de Estado da Cultura do Governo do Estado de São Paulo encaminhou, a título de doação, a diversas Universidades sediadas nos Estados do Acre, Amazonas, Pará, Rio Grande do Sul, Paraná, Paraíba, Pernambuco, Santa Catarina, Ceará, Maranhão, Bahia, Piauí, Alagoas, Rio de Janeiro, Espírito Santo, Rio Grande do Norte, Roraima, Sergipe, Amapá, Distrito Federal, Minas Gerais e Mato Grosso, catálogos que fazem parte do material recebido da Justiça Federal. Além disso, tem realizado, com o apoio e esforço da curadoria dos Palácios de Governo paulistas, exposições diversas.

Importante citar que os diretores das referidas entidades compareceram em juízo para assinatura de Termo de Compromisso de Guarda e Administração Provisória das peças requeridas e tiveram que se obrigar a tomar providências para a remoção, às suas expensas, no prazo de 48 (quarenta e oito) horas, com exceção do Museu de Arte Contemporânea, que as fez no prazo de 10 (dez) dias, a contar de suas intimações, procedendo-se, após, ao devido inventário e perícia, no prazo de 30 (trinta) dias.

A perícia foi realizada por dois peritos indicados pelos museus e pelo instituto citados, sendo que as pessoas indicadas apresentaram seus currículos e compareceram, uma vez aprovadas pelo juízo, para assinatura de Termo de Compromisso, no prazo de 48 (quarenta e oito) horas, após sua nomeação.

A preocupação judicial foi sempre a de que, após as providências aduzidas, fossem organizadas exposições das principais obras, no prazo de seis meses, possibilitando o acesso ao público em geral.

10.3.2 Entidades filantrópicas

O magistrado deve se cercar de cautelas quando da seleção de entidades beneficentes ou instituições públicas, cuidando para aferir seu reconhecimento social, como também sua regularidade documental.

Não basta, pois, estabelecer critérios de escolha sem verificar a questão da regularidade oficial.

A destinação dos valores tem obedecido aos seguintes critérios: a) localização prioritária em periferia, já que nestes locais as contribuições voluntárias usualmente são mais difíceis de serem oferecidas; b) dificuldades evidentes de manutenção; c) atendimento a crianças, pessoas idosas ou portadoras de problemas crônicos e/ou dependentes exclusivamente de ajuda humanitária; d) possuir documentação oficial regular, ou em vias de regularização, junto aos órgãos federais ou locais; e) constatação das condições acima citadas por parte de Oficiais de Justiça do juízo.

O valor arrecadado deve ser destinado especificamente para ações sociais, preferencialmente definidas com a apresentação prévia de projetos específicos, o que facilita enormemente a prestação de contas a que devem ser obrigadas pelo juízo.

Com efeito, deve-se conceder um prazo, que se inicia a partir da concretização do projeto escolhido, para que a entidade ou instituição proceda à prestação de contas em juízo, tomando sempre ciência o Ministério Público, que, também, velará para correta aplicação dos recursos.

Nada impede que o magistrado determine visitas periódicas de Oficiais de Justiça para verificação da continuidade dos trabalhos desenvolvidos por elas, bem ainda para conferir o destino dado aos valores recebidos, recomendando-se sempre que seja procedido registro fotográfico.

A dotação de valores, atentando-se aos critérios acima citados, tem observado primordialmente a carência de recursos, a necessidade imediata de sua percepção e a destinação para fins específicos, conforme dados trazidos por escrito ao juízo que, dentro da aferição, muitas vezes *in locu*, da premente necessidade, conferem legitimidade à eventual decisão.

Os valores recebidos devem ser utilizados exclusivamente para as finalidades específicas das entidades, devendo atender necessidades estruturais e indispensáveis para a melhoria dos serviços sociais já implantados e os a serem implantados. A seleção e os pagamentos pela obra ou serviço são de suas exclusivas responsabilidades, sendo certo que reuniões em juízo são recomendadas, não somente para justificação de seus pleitos mas para esclarecimentos eventuais de gastos, além de servirem para que sejam alertadas sobre as responsabilidades assumidas e sobre a necessidade indeclinável de prestação de contas transparente, com lastro documental e, se possível, mediante laudos técnico-contábeis.

Abaixo transcrevo modelo de Portaria que permitiu a seleção de tais entidades:

> "PORTARIA n. 06, de 26 de fevereiro de 2007.
>
> O Meritíssimo Juiz Federal da 6ª Vara Criminal, Doutor Fausto Martin De Sanctis, no uso de suas atribuições legais resolve:
> Considerando a necessidade de formação de rol de Entidades Beneficentes de Assistência Social ou de Fins Filantrópicos para receber prestações decorrentes de persecução criminal, bem como considerando a necessidade de se comprovar a idoneidade das respectivas entidades, DETERMINO aos Oficiais de Justiça desta Vara procedam a constatação *in locu*, elaborando minuciosa certidão, devendo ser solicitada a documentação a seguir descrita e atualizada:
> a) Estatuto e Certidão de seu Registro no Cartório de Títulos e Documentos;
> b) Certificado ou Registro de Entidades de Fins Filantrópicos no Conselho Nacional de Serviço Social ou no Conselho Nacional de Assistência Social, com fundamento no inciso II, do artigo 55, da Lei n. 8.212, de 24 de julho de 1991 (renovável a cada três anos), no artigo 9º (prévia inscrição no Conselho Municipal de Assistência Social) e no artigo 18, IV (concessão de registro e certificação), ambos da Lei n. 8.742, de 07 de dezembro de 1993, e artigos 1º e 6º (recadastramento), ambos da Lei n. 8.909, de 06 de julho de 1994;
> c) Fornecimento do número de conta-corrente, agência, banco e CNPJ.
> Expeçam-se os Mandados de Constatação em face das entidades relacionadas em anexo, devendo a Secretaria providenciar dossiê individualizado para cada entidade, com a juntada de cópia desta Portaria.
>
> P.R.C.
>
> FAUSTO MARTIN DE SANCTIS
>
> JUIZ FEDERAL"

Obtida a documentação e verificada a regularidade documental, recomenda-se ao juízo que proceda a constatação no local das atividades, conforme determinado na Portaria acima citada.

Observe-se, nesse diapasão, o Mandado de Intimação:

> "MANDADO DE INTIMAÇÃO
>
> AUTOS N. (...)
> O DOUTOR FAUSTO MARTIN DE SANCTIS,
> MM. JUIZ FEDERAL DA VARA ACIMA REFERIDA,
> MANDA a qualquer Oficial de Justiça de sua Jurisdição, que em cumprimento deste se dirija ao endereço abaixo mencionado ou onde possa ser encontrado pessoalmente o representante legal da entidade:
> CENTRO DE HEMOFÍLICOS DO ESTADO DE SÃO PAULO
> Rua Capitão Macedo, 470, Vila Clementino, São Paulo/SP. Tel. 5573-0648, 5573-4814
> FINALIDADE:
> 1) Intimá-lo que nos autos em epígrafe foi proferida decisão destinando o valor de R$ 20.000,00 (vinte mil reais) a essa entidade, que será depositado no prazo máximo de 12 (doze) meses.
> 2) O referido valor deverá ser utilizado para as finalidades específicas da entidade, devendo atender necessidades estruturais e indispensáveis para a melhoria dos serviços sociais já implantados e os por serem implantados.
> 3) Intimá-lo, ainda, que a prestação de contas a este Juízo deve ser dada, com lastro documental, a partir do recebimento do depósito, por meio da elaboração de laudo técnico-contábil, no prazo de sessenta dias da efetivação dos gastos, de tal forma ser possível futuramente bem avaliar a prestação de contas.
> NADA MAIS. São Paulo, 18 de julho de 2008. Eu,______, Rosemary Ap. Bortoloni Auresco, Técnica Judiciária, digitei e assino. E eu,________, Gustavo Quedinho de Barros, Diretor de Secretaria, conferi e subscrevo.
>
> FAUSTO MARTIN DE SANCTIS
> JUIZ FEDERAL"

Segue abaixo modelo de certidão do Oficial de Justiça constatando a realidade de uma determinada entidade e seu desempenho perante os assistidos, sendo de nota ser sempre interessante que estes sejam entrevistados pelo servidor quanto aos serviços recebidos da entidade beneficente.

PODER JUDICIÁRIO
JUSTIÇA FEDERAL
6ª Vara Criminal
Mandado de Constatação nº 10/2007

CERTIDÃO

Certifico e dou fé que, em cumprimento ao r. mandado, me dirigi ao Largo São Francisco, 133, onde fui atendido pelo Frei Valnei, coordenador do Recifran – Serviço Franciscano de Apoio à Reciclagem. No Largo São Francisco fica o Convento de São Francisco. O Recifran faz parte de um projeto maior chamado Sefras – Serviço Franciscano de Solidariedade.

Dando início às diligências, me dirigi, juntamente com o Frei Valnei, à Rua Junqueira Freire, 176, Baixada do Glicério, sede do Recifran, onde cheguei às 10:25h. Terminei a visita (incluindo a outra unidade e um albergue) por volta das 12:30h. No local, sede do Recifran, funciona um núcleo-escola, onde havia cerca de setenta pessoas, entre catadores e funcionários. Fui recepcionado pelo Sr. Nataniel, gerente da unidade, que me mostrou o prédio, que consiste em um pátio grande, onde é feita a separação e tratamento do material reciclável, uma sala administrativa e, na parte superior, há um salão e parte da futura cozinha, que ainda não foi implantada, na qual é servido o café da manhã. Os Franciscanos doam o pão, mas o café, manteiga, etc., é custeado pelos assistidos, que contribuem com 10% do que recebem com a reciclagem, sendo que esta foi a única reclamação que ouvi de alguns assistidos. Todo o dinheiro proveniente da reciclagem fica com os assistidos (uma média de duzentos e cinquenta a trezentos reais por mês), exceto os 10% para o café da manhã, que é um desconto obrigatório, porém administrado pelos próprios assistidos.

Alguns assisitidos perguntaram se a Justiça Federal poderia lhes doar o lixo, sendo que a cooperativa Cooper Glicério se encarregou de buscá-lo, pois tem um caminhão e uma perua. Consulto V. Exa. sobre esssa possibilidade (um assistido citou inclusive o Decreto nº 5940, de 25/10/2006, que disciplina a matéria).

A maioria dos assistidos tem fámila e gastos com moradia. O núcleo-escola só funciona de dia e não tem leitos para dormir. Alguns assistidos residem no Albergue São Francisco, que já está lotado. O Recifran necessita da doação de cestas básicas, contendo alimentos e material de limpeza. No mês passado só recebeu duas e teve que dividí-las entre oitenta e três pessoas, que é a quantidade atual de assistidos.

Segundo o Sr. Nataniel, o Recifran tem um gasto mensal de vinte e sete mil reais, sendo que dezessete mil reais são doados pela Prefeitura Municipal de São Paulo e dez mil reais provêm de doações de particulares. Tem necessidade de alimentos, material de limpeza e verba pra manutenção e compra de equipamentos e para reparos no prédio. Trabalham no local sete funcionários, remunerados pela Província Franciscana. A Diretoria é composta pelos padres franciscanos, que não são remunerados. Há também três voluntários. Ainda de acordo com o Sr. Nataniel, o trabalho do Recifran visa não só o auxílio material e profissional dos assistidos, mas também procura estruturar melhor suas famílias. Os que têm filho, são obrigados a mantê-los na escola. Além disso, é realizado um trabalho psicológico constante visando melhorar a auto-estima dos assistidos, conscientizando-os de que eles não são apenas "catadores de lixo", mas sim trabalhadores importantes para a sociedade, à medida em que reciclam o lixo e melhoram as condições do meio ambiente, beneficiando, desta forma, toda a coletividade. É um trabalho difícil e os funcionários e demais colaboradores da instituição aparentam ser bastante dedicados.

Em seguida me dirigi à Rua Teixeira Leite, 140, onde funciona a outra parte do Recifran, que é a Cooper Glicério, na qual trabalham cinquenta e seis cooperados. Na primeira unidade, os assistidos aprendem a trabalhar e se organizar. Na Cooper Glicério eles continuam com o apoio dos Franciscanos, que mantém um colaborador no local, porém a cooperativa tem total autonomia. Os cooperados se queixaram do baixo valor que o mercado vem pagando pelo material reciclado e também pediram para perguntar a V. Exa. sobre a possibilidade de receberem em doação o lixo produzido pela Justiça Federal. Segundo os cooperados - que ficam com todo o dinheiro arrecadado com a venda do material reciclado - cada cooperado tem recebido apenas sessenta e cinco reais a cada quinze dias. Queixam-se também do local onde trabalham, que fica exatamente embaixo de um viaduto. O Frei Valnei disse que está pleiteando aos órgãos públicos uma área melhor, próxima ao local. Além do espaço em que é separado o lixo e processada a reciclagem, a cooperativa tem pequenas salas, onde fica Administração (fone: 3341-1306). A Cooper Glicério tem uma parceria com a Rede Catasampa, que lhe empresta um caminhão ou uma Kombi, quando necessário. Segundo os cooperados, a Cooperativa necessita de um computador, mesmo usado, para a área administrativa (tem um computador muito velho). Ainda segundo os assistidos, se houver mais lixo para reciclar, mais catadores serão convidados para entrar na cooperativa.

Em seguida, a convite do Frei Valnei, fui conhecer outra entidade, que não faz parte do Recifran, porém faz parte do projeto integrado - o Sefras. Trata-se do Albergue São Francisco, sito à Rua Teixeira Leite, 99 (vizinho ao Cooper Glicério). Lá, fui atendido pelo Sr. Francisco Xavier, gerente administrativo da entidade, a qual atende trezentas pessoas à noite (que jantam e dormem no local) e cem pessoas de dia (que apenas almoçam). O local é limpo e arrumado; trabalha em sua capacidade total, ou seja, trezentas pessoas para dormir; e serve quatrocentas refeições diárias. Há vários quartos, todos com beliches. Pernoitam ali duzentos e sessenta homens e quarenta mulheres. Há uma pequena oficina, na qual se ensinam trabalhos com cerâmica. O prédio pertence à Prefeitura Municipal de São Paulo, que doa mensalmente noventa e dois mil reais à Entidade. Os Franciscanos também fazem doações que variam a cada mês. Há quarenta e oito funcionários remunerados e oito voluntários. O albergue necessita de doações de alimentos, material de limpeza, roupas masculinas, roupas de cama e bebedouros (aliás, o Recifran também necessita de bebedouros). Como o albergue faz parte do Sefras, ele acolhe algumas pessoas do Recifran, ao passo que alguns albergados trabalham hoje na Cooper Glicério, criada pelo projeto Recifran.

Certifico e dou fé que fiquei com boa impressão do trabalho realizado pela Província Franciscana da Imaculada Conceição do Brasil, nos três locais visitados (embora o albergue não conste do mandado de constatação).

São Paulo, 9 de março de 2007.

André Luiz Maurer Costa
Executante de Mandados – RF 1880

XI

MASSA FALIDA *X* CONFISCO CRIMINAL

11.1 MASSA FALIDA *X* CONFISCO CRIMINAL

Pode-se vislumbrar a existência de algum conflito entre o interesse de credores de uma massa falida, por exemplo, manifestado junto à Vara estadual de Recuperação Judicial ou mesmo a algum juízo cível, de reaver dívidas contraídas antes ou depois da falência e os bens objeto de apreensão (sequestro ou arresto) determinada pelo juízo penal.

Entretanto, esse conflito é apenas aparente. Não resiste a uma análise aprofundada do tema que leve em consideração o interesse público representado pelo feito criminal e o interesse privado representado pelo processo extrapenal.

Perda de bens é determinação constitucional e de várias Convenções Internacionais que não comporta exceção que vise a ressarcimento privado em detrimento da coletividade.

Os bens cuja perda for decretada na sentença criminal não podem ser levados ao juízo da falência, ou, por exemplo, ao juízo cível em caso de ação de despejo, uma vez que *o trânsito em julgado da decisão penal determina apenas a restituição em prol da União,* jamais o ressarcimento de credores.

O *foro competente* para o tratamento de bens apreendidos não é o juízo da falência, ou mesmo o cível, mas, sim, *o criminal,* ainda mais quando as medidas constritivas ocorram por força de decisões prolatadas nesta seara, antes da decretação da falência.

O pedido de sequestro de bens formulado pelo Ministério Público, por vezes, data do momento em que sequer se vislumbra a bancarrota.

Os credores da massa falida não podem ser tidos como lesados ou terceiros de boa-fé, na dicção do aludido artigo 91, inciso II, "b", do Código Penal, pois o sequestro recai sobre bens de empresas ou de instituições financeiras adquiridos de forma ilícita em nada atingindo os interessados na falência. A eles (os terceiros de boa-fé) somente podem tocar os bens do falido adquiridos de forma lícita, porquanto a ilicitude da aquisição obriga a reversão dos bens em prol do Estado, verdadeira vítima de ações deste último.

Com a prolação de uma sentença penal transitada em julgado, confirma-se, de forma perene, que a aquisição tinha sido fruto de prévias infrações criminais, devendo ser assegurada sua restituição em prol da União Federal.

Mesmo que os bens, móveis ou imóveis, sejam adquiridos em nome de terceiros, por empresas titularizadas por pessoas vinculadas aos acusados, visando dissimular a origem dos valores neles investidos e desviados, persiste a ilicitude que qualifica tais aquisições.

A satisfação de credores, por outro lado, somente pode ocorrer, conforme já afirmado, com os bens licitamente adquiridos pelo falido ou pela empresa do falido. Uma vez comprovada a inidoneidade da aquisição pelo juízo criminal, decretando o confisco, que nada mais visa do que à restituição (e não o ressarcimento) da União, não se pode vislumbrar qualquer interesse da massa falida, até porque entendimento contrário violaria o sistema positivo penal a respeito, bem como Convenções Internacionais (Convenção de Palermo e Convenção de Viena) e Recomendação n. 3 do Grupo de Ação Financeira Internacional sobre Lavagem de Dinheiro e Financiamento ao Terrorismo (GAFI/FATF), que revelam a necessidade de perda de bens em caso de futura e eventual condenação, não para fins de indenização de credores, mas restituição do ofendido, que, na grande maioria das vezes, no caso de delitos econômico-financeiros, é o Estado diretamente.

Ora, não havendo demonstração da origem lícita dos bens sequestrados, na esteira do que descrevem o § 2º do artigo 4º da Lei n. 9.613, de 03 de março de 1998, c.c. a Lei n. 12.683, de 09 de julho de 2012, bem como a Convenção da ONU (Viena, 1988) sobre o Tráfico Ilícito de Entorpecentes e Substâncias Psicotrópicas (artigo 5º, item 7), Convenção da ONU (Palermo,

2000) contra o Crime Organizado Transnacional (artigo 12, item 7), Convenção da ONU (Mérida, 2003) contra a Corrupção (artigo 30, item 8), Convenção do Conselho da Europa (Varsóvia, 2005) sobre Apreensão, Perda e Confisco das Vantagens do Crime e Financiamento do Terrorismo (artigo 3º, itens 1 e 2) e *Recomendação* n. 3 do GAFI/FATF, o destino é *necessariamente* a reversão da propriedade a favor do Estado.

O artigo 91, inciso II, "b", do Código Penal prescreve que:

> "São efeitos da condenação:
>
> (...)
>
> II – a perda em favor da União, ressalvado o direito do lesado ou de terceiro de boa-fé:
>
> (...)
>
> *b)* do produto do crime ou de qualquer bem ou valor que constitua proveito auferido pelo agente com a prática do fato criminoso."

Importante afirmar que a União não é e nunca será credora da massa falida, não se podendo cogitar, *s.m.j.*, de ressarcimento de prejuízo da União, mas *tão somente* de *restituição* do que for confiscado da sociedade. Trata-se, *in casu*, de propriedade de bens pertencentes a este ente (União federal), que é reconhecida tendo em vista a condenação.

Logo, a *natureza jurídica do pleito da União nada tem a ver com as questões atinentes à seara falimentar*. Nesta, há concurso de credores desejosos de verem-se ressarcidos de prejuízos por práticas ilegais. *Perante a Justiça criminal, o juízo de mérito verifica apenas a responsabilidade pelos crimes imputados, o que, por força da condenação, refletirá sobre o domínio dos bens adquiridos com o proveito dos delitos.*

Nesse sentido, *a própria Lei que regula a Recuperação Judicial, Extrajudicial e a Falência* (Lei n. 11.101, de 09.02.2005, artigos 85 a 93) *determina a restituição de bens que não pertençam ao devedor ou ao falido, como justamente ocorre na hipótese vertente, por deixar claro que se trata de instituto jurídico diverso do concurso de credores*. A Lei de Falências antes em vigor dessa forma também estatuía (Decreto-Lei n. 7.661, de 21.06.1945, arts. 76 a 79).

Sob um outro enfoque, importante ressaltar que o juízo da falência atrai todas as ações referentes aos bens, interesses e negócios da massa falida, a teor do artigo 76 da Lei n. 11.101/2005, que comporta as seguintes exceções: causas trabalhistas, fiscais e aquelas não reguladas na Lei em que o falido figurar como autor ou litisconsorte ativo.

Referido dispositivo não tem aplicação na medida em que *se refere às ações judiciais que visem*, de alguma forma, *ressarcir* o credor. Repise-se: *a União não é credora da massa falida* e a constrição criminal não pode ser atingida, porquanto não guarda qualquer relação com a falência.

É possível também chegar a essa conclusão a partir do ensinamento de Fábio Ulhoa Coelho, como segue:

> "Certa jurisprudência entende que o princípio da universalidade do juízo falimentar é mais simples, de sorte a serem atraídas *apenas* as ações reguladas pela Lei de Falências, continuando as disciplinadas por outros diplomas legais a tramitar perante o juízo competente de acordo com as regras gerais do processo civil. Com esse entendimento, é claro que a lista das ações não atraídas ao juízo falimentar é bem mais extensa"[1]. (grifo nosso)

Ainda que o entendimento fosse o de caracterizar a situação pela responsabilidade de natureza obrigacional (ressarcimento), mesmo assim a questão não se resolveria em favor da massa falida. Relevante relembrar que, se o sequestro decretado pela Justiça criminal *ocorresse em tempo anterior* ao da decretação da falência, por si só, já afastaria a pretensão da massa falida e de seu juízo.

O mesmo vale dizer quanto à pretensão de outros juízos extrapenais, como, por exemplo, uma Vara Cível no caso de ação de despejo eventualmente movida pelo proprietário de bens imóveis em poder do falido, já que também busca o ressarcimento do locador, fato distinto do interesse da União, que é efetivamente a restituição, ou seja, reaver bens decorrentes de ilicitudes penais.

A jurisprudência, no que tange às penhoras, reconhece, de forma reiterada, a preferência pelo juízo onde se tenha efetivado a primeira diligência (*RT* 493/177; *TJTAMG* 19/326; *RTFR* 159/37; *RF* 320/156).

Deve prevalecer, portanto, o sequestro criminal de todos os bens adquiridos pelo falido com o proveito de delitos, conforme determina o artigo 125 do CPP, ainda que tenham sido transferidos a terceiros, por vezes, sua própria esposa e/ou filhos e parentes.

---

1 In *Curso de direito comercial. De acordo com a nova Lei de Falências*. 5. ed. São Paulo: Saraiva, 2005. v. 3, p. 263.

Doutra banda, a *Convenção de Palermo das Nações Unidas sobre o Crime Organizado Transnacional*, de 15.11.2000 (promulgada pelo Decreto n. 5.015, de 12.03.2004, e aprovada pelo Decreto Legislativo n. 231, de 29.09.2003), *na esteira da Convenção de Viena contra o Tráfico Ilícito de Entorpecentes e Substâncias Psicotrópicas*, de 20.12.1988 (ratificada pelo Brasil por meio do Decreto n. 154, de 26.06.1991), determina aos Estados-partes a criminalização da lavagem do produto do crime (artigo 6º), bem como confisco e apreensão "do produto das infrações previstas na presente Convenção ou de bens cujo valor corresponder ao desse produto" (artigo 12, 1, "a"), permitindo a cooperação internacional para esse fim (artigo 13, 1).

Há previsão expressa (Convenção de Palermo) de *destinação do valor do produto dos bens ilícitos para um Fundo das Organizações das Nações Unidas visando ao seu financiamento* para que ela ajude os Estados-partes a obter meios para aplicação da Convenção (artigo 3º, "a", c/c 30, 2, "a").

Por outro lado, também dentre as conhecidas *Quarenta Recomendações* do GAFI/FATF, do qual o Brasil é integrante desde setembro de 1999, há expressa determinação da perda visando "adotar medidas para prevenir ou evitar atos que prejudiquem a capacidade do Estado para recuperar bens sujeitos à perda", obstando-se a "transferência em cessão dos referidos bens apreendidos" (Recomendação n. 3).

Portanto, *mesmo em caso de alienação dos bens apreendidos, o valor apurado não se destinaria ao ressarcimento dos credores do falido*, atendendo inclusive determinação normativa internacional.

O Superior Tribunal de Justiça, entretanto, em 13 de maio de 2009 (*DJ* 15.06.2009), decidiu, por maioria (Min. Relator Massami Uyeda, vencido o Min. Castro Filho), no Conflito de Competência n. 76.740/SP (suscitante Banco Santos S.A. – massa falida – e suscitadas, 2ª Vara de Falências e Recuperações Judiciais e 6ª Vara Federal Criminal, ambas em São Paulo), invocando o *vis attractiva* do juízo universal da falência, pela competência do juízo falimentar, alterando precedentes anteriores. Por exemplo: RHC 6.546/MG, Min. Relator José Arnaldo da Fonseca, v.u., *DJ* 09.12.1997, p. 64748; CC 41.705/AM, Min. Relator Luiz Fux, v.u., *DJ* 06.12.2004, p. 186; CC 39.509/PR, Min. Relator Arnaldo Esteves Lima, v.u., *DJ* 02.03.2005, p. 182; CC 57.565/GO, Min. Relator Humberto Gomes de Barros, v.u., *DJ* 02.05.2006, p. 245. Neste caso, o STJ entendeu não ser "possível falar em sobreposição de competência. Cada magistrado está atuando nos limites de sua competência, exercendo a jurisdição de que foi investido. Cada juízo envolvido está julgando uma ação (...) Nem mesmo a suposta incompatibilidade dos atos constritivos com o espírito da novíssima Lei de Recuperações Judiciais convenceu. Os atos de constrição patrimonial efetivados antes do deferimento do pedido de recuperação judicial estariam, em tese, cobertos no mínimo pela preclusão. Deveriam ter sido atacados pelos meios ordinários, assim que determinados nas diversas ações. (...) E se há algum juízo que não atendeu ao comando da lei que determina a suspensão das ações no período da recuperação (art. 6º, § 4º, da Lei 11.101/2005), tal fato deve ensejar o recurso adequado que, certamente, não é o presente conflito (...)". Os suscitantes foram a Avestruz Master Agro Comercial Importação e Exportação Ltda. e outros, e os suscitados, 11ª Vara Federal da Seção Judiciária do Estado de Goiás, 11ª Vara Cível de Goiânia/GO, 1ª Vara do Trabalho de Aparecida de Goiânia/GO e outros.

XII

MANIFESTAÇÃO DE BENEFICIÁRIOS DAS AÇÕES DA JUSTIÇA FEDERAL

A responsabilidade social é também função da Justiça criminal, podendo perfeitamente ser medida por meio da manifestação de museus e entidades beneficentes ou culturais, inclusive oficiais, que auxiliaram e ainda auxiliam o Poder Judiciário na busca da aplicação do Direito Penal e Processual Penal.

Nada melhor do que eles demonstrarem o alcance comunitário de certas decisões judiciais que, num primeiro momento, podem não ter a devida compreensão.

Por tais razões, este capítulo foi destinado para aqueles que direta ou indiretamente puderam assumir responsabilidades, estendendo o âmbito de suas ações para a assunção de novas funções sociais de colaboração com um Poder, o Poder Judiciário, irmanados na concretização da dignidade da pessoa humana, no culto à solidariedade e na doação de amor a este país e a todos, sem exceção.

12.1 CENTRO CULTURAL DA MARINHA EM SÃO PAULO (CCMSP)

MARINHA DO BRASIL

COMANDO DO 8°DN

CENTRO CULTURAL DA MARINHA EM SÃO PAULO

O Centro Cultural da Marinha em São Paulo (CCMSP), situado a Av. Nove de Julho, 4.597 - Jardim Paulista, tem o propósito de apresentar os feitos da Marinha ao longo da historia e divulgar assuntos referentes ao mar, contribuindo para incrementar a mentalidade marítima junto ao público paulista.

Possui um acervo permanente que retrata a Formação da Armada, a Guerra do Paraguai, a Primeira e Segunda Guerra Mundial e a Marinha Contemporânea, além dos espaços: Navio Veleiro "Cisne Branco" e Aviação Naval. Está aberto ao público, entrada franca, de terça a sexta das 13 as 17 hs. , sábado e domingo das 10 as 17 hs.

Em novembro de 2005 o Centro Cultural recebeu da 68 Vara Criminal Especializada em Crimes Contra o Sistema Financeiro Nacional e em Lavagem de Valores bens seqüestrados pela Justiça Federal que estão sob nossa guarda e administração provisória. Estes bens são constituídos de modelos navais ,maquetes de embarcações do século XVII e XVTII, objetos náuticos, quadros e livros, que vieram a enriquecer o nosso acervo,tanto pela qualidade como pelo valor histórico.

Após identificação, catalogação e limpeza as peças foram expostas ao publico em geral, principalmente a escolares da rede publica e privada por meio de um projeto em parceria com a Secretaria Municipal de Educação de São Paulo permitindo a ampliação do universo de visitantes do nosso Centro.

Sergio Caldas Restier Gonçalves

Cmg-mn Diretor

- A VCIlida 9 de Julho, 4597 - Jardim Paulista. São PauJo-SP CEP 01407-100
TELIFAX: 3052-3799 TEL:3051-OO87 E-MAIL: ccmsp@ig.oom.br

12.2 MUSEU DE ARQUEOLOGIA E ETNOGRAFIA (MAE/USP)

"Em primeiro lugar seria interessante ressaltar que o MAE-USP recebeu por determinação da Justiça Federal, para guarda provisória, três lotes de acervo: coleções de Arqueologia Brasileira, a maior parte originária da Amazônia, peças arqueológicas estrangeiras de diversas procedências, especialmente da bacia do Mediterrâneo, e uma coleção etnográfica representativa de diversas etnias indígenas do Brasil. Acolher essas peças e coleções é uma oportunidade única, dada a importância técnico-científica dos três lotes. Nesse sentido, poderíamos detalhar rapidamente cada um deles.

Acervo de Arqueologia Brasileira: bens da União Federal, de acordo com o regramento constitucional, as coleções acolhidas vêm principalmente da Amazônia Brasileira. Trata-se de aproximadamente duas mil peças, a maior parte das quais de rara beleza e, principalmente, com um potencial científico muito relevante. Por si só seriam da maior importância; esta qualidade cresce muito, quando articuladas com as coleções já existentes no MAE. De fato, consideradas em conjunto, depara-se com o maior acervo de coleções amazônicas do país.

Acervo arqueológico estrangeiro: neste caso, embora em menor número, as peças acolhidas devem ser consideradas em conjunto com aquelas outras já existentes no MAE-USP. Assim, pesa muito a complementaridade enquanto potencial de informações para os estudos clássicos, mediterrâneos e médio-orientais em andamento neste museu. Dificilmente, dadas as políticas de proteção (e retenção) de peças arqueológicas nos locais de origem, o MAE teria a oportunidade de ampliar seu acervo de Arqueologia Mediterrânica e Médio-Oriental. Embora de origem externa, essas peças representam um segmento importante da formação cultural do povo brasileiro, pois, de fato, a contribuição mediterrânica é inquestionável. Assim, mesmo estrangeiras na origem poderão facilmente ser entendidas como bens culturais do povo brasileiro, na medida em que foram institucionalizadas e colocadas à fruição da sociedade nacional.

Acervo etnográfico: o MAE-USP tem o maior acervo de coleções etnográficas do país, mas acolher novo lote de peças etnográficas recentemente produzidas tem forte conotação de complementaridade. Isto porque a coleção em tela tem as informações técnico-científicas necessárias para que o aproveitamento acadêmico seja suficiente. De fato, não se trata de um conjunto de peças organizadas aleatoriamente; critérios antropológicos e etnológicos sustentaram a sua formação. Assim, antes de serem consideradas simplesmente 'obras de arte', a coleção etnográfica colocada sob a guarda do MAE-USP se reveste, antes de tudo, de qualidade científica suficiente para uma produção acadêmica competente.

Sob a perspectiva da socialização dessas coleções, peças e informações acadêmicas e científicas delas decorrentes, o potencial também é imenso. Embora cientes de todas as dificuldades próprias das instituições públicas nos aspectos de extroversão e socialização da informação gerada, a Universidade continua sendo, sem dúvida, o local ideal e de excelência para ensaios e experiências de educação patrimonial e inclusão social de toda a informação produzida. Não apenas por meio de exposições, a extroversão no meio acadêmico atinge agentes multiplicadores do conhecimento, tais como os professores do ensino fundamental.

Resumindo, o acolhimento das peças e coleções arqueológicas, brasileiras e estrangeiras, e etnográficas, por determinação da Justiça Federal tornará o MAE-USP um dos maiores museus da América Latina e do mundo no âmbito dessas especialidades. Esta qualidade certamente terá os desdobramentos pertinentes em termos de extroversão e inclusão social.

O acesso ao público

A Universidade pública se assenta em um tripé acadêmico: pesquisa, ensino e extensão de serviços à comunidade. Embora ainda carente, o terceiro segmento vem ganhando importância em ritmo acelerado, consolidando uma estrutura acadêmica paritária, onde a extroversão ganha corpo. Museus universitários como o MAE-USP são agentes de extroversão e de acesso ao público por excelência. Desse modo, o acolhimento de peças e coleções antes restritas ao privado tem endereço certo: pesquisa, com o planejamento e a adoção de todos os procedimentos de investigação necessários; ensino, com as estratégias que promovem investimentos na formação de alunos; e extensão, com a implementação de políticas de extroversão ao grande público e a segmentos específicos, de acordo com as demandas sociais.

Resumindo, ao assumir a responsabilidade pela guarda de coleções antes particulares, a USP, com a interveniência do MAE, se obriga a exercitar sua extroversão em pé de igualdade com a pesquisa e o ensino.

Sobre os gastos públicos

Este acolhimento certamente teve um forte impacto em termos da aplicação de recursos. Tornar-se o maior museu arqueológico e etnológico do país e um dos dois maiores da América Latina requer investimentos de monta. Acolher as coleções por determinação da Justiça Federal exigiu (e vem exigindo) replanejamento de atividades e busca de recursos outros, além das rotinas administrativas e financeiras. E não se trata simplesmente de bem armazenar e conservar peças: há que se investir em espaços adequados (ou reservas técnicas) para tal finalidade.

Da conservação e restauro

A conservação e o restauro de peças se insere no ciclo completo do processo curatorial. Ou seja: cada peça – isolada ou no contexto de uma coleção – passa por um processo de avaliação do seu estado de conservação que indicará a adoção de procedimentos de limpeza, consolidação ou recomposição de seu aspecto. Isto para que possa ser mantido o caráter de expressão material da cultura do povo que a produziu.

A conservação e o restauro de peças no âmbito acadêmico extrapola a ideia do simples colecionismo (bastante próprio da iniciativa particular). São processos que envolvem a experimentação associada aos dados científicos provenientes das disciplinas básicas – neste caso, a Arqueologia e a Etnologia – no âmbito das aplicações próprias da Museologia e do processo de musealização, onde os procedimentos curatoriais se inserem. O acervo arqueológico e etnográfico recém-acolhido se insere nesta rotina acadêmica, a partir de sua transferência para o MAE.

Da extroversão

Como frisado anteriormente, a extroversão do conhecimento é missão acadêmica da maior (e melhor) importância e significado. No caso da socialização das informações produzidas pelas investigações curatoriais do acervo, não se trata apenas de transmitir conhecimento aos alunos. Trata-se, principalmente, de abrir os muros da Academia para o grande público, propondo políticas e implementando esforços no sentido de incluir socialmente os mais variados segmentos da população. As exposições são um instrumento de grande força no sentido da divulgação daquilo que a Universidade tem ou recebe. Mas não será apenas isso; outras formas que passam, inclusive, pelos meios eletrônicos, poderão ser experimentadas e ativadas, no sentido de promover a devolução das peças e coleções arqueológicas e etnográficas ao seu verdadeiro dono: o Povo Brasileiro.

José Luiz de Morais
MAE-USP"

Sarcófago egípcio acolhido para integrar o acervo de Arqueologia Mediterrânica e Médio-Oriental do MAE-USP, por decisão da Justiça Federal; juntamente com outras peças de Arqueologia Brasileira, compôs a mostra temporária "A Vida após a Vida: Testemunhos da Passagem", apresentada no Palácio do Morumbi no primeiro semestre de 2009.

A exposição articulou peças rituais relacionadas com um fato biológico revestido de forte dose cultural: a morte vista como passagem desta vida para outra, marcada por objetos entendidos como mobiliário funerário. Com o propósito de explorar a integração e complementaridade, foram apresentadas peças já pertencentes ao MAE, bem como outras, recém-acolhidas.

12.3 MUSEU DE ARTE CONTEMPORÂNEA (MAC/USP)

"O Museu de Arte Contemporânea, órgão de integração da Universidade de São Paulo, reúne uma das maiores e mais importantes coleções de arte dos séculos XX e XXI do país. Encontram-se em seu acervo cerca de 8 mil obras de importantes artistas nacionais e internacionais tais como Modigliani, Picasso, De Chirico, Boccioni, Matisse, Braque, Miró, Kandinsky, Léger, Christo, Morandi, Tarsila, Anita Malfatti, Rebollo, Volpi, Regina Silveira, Artur Barrio, Cildo Meireles, Leonilson, Oiticica, Ligia Clark, entre tantos outros.

O MAC-USP é reconhecido, nacional e internacionalmente, por sua produção científica realizada a partir de pesquisas focadas em sua coleção. Esta produção se traduz em publicações e exposições acompanhadas por atividades educativas, visitas monitoradas, ciclos de palestras e ateliês que contemplam programas de inclusão social dirigidos a diversos públicos, tais como: terceira idade, infantojuvenil, portadores de necessidades especiais, escolares da rede de ensino fundamental, médio e superior (público e privado). A ação cultural e educativa do MAC já recebeu importantes prêmios pela atenção destinada ao público.

Em novembro de 2005, por determinação da 6ª Vara Federal Criminal de São Paulo, o MAC USP recebeu a guarda e administração provisória de parte da coleção de arte apreendida pela Justiça. Nas mesmas condições processuais, em 2008, o Museu passou a abrigar duas novas coleções que, somadas à antiga, perfazem cerca de 2000 peças, em variados suportes e segmentos da arte moderna e contemporânea, de importantes artistas nacionais e internacionais, o que significa para o Museu um crescimento na ordem de 25% em seu acervo.

As pinturas, os tridimensionais e as obras em papel (desenhos, gravuras e aquarelas) depositadas para guarda provisória no Museu preenchem grandes lacunas, criando a oportunidade de atualização de seu acervo. Obras de Damien Hirst, Frank Stella, Miró, Di Cavalcanti, Portinari, Tunga, entre outros, integram este lote. Vale ressaltar que a obra de Frank Stella, por sua importância e dimensão, foi imediatamente exposta ao público, na sede do MAC USP, na Cidade Universitária, atraindo significativo número de visitantes.

Deste conjunto de obras transferidas ao MAC USP destaca-se, ainda, a coleção de fotografias artísticas integrada por aproximadamente 1500 obras de grande valor cultural, que por sua abrangência e qualidade dá ao acervo do MAC, na área da fotografia, uma relevância que não encontra similar em outros museus nacionais.

São peças que oferecem um panorama da história da fotografia do final do século XIX até o início deste século, contemplando fotógrafos pictorialistas, modernos e contemporâneos, brasileiros e estrangeiros. Há imagens em gelatina e albumina, fotogravuras e cópias tratadas com diferentes viragens. Também cibacrome e processos de impressão digitais, além de fotografias contemporâneas produzidas a partir de processos antigos como a daguerreotipia.

Entre os fotógrafos de grande expressão, presentes nesta coleção, citando-se uns poucos nomes estão Henri Cartier-Bresson, Man Ray, Brassaï, Rodtchenko, Cindy Sherman, Thomas Ruff, Trace Moffart, Chris Bierrenbach, Cassio Vasconcelos, Rafael Assef, Athos Bulcão;

Dora Maar; Edward Steichen; Étienne-Jules Marey; Eugene Smith; Geraldo de Barros; German Lorca; Hildegard Rosenthal; Horst Paul Horst; Imogen Cunningham; Jean Lecocq; Jean Manzon; Jacques Henri-Lartigue; Manuel Alvarez Bravo; Pierre Verger; Robert Doisneau; Robert Frank; Thomas Bouchard e Thomaz Farkas.

A relevância da coleção recebida pelo Museu centra-se, sobretudo, nas possibilidades de desenvolvimento de pesquisas, da melhoria do ensino e da qualidade no atendimento da sociedade, que somente um museu universitário, como o MAC USP, é capaz de gerar.

Estas obras, abrigadas pelo Museu, propiciaram a realização de exposições de destaque, com repercussão no País e no Exterior, como, por exemplo, as mostras 'Arte e Antropologia' e 'Fotógrafos da Vida Moderna', recebendo convites para itinerância em outros importantes Museus brasileiros. Somem-se a estas as exposições 'Aquisições Recentes' apresentadas no MAC USP Ibirapuera e MAC USP Cidade Universitária, com visibilidade na mídia, sucesso da crítica e do público. Este resultado reitera a necessidade da incorporação definitiva de um acervo desta dimensão no Museu de Arte Contemporânea.

O desenvolvimento de programas sistemáticos de exposições dessas novas coleções vem estimulando a visitação de um público cada vez mais diversificado. Contempla o atendimento da demanda pelo acesso às coleções, legitimando a iniciativa da Justiça Federal em destinar coleções deste porte a museus públicos.

São Paulo, 13 de fevereiro de 2009
Profª. Drª. Lisbeth Rebollo Gonçalves
Diretora MAC USP"

12.4 MUSEU DE ARTE SACRA

"Da importância de um Museu ser depositário de um acervo 'sub judice'

Muito se tem escrito a respeito de acervos de grande valor artístico que ficam longos anos depositados em armazéns, aguardando que os litígios que levaram essas obras a ficar retidas tenham a decisão final.

Não se trata aqui de escrever acerca da tramitação de uma ação, mas do reflexo social que a retenção de obras de arte ocasiona à sociedade, de como tornar o acesso a esses bens mais inclusivo e democrático, permitindo que uma parcela maior da população tenha acesso a um importante acervo que de outra maneira permaneceria restrito.

Os museus foram criados para que as grandes obras fossem expostas e conhecidas pelo público.

Possuir um acervo de grande valor artístico não é fácil, pois o custo de uma obra, sua manutenção e guarda exige que a entidade tenha um orçamento expressivo.

Assim nada mais justo e correto que as peças de grandes artistas, quando ocasionalmente integram patrimônio em litígio, permaneçam sob a guarda de um museu.

Desta forma, o museu cumpre seu papel social de preservar e divulgar os bens culturais para um número cada vez maior de pessoas, abrindo espaço para reflexões não só sobre arte, mas também sobre cidadania e preservação da memória e da identidade nacionais.

Em nosso caso, como diretora há muitos anos do Museu de Arte Sacra de São Paulo, filha de um grande especialista em arte e diretor de vários museus, posso sem nenhuma dúvida falar como é gratificante para uma instituição ser designada como depositária de bens artísticos, quer os pertencentes a espólio, quer aqueles sob guarda por outros motivos.

Aqui temos peças maravilhosas que, embora exijam de nossos técnicos um contínuo e minucioso trabalho de limpeza e conservação, também trazem grande satisfação quando expostas, pois assim podem ser admiradas pelo público visitante.

Como exemplo, temos na parte externa as réplicas dos Profetas – Joel, Ezequiel, Abdias, Isaías – de autoria de Aleijadinho. As peças originais encontram-se geograficamente distantes e grande parte do público escolar visitante estuda este tema – a arte colonial brasileira, em especial o Barroco e Aleijadinho –, mas poucos efetivamente têm a oportunidade de viajar para conhecer este belo conjunto de estatuária do Complexo do Santuário de Matosinhos em Congonhas do Campo em Minas Gerais.

Milhares de visitantes que passaram por este museu agradecem a oportunidade de ter acesso a essas obras.

As fotos que seguem provam a importância para um museu de ter a oportunidade de ficar como depositário de obras sob guarda judicial.

Seria louvável se fosse estabelecido dentro de parâmetros justos, com bom senso, que todas as peças de comprovado valor artístico fossem, por determinação maior, destinadas a permanecer sob a guarda de museus até a decisão final da pendência.

Mari Marino

Diretora Executiva Museu de Arte Sacra de São Paulo"

Réplicas das esculturas em bronze representando os profetas Abdias, Ezequiel, Isaías e Joel, atribuídas a Antônio Francisco Lisboa – "O Aleijadinho".

Esculturas em madeira policromada, intituladas Anjos Tocheiros – Esculturas de Arcanjo, *de Antônio Francisco Lisboa – "O Aleijadinho". Ao centro, um retrato de Dom Duarte Leopoldo e Silva, pertencente ao acervo do Museu de Arte Sacra de São Paulo.*

12.5 MUSEU PAULISTA (MUSEU DO IPIRANGA)/USP

"Incorporado à Universidade de São Paulo em 1963, o Museu Paulista é instituição voltada para o campo de conhecimento da História, em particular a História da Cultura Material no Brasil. Atualmente, como órgão de integração universitária, exerce a curadoria e pesquisa de seus acervos, o ensino nos níveis de graduação e pós-graduação e desenvolve amplo leque de atividades de extensão, dentre as quais merecem destaque exposições temporárias e de longa duração, eventos científicos, e ações culturais e de inclusão social destinadas ao atendimento de diferentes segmentos de público.

O Museu é uma instituição científica e cultural centenária, cuja trajetória iniciou-se em 1893. Naquela ocasião, simultaneamente à organização da República, o edifício-monumento, erguido pelo governo imperial na capital paulista nas proximidades do riacho do Ipiranga para celebrar a Independência e a fundação do Império, foi apropriado pelas autoridades do novo regime para abrigar coleções de história natural, dando origem ao primeiro museu público de São Paulo, oficialmente inaugurado a 7 de setembro de 1895. O fato de estar situado no palácio-monumento do Ipiranga fez com que, entre outras razões, o Museu se tornasse popularmente conhecido como Museu do Ipiranga.

Ao longo dos anos, o caráter de museu de ciências naturais foi sendo modificado pelo crescimento de coleções de documentos textuais, objetos e iconografia. Além disso, em função das obras de ornamentação do prédio, dedicadas às comemorações do Centenário da Independência, ocorridas em 1922, o acervo passou a incorporar também essas alegorias, representadas por conjunto de pinturas e esculturas, representativas de episódios e protagonistas que marcam a memória da configuração nacional.

Especialmente a partir da década de 1990, as áreas de atuação do Museu Paulista foram redefinidas, buscando-se uma maior integração institucional à Universidade, bem como o alargamento de sua projeção científica como ponto de referência no campo da Cultura Material. A partir daí, tem-se procurado evitar que o Museu fique circunscrito a núcleo de pesquisas, sem compromissos com o enorme público não especializado que o visita; ou que se torne um centro cultural e pedagógico, sem ligação com pesquisas inovadoras; ou, finalmente, que se restrinja ao papel de agente conservador de patrimônios históricos.

Esse desejado entrelaçamento entre preservação de bens culturais, produção e socialização de conhecimentos tem ensejado a possibilidade de se pensar o Museu como laboratório capaz de propor reflexões e ações referenciadas na abordagem crítica de temas e questões históricas, interrogando-se igualmente sobre o percurso da instituição e os modos pelos quais seus acervos foram historicamente constituídos.

Nesse sentido, a experiência proporcionada pelo recolhimento, em 2005, de parte do acervo cedido pela Justiça vem se revelando muito enriquecedora por diferentes motivos.

A curadoria das aproximadamente 7.000 unidades sob guarda temporária do Museu implicou catalogação e conservação minuciosas, apontando a relevância desse patrimônio para o estudo e problematização da formação da sociedade brasileira. Ao lado dos mais de 700 volumes de material bibliográfico, encontram-se moedas e medalhas brasileiras e estrangeiras, quase 4.000 registros iconográficos e perto de 2.300 documentos textuais abrangendo, entre outros, autógrafos de personalidades, cartas manuscritas de figuras que ocuparam a cena pública brasileira nos séculos XIX e XX e documentos produzidos durante o governo de D. João VI e na época do Império. Muitas dessas fontes complementam coleções que o Museu vem constituindo há anos; outras possibilitam a abertura de novas frentes e interrogações sobre nosso passado e, em particular, sobre as memórias desse passado que forjam parcela importante de nossas tradições culturais.

Entretanto, além desse trabalho meticuloso e quase invisível para a grande maioria das pessoas, o acervo propiciou uma exposição, 'Acervos para Descobrir', que ocupa duas das salas do andar térreo do Museu. Aberta em maio de 2006, a mostra procurou, inicialmente, explorar as potencialidades da coleção fotográfica recebida da Justiça, apresentando os principais processos fotográficos e fotomecânicos do século XIX, bem como daguerreótipos, ferrótipos, ambrótipos e daguerreótipos estereoscópicos. Entre 2007 e 2008, a exposição sofreu reformulações, buscando-se ampliar conteúdos e objetos expostos. Optou-se, então, por uma mostra tipológica que oferece ao visitante a oportunidade de conhecer e admirar não só processos de registros imagéticos como instrumentos e vetores destinados a fixar, em diferentes suportes, registros escritos. Assim, máquinas de escrever e canetas, por exemplo, suscitam a curiosidade pela beleza, originalidade e pela articulação entre estética e praticidade. Novamente aqui, história, cultura e memória se entrelaçam, propondo ao visitante uma reflexão sobre objetos aparentemente banais – pois pertencentes ao nosso cotidiano –, mas que, no espaço de um museu adquirem significações outras, incidindo sobre os modos históricos pelos quais escritas e imagens se configuraram.

A abertura do processo de tombamento desses acervos pelo COMPRESP (Conselho Municipal de Preservação do Patrimônio Histórico e Ambiental da cidade de São Paulo), em 2008, só veio reforçar o reconhecimento da importância, para o Brasil, de se tornar pública e acessível essa Coleção. Mas o maior reconhecimento veio sobretudo do próprio público do Museu Paulista. De 2006 aos inícios de 2009, estima-se que quase um milhão de pessoas tenha visitado a exposição Acervos para Descobrir. Deste contingente perto de 45% são crianças, jovens em idade escolar, professores e educadores; os demais 55% abrangem um público diferenciado e espontâneo.

Em torno da exposição foram realizadas inúmeras ações que tiveram e têm por meta criar condições para o aprimoramento intelectual e cultural do público frequentador e, particularmente, para a formação de cidadãos que respeitem e contribuam para a preservação dos patrimônios materiais e imateriais da sociedade brasileira. Muitas das atividades foram especialmente dirigidas para segmentos específicos, como grupos de Terceira Idade, cadeirantes, alunos portadores de deficiências e jovens infratores. A mostra tem sido, também, tema de aulas e objeto de estudo para graduandos e pós-graduandos da Universidade de São Paulo e de outras instituições de ensino superior.

Leonardo da Vinci observou que o olho é a 'janela do corpo humano, por onde a alma especula e frui a beleza do mundo'. Dar publicidade aos patrimônios históricos e culturais sob sua guarda é uma das missões do Museu Paulista da USP, o que se completa com o convite estendido a todos para 'olhar' de modo diferente acervos como os recebidos da 6ª Vara Federal Criminal de São Paulo.

São Paulo, fevereiro de 2009.
Profª. Drª. Cecília Helena de Salles Oliveira
Diretora do Museu Paulista da USP"

12.6 MEMORIAL DA AMÉRICA LATINA

"Em novembro de 2005, a então gerente da Galeria Marta Traba, Adriana Beretta, e a gerente do Pavilhão da Criatividade, Maureen Bisilliat, foram por mim designadas para avaliar a coleção de arte indígena pertencente ao banqueiro (...), tendo em vista proposta feita pelo MM. Juiz da 6ª Vara Federal Criminal, (...), 'de que a Fundação Memorial da América Latina ficasse com a guarda provisória do acervo em questão, então armazenado em um depósito no bairro da Lapa de Baixo'.

Ao verem o estado das peças, feitas de material orgânico, ambas as gerentes apresentaram-me a recomendação de que o Memorial aceitasse a guarda provisória e tratasse de salvá-las da deterioração completa.

Assim, no dia 30 de novembro de 2005, as peças chegaram ao Memorial e foram acondicionadas em uma sala de 8 por 15 metros, no subsolo da Galeria Marta Traba, utilizada até então como ateliê temporário ou para oficinas de criação. Aprovamos, em dezembro, a contratação de dois especialistas para cuidar do acervo, um de restauro e conservação e um de controle de pragas.

A coleção, composta de aproximadamente 1.200 peças da cultura material indígena, com suportes e dimensões variados, foi dividida em 11 categorias: adornos plumários, trançados, grafismos, cerâmicas, instrumentos musicais e de sinalização, armas, indumentárias e adornos de materiais ecléticos, objetos tecidos, utensílios e implementos, objetos rituais, mágicos e lúdicos e objetos de comercialização.

As peças foram avaliadas em um estudo preliminar para a identificação de seu estado de conservação e preservação. Constatou-se que o acervo estava contaminado por fungos, bactérias e insetos. A partir do diagnóstico, foi iniciado o trabalho de restauração em agosto de 2006.

Por se tratar de um acervo que conta com peças de dimensões que variam de 3 cm e 2,60 m de diâmetro, o tratamento foi lento, devido à limitação de espaço e à grande quantidade de peças. Após o tratamento de controle de pragas, os objetos foram guardados em embalagens e submetidos a controles diários de temperatura e umidade.

Segundo resolução jurídica, o Memorial também ficou responsável por apresentar ao público peças deste acervo, o que gerou a exposição VIAGEM NOTURNA – Arte Indígena: Preservação, que ficou em cartaz de 28 de junho a 3 de agosto de 2008, na Galeria Marta Traba do Memorial. O ambiente à meia-luz, ideal para a conservação das peças, deu o nome à exposição, pois, embora dificultasse a observação de detalhes mínimos, levava em conta a fragilidade das peças, protegendo-as de danos.

A exposição propiciou que o público tivesse acesso à belíssima coleção da cultura material indígena brasileira. O número de visitantes da exposição foi de aproximadamente 10.000 pessoas. A exposição teve repercussão na mídia, com a publicação de reportagens em TVs, jornais e revistas.

A exemplo de outras instituições selecionadas para a destinação de acervos da mesma origem, o Memorial entende ter podido cooperar com os elevados propósitos que nortearam a decisão de V. Exa. de permitir que a sociedade usufrua da fruição de bens artísticos expressivos.

Atenciosamente,
Fernando Leça
Diretor-Presidente"

12.7 INSTITUTO DE ESTUDOS BRASILEIROS (IEB/USP)

"Acervo sob guarda do IEB-USP

Em resposta à iniciativa do Senhor Juiz da 6ª Vara Federal Criminal Especializada em Crimes contra o Sistema Financeiro, Dr. Fausto De Sanctis, a direção da USP decidiu participar das ações envolvendo, em caráter emergencial, a preservação do valioso acervo cultural conhecido como "Cid Collection". Aquela decisão resultou na mobilização daquelas unidades uspianas cujas equipes técnicas fossem dotadas da experiência e da qualificação necessárias para ações de salvamento do que, parcela do patrimônio cultural nacional, já se encontrava em acelerado processo de deterioração física por conta da absoluta precariedade das condições de armazenamento.

Em termos práticos, a participação do IEB nas ações de salvamento começou em setembro de 2005, com uma primeira visita de uma equipe técnica acompanhada pelo seu diretor à época, o Prof. István Jancsó, visita que gerou um relatório circunstanciado das condições ambientais encontradas. Com base neste primeiro diagnóstico de situação, o Dr. Fausto de Sanctis determinou que caberia ao IEB, em função das características do seu acervo, a guarda provisória de dois conjuntos documentais: por um lado, o que reúne peças de cartografia histórica; por outro, a rica coleção de obras da cultura popular nordestina, trate-se das peças de literatura de cordel ou das matrizes de xilogravura da mesma origem.

Entre setembro e outubro de 2005 especialistas do IEB trabalharam com este acervo, realizando levantamento do material a ser recebido. As primeiras ações visando o salvamento do acervo, extremamente agredido pelo alagamento do galpão onde se encontrava depositado, foram então realizadas. Findas as atividades de identificação do material a ser recebido pelo IEB, em novembro de 2005 ele foi transferido para o Instituto.

Tipologia de Acervo	N. de Itens
Cartografia Histórica	378
Manuscritos e folhetos de Cordel	1671
Matrizes de Xilogravura	3374
Xilogravura	842
Matrizes de Metal	31

Ainda em novembro ações sucessivas de salvaguarda foram desenvolvidas, respeitando a especificidade dos materiais e seu estado de conservação/degradação. Especialistas e alunos da USP, estagiários do IEB, envolveram-se nestas atividades que ampliaram e consolidaram universos de competência técnica. Para garantir sua conservação e integridade, os cordéis foram acondicionados em caixas de polipropileno, mais conhecido como poliondas, confeccionadas especialmente para este acervo. Parcerias interunidades foram estabelecidas, envolvendo restauradores, físicos, químicos. Em parceria inédita com o Instituto de Pesquisas Energéticas e Nucleares (IPEN), utilizou-se material radioativo a partir do Irradiador Multipropósito de Cobalto-60, para conter a ação de agentes infestadores esterilizando o material, eliminando por esse meio colônias de fungos e de cupins. Esta iniciativa resultou em publicação científica que indica novas possibilidades para a preservação e restauro de acervos de papel.

O custeio das diversas ações, sempre entendidas como espaços de pesquisa laboratorial, visando higienizar, conservar, catalogar, acondicionar e disponibilizar para uso público todo este acervo, deu-se mediante a alocação de recursos financeiros importantes, tanto da Universidade como de outros órgãos públicos e privados, a exemplo da Caixa Econômica Federal. Em parceria com a Getty Foundation, e com a participação de renomados especialistas nacionais e estrangeiros, realizou-se um workshop para estudo das tintas ferrogálicas.

Pesquisadores de todas as regiões do Brasil e de diversos países consultam sistematicamente este material. Projetos de pesquisa desenvolvidos com suporte financeiro de entidades de fomentos da importância da FAPESP e CNPq estão em andamento utilizando este acervo gerando novos conhecimentos, e grupos de pesquisa, envolvendo professores e alunos de diversas universidades, têm-se valido dos estudos desenvolvidos sobre estes acervos. Portanto, com acesso franqueado ao público, o acervo tem servido de base para atividades de pesquisa, com a documentação servindo para estudantes de graduação e pós-graduação realizarem estágios, monografias, dissertações e teses.

Mas o acesso gratuito e qualificado não é restrito ao âmbito universitário. O conteúdo pedagógico do acervo levou o IEB a colocá-lo à disposição de professores e estudantes do ensino fundamental e médio a partir de ações educativas especialmente desenvolvidas através das visitas às nossas exposições. Debates, seminários e encontros dirigidos a um público amplo foram e são realizados tomando por base as possibilidades deste material. Crianças e jovens de todas as idades visitaram as exposições e usufruíram de oficinas relacionadas aos temas documentais. E para ampliar exponencialmente as condições de acesso ao acervo, o IEB, em parceria com a 'Biblioteca Brasiliana Guita e José Mindlin', torná-lo-á acessível de modo universal e irrestrito, pela internet, através da Biblioteca Brasiliana Digital da USP, desenvolvida com apoio da FAPESP.

E porque a diretriz a observar pela operação de salvamento acima esboçada foi, desde a origem, levar à prática o princípio da democratização do acesso aos fundos culturais públicos, o IEB, recolhendo, restaurando, conservando e tornando acessível para ensino, pesquisa ou fruição estética o acervo cuja guarda lhe foi confiada, tem por atendida a confiança nele depositada, em iniciativa inédita e inovadora da Justiça Federal.

No período compreendido entre março de 2006 a dezembro de 2008 foram realizadas as seguintes atividades relacionadas ao acervo cedido pela 6ª Vara Criminal:

CARTOGRAFIA HISTÓRICA

1.) Exposição: Mapas em Movimento: a criação de mundos imaginários e de ciclo de palestras envolvendo especialistas de todo o Brasil. A exposição realizada entre 26 de setembro de 2006 e 29 de abril de 2007 contou com expressiva visitação de público da USP e externo à Universidade.

2.) Publicações: O ciclo de palestras realizado resultou na publicação de diversos artigos na *Revista do IEB*, de circulação nacional e internacional, contribuindo assim para uma divulgação qualificada deste acervo.

3.) Pesquisas:

3.1.) IEB e Departamento de História da FFLCH: pesquisa envolvendo docentes e que terá como um de seus resultados a elaboração de um banco de dados, com georreferenciamento, que permitirá consulta digital a este material. O site do IEB será um dos portais de acesso a este material. O desenvolvimento desta pesquisa implicou a qualificação técnica do corpo de funcionários do IEB responsáveis pela digitalização deste acervo, assim como o envolvimento do Laboratório de Restauro para conservar e preservar este material hoje documentado, gerenciado e acondicionado em condições técnicas adequadas junto à Coleção de Artes Visuais do IEB.

3.2.) Convênio com a Getty Foundation, para estudo de tintas ferrogálicas em material do acervo do IEB, no qual se incluem exemplares pertencentes à coleção da Justiça Federal (pergaminhos e manuscritos em papel).

COLEÇÃO DE CORDÉIS

1.) Publicações: O tratamento emergencial e inicial, realizado em parceria com o IPEN, e já descrito em relatório anterior, resultou em artigos científicos apresentados em congressos e publicados na *Revista do IEB*.

2.) Pesquisas:

2.1.) Foi organizado grupo de pesquisa junto ao CNPq para estudo da coleção de cordel do IEB que engloba o acervo cedido pela Justiça Federal SP, o acervo de Mário de Andrade e de diversas outras doações que somam aproximadamente 2.000 folhetos. Seminários foram realizados para discussão de formas técnicas de preservação, assim como de conteúdos acadêmicos sobre a referida coleção.

2.2.) Pesquisas e intervenções técnicas: com financiamento da Caixa Econômica Federal, o material de cordel foi higienizado e restaurado. Estamos nesse momento iniciando a digitalização deste material com vistas à disponibilização para consulta web.

3.) *Exposição:* Para o ano de 2009, estrutura-se exposição sobre os cordéis no acervo do IEB.

Ana Lúcia Duarte Lanna
Diretora do IEB 2006/2010

István Jancso
Diretor do IEB 2002/2006"

12.8 ENTIDADE FRATERNIDADE IRMÃ CLARA (FIC)

"Em 1982, há vinte e sete anos atrás, um grupo de pessoas interessadas em montar uma creche encontrou um espaço parcialmente fechado, embaixo do Viaduto Pacaembu, e lá pensou em abrigar crianças carentes. Sabendo do fato, a Instituição Francisca Júlia, de São José dos Campos-SP, pediu ao grupo que aceitasse 12 crianças com paralisia cerebral, pois estava desativando uma de suas alas e estas crianças ficariam sem abrigo. Assim começou a Fraternidade Irmã Clara, carinhosamente abreviada para FIC. O tempo passou... Foram realizadas várias adaptações no espaço da FIC para que diversos profissionais, incluindo área médica e fisioterapia, pudessem trabalhar. No ano de 2000, o berçário teve que ser reformado e os berços tiveram que ser ampliados, pois as primeiras crianças abrigadas cresceram, assim como as outras que chegaram depois. Com os anos a estrutura do viaduto deteriorou-se, tornou-se insalubre e o espaço da FIC tornou-se limitado.

Surge então um sonho! Um terreno maior, onde as crianças pudessem ver e sentir o sol, sem chuva dentro de casa. Começa a procura do espaço ideal. Encontra-se uma praça fechada semiabandonada na Rua do Bosque, na Barra Funda. Em 2004, a Prefeitura da Cidade de São Paulo edita o Decreto cedendo uma área de 3000 m^2 para construção da nova sede. Elabora-se o projeto, idealizado por um arquiteto e o grupo de fisioterapeutas, que é aprovado após quatro anos, sendo emitido o alvará de execução. O valor orçado para a construção da nova sede é de R$ 5.100.000,00. Inicia-se nova luta para a arrecadação dos fundos. De repente, surge a notícia de que o Juiz da 6ª Vara Criminal da Justiça Federal estava cadastrando instituições para serem eventualmente beneficiadas pela Justiça, por força de doações voluntárias ou ressarcimento social decorrente de delação premiada. A doação do Juizado Federal nos deu um primeiro impulso e nos fez crer que o sonho seria possível, mas estávamos apenas iniciando... Os recursos continuavam sendo arrecadados, o que nos tornava bastante eufóricos... Estávamos a caminho da realização do sonho das nossas crianças. Em agosto de 2008, iniciamos os trabalhos de fundação da nova sede. Mas, nesse ínterim, adveio a crise financeira iniciada nos Estados Unidos e espalhando-se por toda a Europa e, então, algumas empresas desfizeram seu compromisso com a FIC. Ficamos inseguros, indecisos quanto ao rumo a tomar... Mas, às vésperas do Natal de 2008, o Juiz da 6ª Vara Criminal da Justiça Federal, Dr. Fausto De Sanctis, proporcionou a todos nós novo ânimo e a segurança necessária, e também a certeza da realização do nosso sonho e a concretização da nossa obra, permitindo o recebimento de novos recursos. Felizes e com muita fé, acreditamos que o Natal de 2009 será na NOVA SEDE, onde nossas 36 crianças terão a qualidade de vida que merecem, num ambiente ensolarado e amplo para morarem. O atendimento será ampliado para 70 portadores de paralisia cerebral em grau severo, o que não suprirá a demanda existente, mas será benéfico para outros que aguardam ansiosamente uma oportunidade de abrigamento.

Felizmente, hoje há maior conscientização da população e mais pessoas estão dispostas a ajudar, o que fortalece o processo de solidariedade e caridade aos necessitados. Consideramos um compromisso de responsabilidade social a doação consciente para os fins que se propõe, minimizando a situação de desigualdade social, econômica e cultural existente em todo o país.

Que outros magistrados possam seguir o exemplo da Justiça Federal, que inspira suas ações e decisões nos ideais de pura justiça. Sabemos que quando a caridade for a regra de conduta dos homens, eles conformarão os seus atos e as suas palavras à máxima: "Não faça aos outros o que não quer que os outros te façam". E quando esta for a base de suas instituições haverá a compreensão da verdadeira fraternidade.

Fevereiro/2009

Diretoria Executiva e Conselho Deliberativo da FRATERNIDADE IRMÃ CLARA."

12.9 CASA DO CRISTO REDENTOR (CCR)

"No intuito de assistir pessoas necessitadas, auxiliar no processo de acolher, abrigar, educar e promover o bem-estar de brasileiros desamparados, a 6ª Vara Federal tem viabilizado e disponibilizado recursos que estão sendo empregados em ações de grande alcance e impacto, sobretudo em áreas menos favorecidas da periferia de São Paulo.

O apoio da 6ª Vara Federal, especializada em ações sobre crimes financeiros, abriu caminho para a execução de duas metas importantes da Instituição Casa do Cristo Redentor[1]: Projeto CCRrecicla e Projeto do Teatro Nelson Lobo de Barros.

Vista aérea da Casa do Cristo Redentor (170 mil m²).

---

1 A Casa do Cristo Redentor é uma instituição assistencial sem fins lucrativos. Fundada em 27 de dezembro de 1956 pelo casal Matilde Rocha Barros e Nelson Lobo de Barros, está localizada na região Leste da cidade de São Paulo, em Itaquera, populoso e carente bairro da periferia paulistana.

Possui uma área de aproximadamente seis alqueires, herança de família, e tem como missão abrigar, educar e promover o bem-estar de crianças, adolescentes e famílias de baixa renda.

O *Projeto CCRrecicla* trás uma proposta inovadora: integrar o processo educativo sobre as questões ambientais com o de geração de renda, dentro da lógica de conscientização da criança, do adolescente, do jovem e do adulto para o despertar da necessidade de se preservar recursos, evitar o desperdício, reaproveitar e promover a sustentabilidade do projeto.

Números do *CCRrecicla*:

Proposta	Alcance
Empregabilidade	25 famílias (na sua maioria aquelas que sobrevivem da atividade de catar papel nas ruas)
Geração de Renda	80 pessoas da comunidade
Educação ambiental com oficina	18.000 crianças por ano
Educação ambiental indireta	200.000
Crianças Assistidas pela CCR	590 e seus familiares
Voluntariado	40 vagas
Sustentabilidade do projeto	Comercialização dos materiais recicláveis.

Projeto Teatro Nelson Lobo de Barros: um dos objetivos do casal fundador da Casa do Cristo Redentor era levar cultura para os confins da zona Leste. Com capacidade para mais de 600 pessoas, sua conclusão possibilitará a concretização de um ambiente de acesso ao conhecimento e de cultura, dotada de todos os recursos necessários para atender ao público interno – de cerca de 590 crianças, bem como funcionários, voluntários, crianças e jovens da comunidade local e ao público do entorno, por volta de 200 mil pessoas.

Impacto na Comunidade:

- Teatro de primeira na periferia da Zona Leste;
- Fácil acesso para os moradores da comunidade;
- Espaço cultural e opção de lazer para população de baixa renda;
- Educação através da arte para as crianças beneficiárias da instituição e para as crianças de baixa renda do entorno;
- Projeto autossustentável e captador de recursos para a instituição.

Atividades a serem realizadas após o término da obra:

Proposta Cultural	
	Apresentação de espetáculos teatrais
	Apresentação de filmes e documentários
	Apresentação de grupos de música
	Produção de espetáculos teatrais
	Produção de curtas e longas para cinema
	Produção de programa de TV
	Exposições de arte e lançamentos literários
	Palestras com renomadas personalidades das áreas culturais e artísticas

Proposta Pedagógica	
	Cursos livres para crianças, adolescentes e adultos da comunidade
	Cursos para público infantil (espetáculos teatrais, cursos de teatro, curso de dança)
	Curso para adolescentes e adultos (curso livre de teatro, de dança de salão, de artesanato com materiais recicláveis, festival de música, sarau literário de prosa e poesia, bailes da terceira idade etc.)
	Oficinas pedagógicas na área cultural

Proposta Comercial	
	Locação do espaço para empresas e escolas (eventos de empresas, eventos escolares, eventos políticos, peças populares, festivais)
	Locação de equipamento audiovisual para treinamento empresarial
	Kit empresarial para utilização do espaço: coffee-break, almoço ou lanche, tudo feito na própria instituição

Sustentabilidade	
	Garantia de boas apresentações e oficinas para levar cultura, arte e lazer para as crianças atendidas e toda a comunidade
	Exibição de espetáculos de grupos teatrais parceiros (captação de recursos conforme acordo entre as partes)
	Locação do espaço para confraternização, eventos, reuniões e etc.

12.10 SECRETARIA DE ESTADO DA CULTURA DE SÃO PAULO

GOVERNO DO ESTADO DE SÃO PAULO
SECRETARIA DE ESTADO DA CULTURA

2880

Relatório Parcial de Doação de Catálogos

Doação por Determinação Judicial

Memorial Descritivo

- Programa : São Paulo **"Um Estado de Leitores"**
- Doação de Acervo

- **Descrição**

O Programa São Paulo : Um Estado de Leitores, instituído pelo Decreto Estadual nº 47.783 de 23/04/2003, tem como objetivo "promover o hábito da leitura junto a população do Estado de São Paulo" e o "fomento dos meios de acesso a informação escrita", considerando que o hábito da leitura é um instrumento de inclusão social.

- **Objetivos Específicos**

Apoiar as atividades de estímulo à leitura desenvolvida pelo programa, dentre elas a doação de acervo para criação ou implementação de bibliotecas e salas de leitura nos municípios paulistas e cidade de São Paulo (capital).

- **Operacionalização**

Gerenciamento direto na distribuição para as Bibliotecas indicadas pelo Gabinete do Sr. Secretário Adjunto, Departamento de Atividades Regionais da Cultura/Divisão de Bibliotecas, de 80 (oitenta) toneladas de livros recebidas.

GOVERNO DO ESTADO DE SÃO PAULO
SECRETARIA DE ESTADO DA CULTURA

No que tange a doação do acervo a Secretaria de Estado da Cultura, providenciou a contratação de uma empresa especializada, que deu condições a Divisão de Bibliotecas para o gerenciamento dos recursos humanos, necessários para a execução das atividades que vão desde o recebimento, triagem de milhares de livros e preparação dos kit, e, providenciou transporte para remessa do material aos respectivos destinos.

Sistema Operacional

Período: De fevereiro a abril/2006

Primeira Etapa:

- Triagem do material, separando o que não tem utilidade (infestado por cupim ou fungos);
- Relacionar livros para montagem dos conjuntos (kits) a serem distribuídos;
- Relacionar cidades e entidades que receberão os livros;
- Elaborar cronograma de entrega e distribuição;

Segunda Etapa:

- Seguindo o cronograma, preparar kits para as cidades e entidades contempladas;
- Embalar e identificar o material (etiquetas com cores diferenciadas);

GOVERNO DO ESTADO DE SÃO PAULO
SECRETARIA DE ESTADO DA CULTURA

2882

- Emitir recibos de entrega;
- Estocar, em depósito da transportadora, abrindo, assim, mais espaço para montagem de novos kits;
- Distribuição conforme roteiro elaborado pela transportadora.

Custo da Operação

- A Secretaria de Estado da Cultura destinou até a presente data o total de R$ 152.000,00 (cento e cinqüenta e dois mil reais), para a realização das atividades descritas e contou também com uma colaboração expressiva da Imprensa Oficial do Estado de São Paulo – IMESP.

DT/DARC, 20/04/2006

Carlos Alberto Dêgelo
Assessor Técnico de Gabinete

Sueli Aparecida Silveira
Diretora Técnica do DARC

2883

SECRETARIA DE ESTADO DA CULTURA
UNIDADE DE PRESERVAÇÃO DO
PATRIMÔNIO CULTURAL DOS MUSEUS

SP, 10.05.2006

Exmo. Dr. Fausto Martin de Sanctis
M.D. Juiz da Sexta Vara Federal Criminal Especializada em Crimes Contra o Sistema Financeiro Nacional e em Lavagem de Valores

Conforme sua solicitação, apresentamos o relatório parcial dos trabalhos desenvolvido com o acervo até o presente momento.

RELATÓRIO

Em 19/12/2005 procedemos à retirada do restante do acervo que se encontrava em depósito . Cabe salientar que esta Unidade de Preservação retirou o material que não foi de interesse das instituições que a antecederam, conforme a solicitação de Vossa Excelência ao Sr. Secretário de estado da Cultura, João Batista de Andrade.

O material em questão foi guardado provisoriamente no Memorial do Imigrante, unidade desta coordenadoria da Secretaria da Cultura enquanto a Pasta busca instituições interessadas na guarda destes bens. Deve ser ressaltado, de antemão que, esta Coordenadoria ficou "informalmente"responsável pela identificação e distribuição deste material mesmo não dispondo de funcionários que possam ser designados unicamente para esta finalidade. A listagem elaborada no momento da retirada é apenas quantitativa, necessitando de maiores estudos e equipe especializada para a sua efetiva catalogação.

Deve-se ressaltar, de antemão, que o material retirado já não se encontrava em bom estado de conservação e, muitas peças não possuem condições de restauro. Inúmeros objetos retirados são, na verdade, artigos de decoração.Outros,encontram-se em estado precário. Entretanto, de acordo com o oficial de justiça que acompanhou a retirada, mesmos aqueles objetos deveriam ser transportados.

Cabe indagar a Vossa Excelência o destino a ser dado a estes materiais, uma vez que dificilmente se encontrará uma instituição que queira se responsabilizar por sua guarda, em razão do ônus que isto significa.

Abaixo, apresentamos para seu conhecimento a listagem parcial dos bens retirados e que ainda se encontram em processo de catalogação, em razão dos motivos expostos acima.

Recebi em 10/05/06

SECRETARIA DE ESTADO DA CULTURA
UNIDADE DE PRESERVAÇÃO DO
PATRIMÔNIO CULTURAL DOS MUSEUS

1. Gravuras de peixes (brasileiros?) de autor não identificado:
- 7 (sete) foram retiradas das molduras (vide imagens abaixo) por se encontrarem em péssimo estado de conservação (fungos e papel danificado). Será necessária a avaliação de um restaurador para a emissão de laudo e averiguação de possibilidade de restauro.

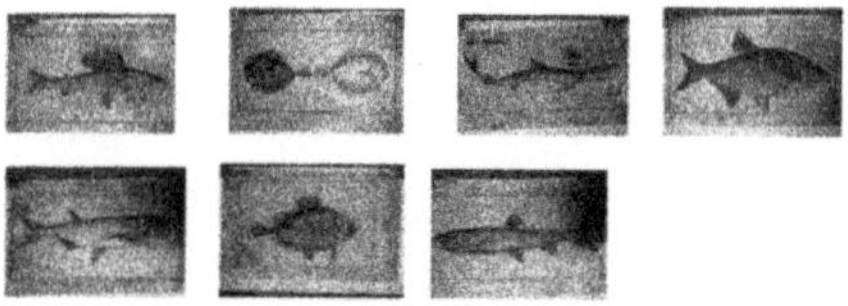

- 12 (doze) gravuras foram mantidas emolduradas aguardando o encaminhamento a uma instituição que tenha condições de mantê-las.

2. Artes Plásticas: 52 (ci nquenta a duas) obras de artes visuais (óleos s/ tela de diversos autores, fotografias, gravuras, etc) entre elas, obras do artista Cordeiro do Maranhão

3. Esculturas: sob guarda do Museu da Casa Brasileira (SP)

- Autor: Galileo Emmendabili: Deusas da Engenharia e Escultura, em bronze

- Autor: Francisco Brennand: Pássaro Roca, em duas partes, de cerâmica

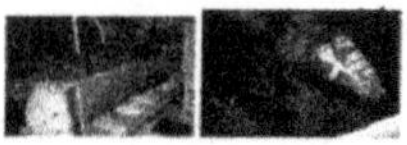

- Escultura em cerâmica de autor não identificado

SECRETARIA DE ESTADO DA CULTURA
UNIDADE DE PRESERVAÇÃO DO
PATRIMÔNIO CULTURAL DOS MUSEUS

4. Tapeçarias: 4 (quatro) peças de tapeçaria, dentre as quais 2 (duas), de autoria de Sílvio Oppenheim. Destaque-se que estas peças, no momento de retirada se encontravam úmidas e atacadas por fungos e mofos. Necessitam de restauro. Duas tapeçarias ainda não foram identificadas.

5. Herbário: 6 (seis) caixas contendo exemplares da flora do Suriname.
   14(quatorze) molduras contendo herbário emoldurado.
   Já foi contatado o Instituto de Botânica, que recusou a guarda do material e aguarda-se para os próximos dias retorno do Museu do Horto Florestal, quanto ao interesse pela guarda deste acervo.

6. Taxidermia:
7 (sete) cabeças de animais africanos taxidermizadas, a saber: 3 (três) antílopes; 2(dois) gnus;1(uma) zebra e 1(uma) leoa

7. Objetos de decoração: 20 (vinte) objetos de diversas tipologias tais como 2(duas) girafas de madeira de Bali (com as pernas quebradas), torsos romanos,valetes em madeira, 2(dois) espelhos, 1 (uma) escrivaninha que merecem maiores cuidados em sua identificação para uma melhor avaliação de seu valor. É de bom alvitre a contratação de um ou mais peritos para sua catalogação.

SECRETARIA DE ESTADO DA CULTURA
UNIDADE DE PRESERVAÇÃO DO
PATRIMÔNIO CULTURAL DOS MUSEUS

8. Fotografias: 4 (quatro) fotografias contemporâneas de autores a e temática serem identificadas.

9. Arte Sacra:

- 2 (duas) caixas com ex-votos de madeira em péssimo estado de conservação. Sugere-se seu descarte.

- 3 (três) tocheiros de madeira. Aguardamos o retorno do Museu de Arte Sacra para o seu encaminhamento àquele museu

10. Diversos

10.1. Cabeça Reduzida Jívaro. Tombo: O0001216

10.2. 6 (seis) Máquinas de escrever antigas, a saber:

- XI Antique Typewriter, marca Imperial model B . Tombo: CF 19331 nº 5. Ferr – 003. Ex. Robert Nelson;
- XI- Antique Typewriter marca The Oliver Typewriter Co. CF 19331 nº 7. Ferr – 003. Ex. Robert Nelson;
- XI -Antique Typewriter, marca Pitsburg Visible nº 10. CF 19331 nº 9. Ferr – 003. Ex. Robert Nelson;
- XI-Antique Typewriter (Noiseless) . CF 19331 nº 1. Ferr – 003. Ex. Robert Nelson;
- XI- Antique Typewriter marca Franklin Co. CF 19331 . Ferr – 003. Ex. Robert Nelson;
- XI- Antique Typewriter, marca Remington. CF 19331 nº 10. Ferr – 003. Ex. Robert Nelson;
-

10.3. Livro de orações Tibetano: consta do Catálogo da Exposição "Escrita da Memória". T. 0-000705

10.4. Livro: Geburtstagsbuch. 2 Mai 1937

2887
2

SECRETARIA DE ESTADO DA CULTURA
UNIDADE DE PRESERVAÇÃO DO
PATRIMÔNIO CULTURAL DOS MUSEUS

10.5. 2(duas) tábuas escritas (?) em pedra – a serem identificadas. Uma com a seguinte identificação na caixa: 0-0001579. A outra sem identificação.

10.6. 1(uma) cabeça romana em mármore esculpido

10.7. 1 (um) fóssil não identificado

10.8. 1(um) torso feminino em madeira. T. 1638

10.9. Uma prensa de tipógrafo. Sob guarda do Museu da Casa Brasileira (SP)

Sendo o que nos cabia informar para o momento, subscrevemo-nos,

Atenciosamente,

Sílvia Alice Antibas
Coordenadora da Unidade de
Preservação do Patrimônio Cultural dos Museus

GOVERNO DO ESTADO DE SÃO PAULO
SECRETARIA DE ESTADO DA CULTURA

São Paulo, 10 de maio de 2006.

Oficio DT/DARC nº 249/2006

Excelentissimo Senhor
Dr. Fausto De Sanctis
Juiz da 6ª Vara Federal Criminal

Prezado Senhor,

Em complementação ao **Relatório Parcial de Doação de Catálogos das Exposições Realizadas**, encaminho cópia do Recibo de Retirada dos 55 (cinqüenta e cinco) kits doados para a Fundação Iochpe de São Paulo, que viabilizará a entrega aos 55 pólos que compõem a Rede Arte na Escola (conforme relação anexa).

Segue também, cópia do Recibo de Retirada de 1 (um) kit destinado ao Instituto Cultural Bandepe – Biblioteca Marco Antonio Vilaça localizada no município de Recife.

Sem mais, subscrevemo-nos.

Atenciosamente.

Carlos Alberto Dêgelo
Assessor Técnico de Gabinete

2894

arte na escola

São Paulo, 07 de abril de 2006.

Ilmo. Sr.
Fábio Magalhães
Secretario Adjunto da Secretaria de Cultura do Estado de São Paulo
NESTA

Prezado Secretário

O Instituto Arte na Escola, cuja missão é qualificar o ensino da arte, vem por meio desta cumprimentar V.Sa. e solicitar a doação dos catálogos **"Arte Moderna, Arte Afro-brasileira , Arte Contemporânea, Arte do século XIX, Arte: evolução ou evolução e 500 anos de arte russa"** para 55 Pólos que compõem a Rede Arte na Escola, nas seguintes universidades:

FAP: Faculdade de Artes da Universidade do Estado do Paraná
FEEVALE: Centro Universitário FEEVALE
FUNDARTE: Fundação Municipal de Artes de Montenegro
FURB: Universidade Regional de Blumenau
MNBA: Museu Nacional de Belas Artes
UCS: Universidade de Caxias do Sul
UDESC: Universidade do Estado de Santa Catarina
UEA: Universidade do Estado do Amazonas
UECE: Universidade Estadual do Ceará
UEL: Universidade Estadual de Londrina
UEMA: Universidade Estadual do Maranhão
UEMG-UNIPAN: Universidade do Estado de Minas Gerais - Unidade Patos de Minas
UENF: Universidade Estadual do Norte Fluminense
UERJ: Universidade do Estado do Rio de Janeiro
UESB: Universidade Estadual do Sudoeste da Bahia
UESPI: Universidade Estadual do Piauí

2895

UFAC: Universidade Federal do Acre
UFAL: Universidade Federal de Alagoas
UFCG: Universidade Federal de Campina Grande
UFES: Universidade Federal do Espírito Santo
UFG: Universidade Federal de Goiás
UFMA: Universidade Federal do Maranhão
UFMS: Universidade Federal de Mato Grosso do Sul
UFPA: Universidade Federal do Pará - Campus Altamira
UFPA: Universidade Federal do Pará – Campus Belém
UFPA: Universidade Federal do Pará - Campus Bragança
UFPA: Universidade Federal do Pará - Campus Marabá
UFPA: Universidade Federal do Pará - Campus Santarém
UFPB: Universidade Federal da Paraíba – Campus Bananeiras
UFPB: Universidade Federal da Paraíba – Campus João Pessoa
UFPE: Universidade Federal de Pernambuco
UFPel: Universidade Federal de Pelotas
UFPI: Universidade Federal do Piauí
UFPR: Universidade Federal do Paraná
UFRGS: Universidade Federal do Rio Grande do Sul
UFRJ: Universidade Federal do Rio de Janeiro
UFRN: Universidade Federal do Rio Grande do Norte
UFRR: Universidade Federal de Roraima
UFS: Universidade Federal de Sergipe
UFSC: Universidade Federal de Santa Catarina - CAUFSC
UFU: Universidade Federal de Uberlândia
UnB: Universidade de Brasília
UnC: Universidade do Contestado
UNEMAT: Universidade do Estado do Mato Grosso
UNESC: Universidade do Extremo Sul Catarinense
UNESP: Universidade Estadual de São Paulo
UNICENTRO: Universidade Estadual do Centro Oeste
UNIFAP: Universidade Federal do Amapá
UNIJUÍ: Universidade Regional do Nordeste do Estado do Rio Gran
UNIMONTES: Universidade Estadual de Montes Claros
UNIPLAC: Universidade do Planalto Catarinense
UNISO: Universidade de Sorocaba
UNIVILLE: Universidade da Região de Joinville
UPE: Fundação Universidade de Pernambuco
URCA: Universidade Regional do Cariri

2896
2

Os programas de Educação Continuada operados por estes Pólos Arte na Escola beneficiam hoje cerca de 20.000 professores/ano das redes públicas de ensino em 24 estados da federação e é para este público que gostaríamos de solicitar a obra em epígrafe, que passará a ser disponibilizada nas bibliotecas especializadas existentes em cada uma das Universidades conveniadas.

Entendendo que desta forma estaremos, em conjunto, viabilizando o acesso de professores diretamente interessados na matéria, temos a certeza da otimização desta publicação. O Instituto Arte na Escola (www.artenaescola.org.br) fará chegar a doação a seus públicos alvo.

Desde já agradecemos vossa atenção e nos colocamos no aguardo de vosso retorno.

Atenciosamente,

Maria Helena Webster
Diretora

CONCLUSÕES

A questão do regime de bens objeto da Justiça criminal é bastante atual e tem instado juízes à tomada de decisões quanto à administração e destinação de bens apreendidos.

A iniciativa de escrever esta obra decorreu de questionamentos que comumente são dirigidos à 6ª Vara Federal Criminal de São Paulo em relação às soluções encontradas para tentar solucionar determinados fatos que acabaram repercutindo nacionalmente.

Peço desculpas por ter inserido várias decisões do autor, mas o ineditismo das questões trazidas perante o juízo fez com que determinadas atitudes fossem tomadas sem qualquer paradigma ou literatura similar.

Muitas das questões são novas e exigiram apreciação, entendimento e interpretação particulares de molde que algumas decisões foram encartadas neste trabalho, que poderá, *s.m.j.*, ilustrar ou fornecer subsídios para reflexão de estudiosos, outros magistrados ou membros do Ministério Público que também têm enfrentado problemas semelhantes. Não devem propriamente servir de exemplos, mas constituir elementos embasadores de discussão e reflexão jurídica e social detidas sobre fatos que exijam soluções que melhor atendam ao caso concreto.

O magistrado, na relação jurídico-processual, deve promover, como se viu, um equacionamento racional a ponto de reconhecer todas as necessidades das partes e compreender o feito como um *sistema total ou sistema totalizador*, maximizando todas as ações judiciais para um processo socialmente justo.

Cabe, sem descuidar dos preceitos básicos do processo criminal que garantem aos envolvidos determinadas expectativas legais, fazer o melhor possível para, com ações concretas, atender o interesse social legítimo.

Desde o princípio, é possível vislumbrar um efeito social útil imediato com a administração de bens apreendidos revertendo o mal eventualmente causado pelo ilícito, quando não o minimizando. Não bastaria, pois, vislumbrar o feito como algo que interesse apenas às partes.

A necessidade da melhor destinação de bens, ainda que provisória, não consiste em tema de importância residual ou secundária. Não se deve aqui dar aplicação ao preceito latino "*de minimis*" ou "*de minimis non curat praetor*", ou, ainda, "*de minimis non curat lex*", tão festejado em diversos países, incluídos os não latinos, como os Estados Unidos da América, onde o preceito acabou sendo traduzido para "*the law cares not for small things*" ou "*Court refuses trifling matters*". O objeto da presente obra definitivamente não trata de questão de pouca ou reduzida importância.

A apreensão e o bloqueio de bens dos investigados ou dos acusados, apesar de, por vezes, não merecer o respeito e atenção devidos, não obscurece a ideia de que a Justiça penal deve empenhar-se para liquidar os graves problemas existentes numa sociedade onde o crime organizado teima em se estruturar, exigindo do Estado posturas legais e ações efetivas que o asfixiem e possam cortar o "mal pela raiz", isto é, os recursos que o financiam.

Por tais razões, entendi ser o momento atual apropriado para a edição da presente obra, tentando a partir da experiência de uma Vara especializada em crimes financeiros e em lavagem de dinheiro trazer à baila tema pouco versado pela doutrina e jurisprudência, mas que certamente inquieta os juízes brasileiros.

Francisco de Assis Betti aduz nem sempre ser "... fácil para o delinquente a utilização do produto do crime. A imprevidência nos gastos com excentricidades que sempre acompanham o dinheiro obtido com facilidade e a aquisição imediata de bens acima de seu padrão pessoal de vida revelam sinais exteriores de riqueza, despertando suspeitas, sugerindo investigação pela polícia ou pelo imposto de renda. Por isso, os infratores experientes procuram organizar um projeto de inversão do produto do crime, contando com cooperadores dispostos a ocultar esses recursos e a encobrir as pistas que esse dinheiro deve seguir, com o objetivo de iludir a ação repressora"[1].

A tomada de bens do investigado, principalmente quando se apura a prática de lavagem de dinheiro mediante crime organizado, é medida recomendada em nível internacional, razão do surgimento de sua tipificação, o que tem obrigado à inversão do ônus da prova para a devolução antes do trânsito em julgado da sentença criminal.

Não se pode, de imediato, desejar vincular os bens a um determinado delito precedente e obstaculizar a medida de apreensão, sequestro ou arresto, sob pena de dificultar a perfeita apuração da própria lavagem de dinheiro.

Por sua vez, desencadeado o procedimento, cabe ao magistrado dar a melhor destinação aos bens, ainda que a título provisório, de molde a preservar os interesses do investigado e ao mesmo tempo o interesse público.

Tais soluções, quanto aos bens, longe de representar atuação opressora ou totalitária do Estado, significam que não se pode ficar inerte com o antigo e conformado posicionamento em observar a precariedade dos depósitos judiciais, quer diante do tempo decorrido que leve à sua deterioração, quer das próprias condições de armazenamento, quer, finalmente, pela não existência de recursos materiais para a conservação dos objetos em poder da Justiça, e nada realizar.

Refletir tal situação e vislumbrar uma solução aceitável são questões que desafiam as autoridades e as concitam à tomada urgente de ações que, é claro, não prejudique o próprio interesse do investigado ou acusado.

A insatisfação em constatar tal estado de coisas não deve surpreender, mas torna-se fonte de vulnerabilidades do Poder Judiciário quando ele não toma as decisões necessárias e não enfrenta os desafios impostos pela realidade.

Democracia baseia-se na tomada de decisões, e, quando as pessoas refletem, se organizam e possuem fé em si mesmas, surge a força de soluções legítimas, soberanas e transformadoras.

---

1 In BETTI, Francisco de Assis. Ob. cit., p. 39.

Tais decisões, notadamente no que tange à boa administração de bens judiciais, devem constituir a resposta aos verdadeiros "*frankensteins*" criados com a ausência de soluções, com o risco do monstro voltar-se contra o seu criador.

Ora, os custos emergentes ocultados pela ausência de maximização do processo penal brasileiro certamente surgirão, um dia, em outra parte ou no íntimo de cada um, se é que já não existem de forma velada, razão pela qual cabe aos que pensam o Direito fazer dele uma profissão de fé, acorrentando o seu monstro para impedi-lo de continuar a causar o mal, ou seja, perpetuação de tudo o que se contrapõe ao bem.

A lavagem de dinheiro e o crime organizado têm proporcionado uma percepção diferenciada e têm surpreendido os seus legítimos opositores (Conselho de Controle de Atividades Financeiras – COAF, polícia, Ministério Público etc.) pela criatividade do ser humano para agarrar o que conseguiu subtrair das pessoas de bem, não se podendo diminuir a capacidade do Estado em enfrentá-los à altura.

É dever do Estado a proteção do interesse público. O problema não é saber se ele o faz, mas como o realiza e em nome de quais interesses.

Já vivemos em um mundo cheio de medos, de perda de emprego, da violência, de falar e, o pior deles, de agir. Parece que as pessoas vivem em constante estado de *stand by* sem se aperceberem de que mudanças ocorrem quando se acredita e se desenvolve a capacidade de união, de organização e de fé em nós mesmos e nos outros.

No capítulo sobre o bazar e leilão beneficentes realizados em local nobre da cidade de São Paulo, por exemplo, foi possível verificar de forma concreta a força da coalizão das pessoas que acreditaram numa ideia e, com esforços e riscos pessoais de cada qual, do mais humilde colaborador voluntário até as pessoas com certa estatura social, realizaram com abnegação e fé o ressurgimento de valores sociais.

O Poder Judiciário foi, então, desafiado, mas, graças ao oportuno e eficiente auxílio de todos, viu-se emergir a democracia, a igualdade e a justiça social. Foi possível constatar quem somos de fato e como é possível governar a nós mesmos.

O destino de bens e suas soluções, nesse exemplo, podem nos fazer refletir acerca de nossa capacidade de pensar e operar, de saber como nos reunirmos às outras pessoas e como tomarmos as decisões. Dizem respeito ao nosso papel, nosso tempo, nossa vida, enfim, a nós mesmos, nossas soluções para uma vida em harmonia.

As ideias de Louis Dembitz Brandeis, respeitadíssimo juiz da Suprema Corte (1916/1939) dos Estados Unidos da América, notadamente reveladas no caso Olmstead *v.* U.S., somente vingaram decorridos quarenta anos, quando se refletiu e decidiu quanto à necessidade de mandado judicial para a realização de uma interceptação telefônica, sendo vencido na ocasião quanto a esta exigência. Ora, foram necessários anos para a percepção de uma exigência formal, apesar da compreensão da necessidade da medida.

Ora, no campo do processo penal brasileiro, muitos anos já se passaram e o povo clama respostas efetivas de um sistema, sem, é claro, atropelos, que atendam exigências normais de sobrevivência.

Não devem ser interpretadas estas palavras como estímulo a algo que não seja legítimo. Apenas não se pode furtar à ideia de que somos o que fazemos e fazemos o que somos.

Nosso povo deve ocupar uma posição de destaque no cenário mundial. Um povo realmente digno jamais aceitaria uma posição secundária na história da humanidade. Nenhuma ordem social e que se diz democrática pode perdurar se confiscados os direitos de viver em paz e com dignidade.

Maeda Wan Ho, nesse diapasão, assinala que "nós somos organismos de sentimento e empatia. Quando outras pessoas sofrem, nós sofremos. Queremos um mundo seguro, igual, justo e com compaixão porque isso é uma questão de vida ou morte para nós"[2].

A questão dos bens de supostos criminosos impõe uma resposta estatal adequada e rápida, mesmo que haja eventualmente ausência de específico diploma legislativo.

Deve-se tentar fazer o melhor do Direito Penal ou do Direito Processual Penal, sendo certo que a presente obra levou em consideração o fato de a 6ª Vara Federal Criminal de São Paulo não ter medido esforços para dar a destinação mais conveniente aos bens apreendidos,

---

2 Apud Joel Bakan (in *A corporação. A busca patológica por lucro e poder.* São Paulo, 2008, p. 202).

sequestrados ou arrestados, de forma a atender o interesse de todos, inclusive dos acusados, sem deixar de lado o processamento e o julgamento de complexos delitos compreendidos em volumosos feitos.

Apesar da ausência de literatura ou orientação a respeito, não se pode deixar de tomar as necessárias decisões, melhor se atender de imediato a sociedade, com a destinação dos bens, ainda que para uso provisório (guarda ou depósito judicial), a museus, órgãos do Estado, entidades culturais, filantrópicas ou beneficentes, ou, mesmo, a colocação de obras de arte em parques ou praças públicas, sem prejudicar os interesses do investigado ou acusado na preservação. O ganho social é inegavelmente imediato.

O presente trabalho não desejou deixar de lado este importante e tormentoso tema, que tem instado os juízes brasileiros a partir do aparelhamento e recrudescimento de operações policiais de combate à criminalidade, resultando na apreensão de diversos bens, inclusive de valor artístico e cultural, gerando uma ponderada solução quanto à sua preservação e destinação.

Importante foi principiar o estudo com um capítulo voltado para o crime organizado e suas peculiaridades, que obrigam a uma forte intervenção do Estado, além de tecer considerações sobre o sigilo e a polêmica Súmula Vinculante n. 14, de 02.02.2009, do Supremo Tribunal Federal, dada sua natureza (penal).

Considerei de grande importância fazer abordagens acerca da legislação brasileira em vigor sobre o tema das medidas assecuratórias, mais especificamente o Código de Processo Penal, que, em sua redação, consignou, inclusive, a necessidade de fixação de valor a título de ressarcimento do ofendido pelo próprio juiz da condenação, bem ainda a Lei de Drogas e a Lei de Lavagem de Dinheiro. Esta, apesar de silenciar a respeito, não inviabiliza que, à luz da conjugação de vários dispositivos, inclusive do Código de Processo Civil, dê-se a destinação adequada, inclusive a de venda antecipada ou a do leilão judicial, sendo de nota o fato de que a questão pertinente aos bens contemplará especificamente esta possibilidade caso haja aprovação de suas alterações pelo Congresso Nacional. Considerou-se importante também tecer considerações acerca da restituição de bens, instituto processual de que dispõem os investigados e acusados em geral, porquanto é comum o seu manejo, o que acaba sobrecarregando as Varas de Justiça e faz com que decisões sejam tomadas com vistas a manutenção da administração estatal ou a devolução aos reclamantes.

Muitos obstáculos existem para a boa administração de bens, fato que foi abordado à parte, bem ainda a questão da cooperação jurídica internacional para o sequestro, bloqueio ou mesmo a repatriação dos bens, o que tem gerado bastante inquietação devido à morosidade do sistema judicial brasileiro, que não consegue definir seus complexos feitos de forma imutável, o que tem coarctado a solução internacional de forma perene.

O destino de bens, ainda que de forma provisória, ou seja, antes do trânsito em julgado, foi objeto de análise, que considerou a possibilidade de seu uso, da alienação antecipada e da destinação de bens culturais e arqueológicos.

Em capítulo à parte, abordou-se a chamada *ação civil de extinção de domínio*, mais novo instrumento estatal que visa à recuperação de ativos ilícitos de maneira ágil, sem depender de um juízo de mérito penal, que, como é sabido, acaba por demandar anos, com sérias consequências à efetiva restituição de valores para o Estado, denotando que esse novo instrumento revelaria a percepção de que talvez se trate de solução das mais sofríveis ou intoleráveis para o delinquente, dado o seu caráter definitivo, em comparação mesmo das penas privativas de liberdade ou privativas ou restritivas de direito.

Importante foi reproduzir a Resolução n. 63/2008 do Conselho Nacional de Justiça, que tenta condensar e centralizar, em nível nacional, questões que exigem atendimento de interesses locais.

A delação premiada, existente há anos no Direito brasileiro, ainda é pouco difundida e utilizada pelos operadores do Direito, mas na verdade tem atendido, e muito, o interesse dos increpados em ter um solucionamento rápido de seus procedimentos e/ou processos criminais, desde que lhes assegurado o *quantum* de pena que consideram adequado e o sigilo do procedimento. Aliás, quanto a este, abordaram-se as diferenças de sistemas e métodos adotados pelas Varas do Paraná e de São Paulo. Verificou-se que o sistema paranaense, *s.m.j.*, de contrato firmado inclusive pelo magistrado-processante, com recusa de recurso, afigura-se mais interessante ao delator, porquanto, sabedor de antemão do teor de sua condenação, ele fica à vontade para revelar apenas o que pretende, enquanto que o sistema paulista, que exige o convencimento permanente do juízo quanto à sua efetiva colaboração, respaldada devidamente por outros elementos de prova, apresenta-se vantajoso para a busca da verdade.

Importante, outrossim, foi tecer considerações acerca das alterações dos ritos procedimentais que dificultaram a aplicação da delação premiada a partir do momento em que os acusados somente são ouvidos ao final do procedimento, um verdadeiro passa-moleque que o Estado conferiu àquele que deseja manipular a verdade e ter em si a decisão de contribuir com a verdade a partir do que já foi produzido como elemento probatório.

Com relação aos bens culturais, a questão tornou-se bastante trabalhosa e de difícil reflexão e exigiu uma abordagem detalhada, que tem demandado soluções outras que inviabilizam a venda antecipada, a guarda ou o uso particular, cabendo dar aplicação, na sua plenitude, à Convenção sobre a Proteção do Patrimônio Mundial, Cultural e Natural da UNESCO, devidamente internalizada no País.

Não se poderia deixar de apontar as cautelas que devem ser tomadas para o uso de bens sob guarda ou depósito judiciais, bem ainda para a seleção de museus ou entidades culturais, filantrópicas ou beneficentes, cuja prestação de contas deve ser sempre exigida, sendo facilitada quando a decisão judicial particulariza o uso mediante projeto específico e medidas predefinidas.

A eleição de museus e entidades beneficentes para o recebimento de obras e recursos da Justiça criminal deve atender, respectivamente, o propósito e a natureza de seus acervos, e estar em condições adequadas e regulares para a administração de recursos e a futura prestação de contas.

Vimos a situação complicada no caso de se constatar a mistura entre bens ilícitos e lícitos e a situação do *confisco alargado*, em cotejo com os diplomas internacionais.

Foi possível enfrentar questões como tombamento administrativo, posturas municipais, o papel do Instituto do Patrimônio Histórico e Artístico Nacional (IPHAN), bem como a situação tormentosa no caso de meação, doação e pagamento de multas e tributos pelos arrematantes de leilões judiciais, além do instituto *bem de família*.

Foi possível defender o interesse público, representado pelo processo criminal, em face dos interesses puramente privados de credores diversos e de massas falidas. A União não é e nunca será credora quando houver a prática de um delito, não se podendo cogitar, *s.m.j.*, de ressarcimento de prejuízo da União, mas tão somente de restituição do que foi confiscado da sociedade, na esteira dos normativos internacionais e mesmo nacionais.

Traçou-se, portanto, um horizonte sobre os bens apreendidos ou decorrentes de delação premiada, visando proceder a uma análise crítica e real, não se traduzindo em tarefa fácil, mas, ao contrário, bastante árdua, na medida em que implica, muitas vezes, uma opinião refletida, fundamentada e serena de assuntos que apenas tramitam no campo das ideias.

Desejo contribuir humildemente de alguma forma para o aperfeiçoamento do presente estudo tão carente de doutrina e orientação, apesar de demandar aos juízes brasileiros decisões a respeito.

Por isso se apresenta necessária sempre a reavaliação dos preceitos e conceitos existentes, mormente de métodos utilizados, para que sejam adotadas medidas necessárias para a obtenção de resultados num tempo razoável, sem prejuízo, por certo, das garantias fundamentais.

Com o presente trabalho, espera-se, pois, provocar o debate e a atenção de todos sobre o universo da administração de bens apreendidos, tão em voga nos dias atuais, um mundo à parte do procedimento ou processo penal, analisado da forma mais consistente possível para que nenhum ponto relevante ficasse esquecido e não fosse objeto de apreciação, não sendo pretensão, porém, esgotar todo o tema.

Relevante fixar posição sobre pontos variados e altamente complexos, inéditos e controvertidos, esperando contribuir, de forma efetiva, para fomentar o debate ou, ao menos, propiciar ao leitor a dimensão do problema.

Não houve tentativa de esgotamento de toda a situação subjacente decorrente ao regime de bens, mas a de fornecer elementos bastantes de convicção sobre os mais variados assuntos, dentro do limite possível do tema proposto, para que nada de relevante ficasse esquecido, sob, é claro, o ângulo prático das Varas Federais especializadas.

Diversas soluções e propostas foram sugeridas, esperando o autor propiciar o seu debate em nível técnico, bem como a reavaliação dos métodos e ações estatais, verdadeira tentativa de abordar este tema difícil e pouco difundido.

Enfim, um capítulo foi destinado àqueles que, com sabedoria, grandeza de espírito, coragem e determinação, puderam contribuir, não para o Poder Judiciário, instituição estatal particular, senão para o aperfeiçoamento de nossas instituições, reafirmação de caros valores de nossa gente: os museus, instituições culturais e entidades beneficentes. Por sua vez, o Poder citado, acreditando na força dos homens e mulheres desta terra abençoada, não hesitou em concretizar os ideais que iluminam nosso povo, especialmente o de viver em paz e harmonia com outras criaturas.

REFERÊNCIAS BIBLIOGRÁFICAS

ANCEL, Marc. *A nova defesa social:* um movimento de política criminal humanista. Tradução de Osvaldo Melo. Rio de Janeiro, 1979.

ACESSO pleno a inquérito é alvo de críticas. *O Estado de São Paulo,* 4 fev. 2009, Nacional, A8.

ANDRADE, Manuel da Costa. A nova lei dos crimes contra a economia (Dec.-Lei n. 28/84, de 20 de janeiro) à luz do conceito de "bem jurídico". In: CORREIA, Eduardo et al. *Direito penal econômico e europeu:* textos doutrinários. Coimbra: Coimbra, 1998. v. 1, p. 387-411.

______; COSTA, José de Faria. Sobre a concepção e os princípios do direito penal econômico. In: CORREIA, Eduardo et al. *Direito penal econômico e europeu:* textos doutrinários. Coimbra: Coimbra, 1998. v. 1, p. 347-364.

______; DIAS, Jorge de Figueiredo. Problemática geral das infrações contra a economia nacional. In: CORREIA, Eduardo et al. *Direito penal econômico e europeu:* textos doutrinários. Coimbra: Coimbra, 1998. v. 1, p. 319-346.

ANDREUCCI, Ricardo Antônio. O direito penal máximo. *Revista da Associação Paulista do Ministério Público,* São Paulo, n. 35, p. 48-49, out./nov. 2000.

ANNUAL REPORT 2004-2005, de 10.06.2005. Financial Action Task Force/Groupe d'Action Financière. FATF/GAFI. Disponível em: <http://www.fatf-gafi.org>. Acesso em: 06 mar. 2006.

ARAÚJO JUNIOR, João Marcelo. O direito penal econômico. *Revista Brasileira de Ciências Criminais,* São Paulo, n. 25, p. 142-163, jan./mar. 1999.

ARAÚJO, Luiz Alberto David; SERRANO NUNES, Vidal. *Curso de direito constitucional*. 7. ed. São Paulo: Saraiva, 2003.

BAKAN, Joel. *A corporação*. A busca patológica por lucro e poder. São Paulo: Novo Conceito, 2008.

BALTAZAR JÚNIOR, José Paulo. *Crimes federais*. Porto Alegre: Livraria do Advogado, 2007.

______. et al. *Lavagem de dinheiro*. Comentários à lei pelos juízes das varas especializadas em homenagem ao ministro Gilson Dipp. Porto Alegre: Livraria do Advogado, 2007.

BARBOSA, Renato Rodrigues. Perito propõe estratégias de inteligência financeira no CJF. *Revista Perícia Federal*, Brasília, ano 5, n. 19, nov./dez. 2004.

BARROS, Marco Antônio de. *Lavagem de capitais e obrigações civis correlatas:* com comentários, artigo por artigo, à Lei 9.613/98. São Paulo: Revista dos Tribunais, 2004.

______. *Lavagem de dinheiro:* implicações penais, processuais e administrativas. Análise sistemática da Lei n. 9.613, de 03.03.1998. São Paulo: Oliveira Mendes, 1998.

BARROSO, Luís Roberto. Da constitucionalidade do Projeto de Lei 3.115/97. *Revista de Direito Bancário do Mercado de Capitais e da Arbitragem*, n. 16, p. 199-210, abr./jun. 2002.

BERTOLDI, Marcelo M. (Coord.). *Reforma da Lei das Sociedades Anônimas:* comentários à Lei 10.303, de 31.10.2001. São Paulo: Revista dos Tribunais, 2002.

BESTARD, Gabriel. *Medidas cautelares e confisco*. Palestra em 1º.10.2008 junto ao Grupo de Ação Financeira Internacional para a América do Sul e México (GAFISUD) no Regent Palace Hotel, Buenos Aires.

BETTI, Francisco de Assis. *Aspectos dos crimes contra o sistema financeiro no Brasil:* comentários às Leis 7.492/86 e 9.613/98. Belo Horizonte: Del Rey, 2000.

BETTIOL, Giuseppe. *Direito penal*. Tradução brasileira e notas de Paulo José da Costa Júnior e de Alberto Silva Franco. São Paulo: Revista dos Tribunais, 1976.

BIANCHINI, Alice; GOMES, Luiz Flávio. Palestra no *Curso temático de Direito Penal e Processo Penal*. Escola de Magistrados Federal. Tribunal Regional Federal da 3ª Região, aos 14.04.2005.

BITENCOURT, Cezar Roberto. Crimes contra o sistema financeiro nacional praticados por administradoras de consórcios. Responsabilidade penal da pessoa jurídica. Atipicidade. *Revista dos Tribunais*, São Paulo, n. 735, jan. 1997.

______. *Manual de direito penal:* parte geral. 6. ed. São Paulo: Saraiva, 2000. v. 1.

______. Responsabilidade penal da pessoa jurídica à luz da Constituição Federal. *Boletim do IBCCrim*, São Paulo, ed. esp. n. 65, abr. 1998.

BOLDT, Raphael. Delação premiada: o dilema ético. *Direito Net*. Disponível em: <www.direitonet.com.br>. Acesso em: 15 set. 2005.

BOULOC, Bernard. Coactivité en matière de publicité trompeuse. *Revue de Science Criminelle et de Droit Pénal Comparé*, [s.l.], p. 95, jan./mars 1995.

______; STEFANI, Gaston; LEVASSEUR, Georges. *Droit pénal géneral*. 17. ed. Paris: Dalloz, 2000.

BRANCO, Vitorino Prata Castelo. *A defesa dos empresários nos crimes econômicos*. São Paulo: Saraiva, 1982.

BROYER, Philippe et al. *La nouvelle économie criminelle:* criminalité financière – comment le blanchiment de l'argent sale et le financement du terrorisme sont devenus une menace pour les entreprises et les marchés financiers. Paris: Éditions d'Organisation, 2002.

BUSTOS RAMÍREZ, Juan. *Manual de derecho penal español:* parte general. Barcelona: Ariel, 1984.

______; LARRAURI, Elena. *La imputación objetiva*. Santa Fé de Bogotá/Colômbia: Temis, 1998.

CAEIRO, Pedro. *Branqueamento de capitais*. Manual distribuído no curso promovido pela OEA e o Ministério da Justiça a juízes e promotores brasileiros entre 17 e 21 de outubro de 2005.

CALLEGARI, André Luís. *Direito penal econômico e lavagem de dinheiro:* aspectos criminológicos. Porto Alegre: Livraria do Advogado, 2003.

______. Importância e efeito da delinquência econômica. *Boletim do Instituto Brasileiro de Ciências Criminais*, São Paulo, n. 101, abr. 2001.

CAPEZ, Fernando. *Curso de processo penal*. 5. ed. São Paulo: Saraiva, 2000.

CAPPELLI, Silvia. Responsabilidade penal da pessoa jurídica em matéria ambiental: uma necessária reflexão sobre o disposto no art. 225, § 3º, da Constituição Federal. *Revista de Direito Ambiental*, São Paulo, v. 1, p. 100-106, jan./mar. 1996.

CARTIER, Marie-Elizabeth et al. *Entreprise et responsabilité pénale*. Paris: LGDJ, 1994.

CARVALHO, Márcia Dometila Lima de. *Fundamentação constitucional do direito penal*. Porto Alegre: Sérgio A. Fabris, Editor, 1992.

CASSELLA, Stefan D. The Money Laundering Statutes (18 U.S.C. §§ 1956 and 1957). *United States Attorney's Bulletin*, Washington, DC, v. 55, n. 5, set. 2007.

CASTILHO, Ela Wiecko V. de. *O controle penal nos crimes contra o sistema financeiro nacional*. Belo Horizonte: Del Rey, 1998.

CERVINI, Raúl. Macrocriminalidad económica. *Revista Brasileira de Ciências Criminais*, São Paulo, n. 11, p. 50-70, jul./set. 1995.

______ et al. *Lei de lavagem de capitais*. São Paulo: Revista dos Tribunais, 1998.

CHAIRMAN'S SUMMARY, Paris Plenary, 20-23 June 2006. Financial Action Task Force/Groupe d'Action Financière. FATF/GAFI. Disponível em: <http://www.fatf-gafi.org>. Acesso em: 03 jul. 2006.

CHAUVIN, Francis. *La responsabilité des communes*. Paris: Dalloz, 1996. (Série Connaissance du droit).

CINTRA, Marcos Antônio. O Acordo de Basileia e os bancos públicos. *Folha de S.Paulo*, São Paulo, 4 jan. 2006, p. A2.

COELHO, Fábio Ulhoa. *Curso de direito comercial*. De acordo com a nova Lei de Falências. 5. ed. São Paulo: Saraiva, 2005. v. 3.

______. *Curso de direito comercial*. 4. ed. São Paulo: Saraiva, 2000. v. 1.

______. *Manual de direito comercial*. 2. ed. São Paulo: Saraiva, 1991.

______. *O empresário e os direitos do consumidor*. São Paulo: Saraiva, 1994.

______ et al. *Comentários ao Código de Proteção ao Consumidor*. São Paulo: Saraiva, 1991.

COMPARATO, Fábio Konder. Crime contra a ordem econômica. *Revista dos Tribunais*, São Paulo, v. 734, dez. 1996.

______. Papel do jurista num mundo em crise de valores. *RT*, v. 713, ano 84, São Paulo: Revista dos Tribunais, p. 277-283, mar. 1995.

CONSELHO DA JUSTIÇA FEDERAL. Centro de Estudos Judiciários, Secretaria de Pesquisa e Informação Jurídicas. *Uma análise crítica da lei dos crimes de lavagem de dinheiro*. Brasília: CJF, 2002.

CONTE, Philippe; LARGUIER, Jean. Le recel de choses et le blanchiment. In: ______; ______. *Droit pénal des affaires*. Paris: Dalloz; Armand Colin, 2004.

______; ______. *Droit pénal des affaires*. 11. ed. Paris: Dalloz; Armand Colin, 2004.

CORRÊA, Hudson. Juiz denuncia uso de gado para lavagem de dinheiro. *Folha de S.Paulo*, São Paulo, 24 jul. 2005, Dinheiro, B7.

CORREIA, Eduardo. Introdução ao direito penal econômico. In: CORREIA, Eduardo et al. *Direito penal econômico e europeu:* textos doutrinários. Coimbra: Coimbra, 1998. v. 1, p. 293-318.

______. Novas críticas à penalização de atividades econômicas. In: CORREIA, Eduardo et al. *Direito penal econômico e europeu:* textos doutrinários. Coimbra: Coimbra, 1998. v. 1, p. 365-373.

COSTA, Emílio Carlos Dantas. Crimes do colarinho-branco. *Jornal da Tarde*, São Paulo, 18 out. 1997, p. 2A.

COSTA, José de Faria. O branqueamento de capitais (algumas reflexões à luz do direito penal e da política criminal). In: CORREIA, Eduardo et al. *Direito penal econômico e europeu:* textos doutrinários. Coimbra: Coimbra, 1999. v. 2, p. 301-320.

______. Breves reflexões sobre o Decreto-Lei n. 207-B/75 e o direito penal econômico. In: CORREIA, Eduardo et al. *Direito penal econômico e europeu:* textos doutrinários. Coimbra: Coimbra, 1998. v. 1, p. 277-292.

______. A responsabilidade jurídico-penal da empresa e dos seus órgãos (ou uma reflexão sobre a alteridade nas pessoas colectivas à luz do direito penal). In: CORREIA, Eduardo et al. *Direito penal econômico e europeu:* textos doutrinários. Coimbra: Coimbra, 1998. v. 1, p. 507-524.

COSTA JÚNIOR, Paulo José. *Comentários ao Código Penal*. 5. ed. São Paulo: Saraiva, 1997.

______. Direito penal das sociedades anônimas. In: ANTUNES, Eduardo Muylaert (Coord.). *Direito penal dos negócios:* crimes do colarinho-branco. São Paulo: Associação dos Advogados de São Paulo, 1990.

______; PEDRAZZI, Cesare. *Direito penal societário*. 2. ed. São Paulo: Malheiros, 1996.

CROCQ, Jean-Christophe. *Le guide des infractions*. 3. ed. Paris: Dalloz, 2001. (Collection Dalloz Service).

CUESTA AGUADO, Paz M. de la. *Causalidad de los delitos contra el medio ambiente*. Valencia: Tirant lo Blanch, 1995.

D'AMORIM, Sheila; SOUZA, Leonardo. BC falha no combate à lavagem, afirma TCU. *Folha de S.Paulo*, São Paulo, 13 out. 2005, Caderno Dinheiro, B3.

DE SANCTIS, Fausto Martin. *Combate à lavagem de dinheiro*. Teoria e Prática. Campinas: Millennium, 2008.

______. *Punibilidade no sistema financeiro nacional*. Campinas: Millennium, 2003.

______. *Responsabilidade penal da pessoa jurídica*. São Paulo: Saraiva, 1999.

DELMANTO JÚNIOR, Roberto. Justiça especializada para os crimes de lavagem de dinheiro e contra o sistema financeiro nacional (a inconstitucionalidade da Resolução n. 314, de 12.05.2003, do Conselho da Justiça Federal). *Revista do Advogado*, São Paulo, ano 24, n. 78, p. 95-102, set. 2004.

DELMAS-MARTY, Mireille. *Droit pénal des affaires*. 3. ed. Paris: Presses Universitaires de France, 1990. t. 1.

______; GIUDICELLI-DELAGE, Geneviève. *Droit pénal des affaires*. 4. ed. Paris: Presses Universitaires de France, 2000.

DIAS, Jorge de Figueiredo. Breves considerações sobre o fundamento, o sentido e a aplicação das penas em direito penal econômico. In: CORREIA, Eduardo et al. *Direito penal econômico e europeu:* textos doutrinários. Coimbra: Coimbra, 1998. v. 1, p. 374-386.

______. *Questões fundamentais do direito penal revisitadas*. São Paulo: Revista dos Tribunais, 1999.

DIAS, José Carlos. Evasão de Divisas. In: ANTUNES, Eduardo Muylaert (Coord.). *Direito penal dos negócios:* crimes do colarinho-branco. São Paulo: Associação dos Advogados de São Paulo, 1990.

DIPP, Gilson. Legislação atrapalha o combate à lavagem de dinheiro [Entrevista]. *Consultor Jurídico*. Disponível em: <www.conjur.com.br>. Acesso em: 03 nov. 2004.

______. Lava-jato de dinheiro. Entrevista. *Revista Época*, São Paulo, 28 out. 2004.

EIZIRIK, Nelson. *Instituições financeiras e mercado de capitais:* jurisprudência. Rio de Janeiro: Renovar, 1996. v. 1 e 2.

FARIA, Bento de. *Código Penal brasileiro* (comentado). 2. ed. Rio de Janeiro: Record, 1959. v. 5.

FELTRIN, Sebastião Oscar. As ansiedades do juiz. *Revista dos Tribunais*, v. 628, ano 77, p. 275-278, fev. 1988.

FERRARA, Francesco. *Le persone giuridiche*. Con note di Francesco Ferrara Junior. 2. ed. Torino: UTET, 1958. (Trattato di diritto civile italiano, dir. Filippo Vassali, 2).

FERREIRA, Gabriel Jorge. Estrutura normativa do sistema financeiro nacional. *Revista dos Tribunais*, São Paulo, n. 16, jul./set. 1996.

FOLEY, Rita Elizabeth. Bulk cash smuggling. *United States Attorney's Bulletin*, Washington, DC, v. 55, n. 5, set. 2007.

FRAGOSO, Heleno Cláudio. *Lições de direito penal:* a nova parte geral. 8. ed. Rio de Janeiro: Forense, 1985.

GÁLVEZ VILLEGAS, Tomás Aladino. Delito de lavado de activos: analisis de los tipos penales previstos en la Ley n 27.765. *Revista do Ministério Público do Peru*, ("Fiscalía de la Nación"), p. 46-62, fev. 2005.

GAMA, Guilherme Calmon Nogueira da; GOMES, Abel Fernandes. *Temas de direito penal e processo penal:* em especial na Justiça Federal. Rio de Janeiro: Renovar, 1999.

GARCIA, Basileu. *Instituições de direito penal*. 4. ed. São Paulo: Max Limonad, 1978. v. 1, t. 1.

GARCIA, Plínio Gustavo Prado. Arbítrio e inconstitucionalidade na lei de lavagem de dinheiro ou bens. *Informativo do I.A.S.P*, São Paulo, n. 45, mar./abr. 2000.

GIMENEZ, Letícia. Delação premiada combate máfia, terrorismo e tráfico na Europa. *Última Instância:* revista jurídica. Disponível em: <www.ultimainstancia.com.br>. Acesso em: 25 ago. 2005.

GIORGI, Giorgio. *La dottrina delle persone giuridiche o corpi morali*. 3. ed. Firenze, 1913. v. 1.

GODINHO, Jorge Alexandre Fernandes. *Do crime de "branqueamento" de capitais:* introdução e tipicidade. Coimbra: Almedina, 2001.

GODOY, Arnaldo Sampaio de Moraes. *Direito tributário comparado e tratados internacionais fiscais*. Porto Alegre: Sergio Antonio Fabris, 2005.

______. *Direito tributário nos Estados Unidos*. São Paulo: Lex, 2004.

GOMES, Luiz Flávio. Aspectos penais das liquidações e intervenções extrajudiciais – parte I. In: SADDI, Jairo (Org.). *Intervenção e liquidação extrajudicial no sistema financeiro nacional:* 25 anos da Lei 6.024/74. São Paulo: Textonovo, 1999.

______. Crime organizado: que se entende por isso depois da Lei n. 10.217/01? – Apontamentos sobre a perda de eficácia de grande parte da Lei 9.034/95. *Jus Navegandi*. Disponível em: <www1.jus.com.br>. Acesso em: 1º jun. 2004.

______. Crimes de lavagem de capitais. *Curso de direito penal:* crimes de competência da Justiça Federal. Palestra aos 09.09.2004 na Escola de Magistrados da Justiça Federal da 3ª Região.

______. *Interceptação telefônica:* Lei 9.296, de 24.07.96. São Paulo: Revista dos Tribunais, 1997.

______. *Lei de lavagem de capitais*. São Paulo: Revista dos Tribunais, 1998.

______. Limites à inviolabilidade do advogado e do seu escritório (2). *Última Instância:* revista jurídica. Disponível em: <www.ultimainstancia.com.br>. Acesso em: 30 ago. 2005.

GONÇALVES, Wagner. Ética na justiça: atuação judicial da advocacia pública e privada. *Etical:* ética na América Latina. Disponível em: <http://www.etical.org.br>. Acesso em: 09 maio 2005.

______. Lavagem de dinheiro: conflito de competência da Justiça Federal. *Boletim dos Procuradores da República*, ano 4, n. 42, p. 29-31, out. 2001.

GRECO FILHO, Vicente. *Interceptação telefônica:* considerações sobre a Lei n. 9.296, de 24 de julho de 1996. São Paulo: Saraiva, 1996.

GRINOVER, Ada Pellegrini; FERNANDES, Antônio Scarance; GOMES FILHO, Antonio Magalhães. *As nulidades do processo penal*. São Paulo: Malheiros, 1992.

GUIBU, Fábio. Para ministro, há cultura de crimes. *Folha de S.Paulo*, São Paulo, 28 out. 2005, Caderno Brasil, A7.

HAMPTON, Alan. Sources of Information in a Financial Investigation. *United States Attorney's Bulletin*, Washington, DC, v. 55, n. 5, set. 2007.

HASSEMER, Winfried. *Fundamentos del derecho penal*. Tradução de Muñoz Conde. Barcelona: Bosch, 1981.

______; MUÑOZ CONDE, Francisco. *La responsabilidad por el producto en derecho penal*. Valencia: Tirant lo Blanch, 1995.

HEEM, Virginia; HOTTE, David. *La lutte contre le blanchiment des capitaux*. Paris: Librarie Générale de Droit et de Jurisprudence (LGDJ), 2004.

HIDALGO, Rudolph et al. *Entreprise et responsabilité pénale*. Paris: LGDJ, 1994.

HUNGRIA, Nelson. *Comentários ao Código Penal:* arts. 1 a 10, 11 a 27, 75 a 101. 4. ed. Rio de Janeiro: Forense, 1958.

JESCHECK, Hans-Heinrich. *Tratado de derecho penal:* parte general. 4. ed. Tradução de José Luis Manzanares Samaniego. Granada: Comares, 1993.

JOSEPH, Lester. Suspicious activity reports disclosure and protection. *United States Attorney's Bulletin*, Washington, DC, v. 55, n. 5, set. 2007.

______; ROTH, John. Criminal prosecution of banks under the Bank Secrecy Act. *United States Attorney's Bulletin*, Washington, DC, v. 55, n. 5, set. 2007.

KOBOR, Emery. Money laundering trends. *United States Attorney's Bulletin*, Washington, DC, v. 55, n. 5, set. 2007.

LEITE, Carlos Eduardo Copetti. Força-tarefa: conceito, características e forma de atuação. *Revista dos Procuradores da República*, ano 1, n. 2, p. 8-9, set. 2004.

LINN, Courtney J. One-hour money laundering: prosecutiong unlicensed money transmitting businesses using section 1960. *United States Attorney's Bulletin*, Washington, DC, v. 55, n. 5, set. 2007.

LYRA, Roberto. *Criminalidade econômico-financeira*. Rio de Janeiro: Forense, 1978.

MACHADO, Agapito. *Crimes do colarinho-branco e contrabanco/descaminho*. São Paulo: Malheiros, 1998.

MACHADO, Miguel Pedrosa. A propósito da revisão do Decreto-Lei n. 28/84, de 20 de janeiro (Infracções antieconômicas). In: CORREIA, Eduardo et al. *Direito penal econômico e europeu:* textos doutrinários. Coimbra: Coimbra, 1998. v. 1, p. 489-499.

MAIA, Rodolfo Tigre. *Dos crimes contra o sistema financeiro nacional:* anotações à Lei Federal n. 7.492/86. São Paulo: Malheiros, 1996.

______. *Lavagem de dinheiro:* lavagem de ativos provenientes de crime. Anotações às disposições criminais da Lei n. 9.613/98. São Paulo: Malheiros, 1999.

MALHEIROS FILHO, Arnaldo. Crimes contra o sistema financeiro: as "triangulações" e a "doutrina da estrada de Santos". Atualidades em direito penal. *Revista do Advogado*, São Paulo, n. 53, out. 1998.

MARQUES, Oswaldo Henrique Duek. A responsabilidade da pessoa jurídica por ofensa ao meio ambiente. *Boletim do IBCCrim*, São Paulo, ed. esp. n. 65, abr. 1998.

MENDES DE CARVALHO, Érika. *Punibilidade e delito*. São Paulo: Revista dos Tribunais, 2008.

MENDEZ RODRIGUEZ, Cristina. *Los delictos de peligro y sus técnicas de tipificación*. Madrid, 1993.

MENDRONI, Marcelo Batlouni. *Crime de lavagem de dinheiro*. São Paulo: Atlas, 2006.

______. Crime de lavagem de dinheiro: consumação e tentativa. *Última Instância:* revista jurídica. Disponível em: <www.ultimainstancia.com.br>. Acesso em: 21 dez. 2005.

______. Delação premiada. *Última Instância:* revista jurídica. Disponível em: <www.ultimainstancia.com.br>. Acesso em: 28 ago. 2005.

MIR PUIG, Santiago. *Derecho penal:* parte general (fundamentos y teoría del delicto). Barcelona: Promociones Publicaciones Universitarias, 1984.

MIRABETE, Júlio Fabbrini. *Processo penal*. 10. ed. São Paulo: Atlas, 2000.

MORAES FILHO, Antônio Evaristo et al. *Habeas corpus* – crime de gestão fraudulenta de instituição financeira. *Revista Brasileira de Ciências Criminais*, São Paulo, n. 20, out./dez. 1997.

MORO, Sérgio Fernando. Artigo "Sobre o elemento subjetivo no crime de lavagem". Ainda não publicado.

MUÑOZ CONDE, Francisco. Principios politicocriminales que inspiran el tratamiento de los delitos contra el orden socioeconômico en el proyecto de Código Penal Español de 1994. *Revista Brasileira de Ciências Criminais*, São Paulo, n. 11, p. 7-20, jul./set. 1995.

NORONHA, E. Magalhães. *Direito penal*. 20. ed. São Paulo: Saraiva, 1982. v. 1.

NUNES JÚNIOR, Vidal Serrano; ARAÚJO, David Alberto. *Curso de direito constitucional*. 7. ed. São Paulo: Saraiva, 2003.

OLIVEIRA, Leonardo Henrique Mundim. Crimes de gestão fraudulenta e gestão temerária em instituição financeira. *Revista de Informação Legislativa*, Brasília, n. 143, jul./set. 1999.

OLIVEIRA, Odilon. Lavar dinheiro com gado é muito fácil. *Jornal da Tarde*, 25.06.2007.

OLIVEIRA, William Terra de; CERVINI, Raúl; GOMES, Luiz Flávio Terra de. *Lei de lavagem de capitais*. São Paulo: Revista dos Tribunais, 1998.

O'SULLIVAN, Julie R. *Federal white collar crime.* Cases and materials. American casebook series. 2. ed. St. Paul/MN: Thompson/West, 2003.

PARIENTE, Maggy et al. Les groupes de sociétés et la responsabilité pénale des personnes morales. In: *La responsabilité pénale des personnes morales*. Paris: Dalloz, 1993.

PEREIRA, Caio Mário da Silva. *Instituições de direito civil – Volume V – Direito de família*. 14. ed. Forense: Rio de Janeiro, 2004. v. V.

PIMENTEL, Manoel Pedro. Crimes contra o sistema financeiro. In: ANTUNES, Eduardo Muylaert (Coord.). *Direito penal dos negócios:* crimes do colarinho-branco. São Paulo: Associação dos Advogados de São Paulo, 1990.

______. *Crimes contra o sistema financeiro nacional:* comentários à Lei 7.492, de 16.06.1986. São Paulo: Revista dos Tribunais, 1987.

______. Responsabilidade penal das pessoas jurídicas. *Repertório IOB de Jurisprudência*, São Paulo, n. 12, p. 230-232, jun. 1990.

PINTO, Frederico de Lacerda da Costa. Crimes econômicos e mercados financeiros. *Revista Brasileira de Ciências Criminais*, São Paulo, n. 39, p. 28-62, jul./set. 2002.

PITOMBO, Antônio Sérgio. *Lavagem de dinheiro:* a tipicidade do crime antecedente. São Paulo: Revista dos Tribunais, 2003.

PODVAL, Roberto. Aspectos penais das liquidações e intervenções extrajudiciais – parte II. In: SADDI, Jairo (Org.). *Intervenção e liquidação extrajudicial no sistema financeiro nacional:* 25 anos da Lei 6.024/74. São Paulo: Textonovo, 1999.

PRADO, Luiz Regis. Crime ambiental: responsabilidade penal da pessoa jurídica? *Boletim do IBCCrim*, São Paulo, ed. esp. n. 65, abr. 1998.

______. Responsabilidade penal da pessoa jurídica: o modelo francês. *Boletim do IBCCrim*, São Paulo, n. 46, set. 1996.

REALE JÚNIOR, Miguel. Despenalização no direito penal econômico: uma terceira via entre o crime e a infração administrativa? *Revista Brasileira de Ciências Criminais*, São Paulo, n. 28, out./set. 1999.

ROCHA, Fernando A. N. Galvão da. Responsabilidade penal da pessoa jurídica. *Revista da Associação Paulista do Ministério Público*, São Paulo, n. 18, maio 1998.

ROCHA, Manuel Antônio Lopes. A responsabilidade penal das pessoas colectivas – novas perspectivas. In: CORREIA, Eduardo et al. *Direito penal econômico e europeu:* textos doutrinários. Coimbra: Coimbra, 1998. v. 1, p. 437-494.

ROSA, Fábio Bittencourt da. Lei n. 7.492/86 e o concurso aparente de leis. Direito federal. *Revista da Ajufe*, ano 23, p. 205-211, 1º sem. 2005.

ROTHENBURG, Walter Claudius. *A pessoa jurídica criminosa*. Curitiba: Juruá, 1997.

ROXIN, Claus. *Problemas fundamentais de direito penal*. 3. ed. Tradução de Ana Paula dos Santos Luís Natscheradetz (Textos I, II, III, IV, V, VI, VII e VIII), Maria Fernanda Palma (Texto IX) e Ana Isabel de Figueiredo (Texto X). Lisboa: Vega Universidade; Direito e Ciência Jurídica, 1998.

RUSSI, Joyce. ENCLA 2006. Entidades buscam aperfeiçoamento normativo. Formular leis que garantam o efetivo combate à lavagem de dinheiro e a recuperação dos ativos é a principal meta da ENCLA para este ano. *Jornal da Associação Nacional dos Procuradores da República*, n. 34, fev. 2006.

SANTIAGO, Rodrigo. O "branqueamento" de capitais e outros produtos do crime: contributos para o estudo do art. 23 do Decreto-Lei n. 15/93, de 22 de janeiro, e do regime de prevenção da utilização do sistema financeiro no "branqueamento" (Decreto-Lei n. 313/93, de 15 de setembro). In: CORREIA, Eduardo et al. *Direito penal econômico e europeu:* textos doutrinários. Coimbra: Coimbra, 1999. v. 2, p. 363-409.

SANTOS, Cláudia Maria Cruz. *O crime de colarinho-branco* (da origem do conceito e sua relevância criminológica à questão da desigualdade na administração da justiça penal). Coimbra: Coimbra, 2001.

SANTOS, Gérson Pereira dos. *Direito penal econômico*. São Paulo: Saraiva, 1981.

SEXER, Ives. Les conditions de la responsabilité pénale des personnes morales. *Droit et patrimoine*, [s.l.], p. 38-46, jan. 1996.

SHECAIRA, Sérgio Salomão. A responsabilidade das pessoas jurídicas e os delitos ambientais. *Boletim do IBCCrim*, São Paulo, ed. esp. n. 65, abr. 1998.

SILVA, Antônio Carlos Rodrigues da. *Crimes do colarinho-branco*. Brasília: Brasília Jurídica, 1999.

SILVA, Germano Marques da. *Direito penal português:* parte geral. Lisboa: Verbo, 1999. v. 2.

SILVA PEREIRA, Caio Mário da. *Instituições de direito civil.* 18. ed. Rio de Janeiro: Forense, 1996.

SIMÕES, Euclides Damaso. Manual distribuído no curso promovido pela OEA e o Ministério da Justiça a juízes e promotores brasileiros entre 17 e 21 de outubro de 2005.

SIRVINSKAS, Luís Paulo. Questões polêmicas atinentes à responsabilidade penal da pessoa jurídica nos crimes ambientais. *Revista da Associação Paulista do Ministério Público,* São Paulo, n. 17, abr. 1998.

SOUZA, Artur César. *A parcialidade positiva do juiz.* São Paulo: Revista dos Tribunais, 2008.

STOCO, Rui. *Crimes contra a economia popular, a ordem tributária e as relações de consumo.* Leis penais especiais e sua interpretação jurisprudencial. São Paulo: Revista dos Tribunais, 1995.

______. Direito penal econômico. *Revista Brasileira de Ciências Criminais,* São Paulo, n. 16, out./set. 1996.

THE FIGHT Against Money Laundering. Economic perspectives. *An Electronic Journal of the U.S. Department of State,* v. 6, n. 2, maio 2001.

THE SARS Activity Review, Trends, Tips & Sigues. Published under the auspices of the BSA Advisory Group, Issue 12 FinCEN, oct. 2007.

TIEDEMANN, Klaus. *Delitos contra el orden económico:* la reforma penal. Madrid: Instituto Alemão, 1982.

______. *Poder económico y delito* (Introducción al derecho penal económico y de la empresa). Barcelona: Ariel, 1985.

______. Responsabilidad penal de personas jurídicas y empresas en derecho comparado. *Revista Brasileira de Ciências Criminais,* São Paulo, n. 11, p. 21-35, jul./set. 1995.

TOLEDO, Francisco de Assis. *Princípios básicos de direito penal:* de acordo com a Lei n. 7.209, de 11.07.1984, e a Constituição de 1988. 4. ed. São Paulo: Saraiva, 1991.

TOURINHO FILHO, Fernando da Costa. *Código de Processo Penal comentado.* 9. ed. São Paulo: Saraiva, 2005. v. I.

______. *Curso de direito constitucional.* 7. ed. São Paulo: Saraiva, 2003.

______. *Processo penal.* v. 10. São Paulo: Saraiva, 1987. v. 3, p. 31.

TSITSOURA, Aglaia. Les travaux du Conseil de l'Europe. *Revue Internationale de Droit Pénal,* [s.l.], v. 54, n. 3/4, 1983.

VAROTO, Renato Luiz Mello. Da responsabilidade penal dos sócios. *Repertório IOB de Jurisprudência,* São Paulo, n. 2, p. 30-31, jan. 1996.

VENOSA, Sílvio de Salvo Venosa. *Direito civil:* parte geral. 3. ed. São Paulo: Atlas, 2003. v. I.

VERMELLE, Georges. *Le nouveau droit pénal*. Paris: Dalloz, 1994. (Série Connaissance du droit).

VIDIGAL, Geraldo Facó. *Sistema financeiro nacional:* atualidades e perguntas. 1º Ciclo de Estudos de Direito Econômico. São Paulo: Escola Nacional de Magistrados e Instituto dos Advogados de São Paulo, 1993.

WALD, Arnoldo. A Constituição de 1988 e o sistema financeiro nacional. *Revista de Informação Legislativa*, Brasília, n. 107, jul./set. 1990.

______ et al. *Aspectos atuais do direito do mercado financeiro e de capitais*. Coordenação de Roberto Quiroga Mosquera. São Paulo: Dialética, 1999.

______ et al. In: SADDI, Jairo (Org.). *Intervenção e liquidação extrajudicial no Sistema Financeiro Nacional:* 25 anos da Lei 6.024/74. São Paulo: Textonovo, 1999.

WELZEL, Hans. *Derecho penal alemán:* parte general. 11. ed. 4. ed. castellana. Tradução de Juan Bustos Ramírez e Sérgio Yánez Pérez. Santiago/Chile: Jurídica, 1997.